美国经济制裁风险防范

实务指南与案例分析

孙才华 ◎ 著

人民日报出版社
北京

图书在版编目（CIP）数据

美国经济制裁风险防范：实务指南与案例分析 / 孙才华著 . -- 北京：人民日报出版社，2020.9
ISBN 978-7-5115-6469-6

Ⅰ. ①美… Ⅱ. ①孙… Ⅲ. ①对外经济关系－国际制裁－风险管理－研究－美国 Ⅳ. ① F171.25

中国版本图书馆 CIP 数据核字（2020）第 129533 号

书　　名：	美国经济制裁风险防范：实务指南与案例分析
	MEIGUO JINGJI ZHICAI FENGXIAN FANGFAN: SHIWU ZHINAN YU ANLI FENXI
著　　者：	孙才华
出 版 人：	刘华新
责任编辑：	蒋菊平　徐　澜
封面设计：	主语设计
出版发行：	人民日报出版社
社　　址：	北京金台西路 2 号
邮政编码：	100733
发行热线：	（010）65369527　65369509　65369512　65369846
邮购热线：	（010）65369530　65363527
编辑热线：	（010）65369528
网　　址：	www.peopledailypress.com
经　　销：	新华书店
印　　刷：	大厂回族自治县彩虹印刷有限公司
开　　本：	710mm×1000mm　1/16
字　　数：	302 千字
印　　张：	20.75
版次印次：	2020 年 9 月第 1 版　2020 年 9 月第 1 次印刷
书　　号：	ISBN 978-7-5115-6469-6
定　　价：	56.00 元

序　言

随着我国企业"走出去"的步伐不断加快，我国企业面临的境外法律合规风险日益凸显，境外法律合规风险事件频发。其中，美国经济制裁风险因其复杂性、严重性尤其需要我们予以高度关注。根据我们的统计，截至2020年6月1日，有143个我国的自然人和实体曾被美国财政部外国资产控制办公室（OFAC）纳入制裁名单。这些被纳入制裁名单的自然人和实体在开展国际业务、进行国际交流和境外融资时，面临重重困难，甚至举步维艰。对于"国际化"程度比较高的我国企业而言，美国经济制裁风险是最需要重视的境外法律合规风险。能否有效防范美国经济制裁风险，将影响到我国企业"国际化"战略的成败。

中再集团作为一家在香港上市、以再保险为主业、业务遍布全球的保险集团，始终秉承"合规创造价值"理念，严格遵守适用于中再集团的法律法规，持续推进合规经营。具体到经济制裁风险防范领域，中再集团建立了比较健全的经济制裁风险防范体系，制定了专门的经济制裁风险防范制度和流程，成立了跨公司的经济制裁风险防范团队，积极与监管机构、国内外同业进行沟通和交流，牵头或参与多项经济制裁方面的课题，定期参加国际保险业制裁圆桌会议，并创办了中再集团经济制裁论坛。中再集团经济制裁论坛是国内首个专门探讨、交流经济制裁风险防范知识和经验的专业论坛。2019年10月18日，中再集团举办了首届经济制裁论坛，总计55个中再集团的重要客户共140余人报名参加。

本书的作者孙才华先生有着国际政治、法律、经济等领域的复合知识背景，长期关注国际政治经济形势，勤于思考，乐于学习，有比较强的研究能力和分析能力。孙才华先生自2013年初开始牵头中再集团经济制裁风险防范相关工作，参与构建了中再集团经济制裁风险防范体系，草拟了中再集团经济制裁风险防范政策，带领经济制裁风险防范团队，持续跟踪评估联合国、美国和欧盟等经济制裁政策的调整，为业务人员在开展国际业务过程中防范经济制裁风险提供指导和培训，为中再集团在境外上市融资、国际并购过程中提供经济制裁风险防范方面的支持。工作之余，孙才华先生还利用其掌握的知识和积攒的经验，牵头负责多项经济制裁相关课题，为20多个政府机关、金融机构和实体企业提供经济制裁方面的专业培训和咨询，在财新网开设专栏和博客，在《中国金融》《中国改革》《金融时报》《二十一世纪商业评论》和财新网等多个媒体发表经济制裁方面的专业文章40余篇。

目前，我国尚缺乏关于企业如何有效防范美国经济制裁风险的专著，本书在一定程度上可以填补上述空白。本书是孙才华先生持续学习、思考以及长期工作经验的总结，主要为孙才华先生对美国经济制裁的理解和认识。本书全面、系统地剖析美国经济制裁法律体系、执行机制、救济机制以及主要制裁项目，深入分析经济制裁高风险行业的制裁、处罚典型案例，并从政府、企业层面提出应对建议。本书对于我国企业理解美国经济制裁的运行逻辑、熟悉美国经济制裁法律法规以及执行尺度、构建经济制裁风险防范体系大有裨益。

在外部局势日趋严峻的今天，我希望本书能够为我国企业有效应对境外法律合规风险提供指导和帮助，能够在我国企业"走出去"的国际化进程中发挥积极作用。

中国再保险（集团）股份有限公司 执行董事、副总裁

任小兵

2020年7月2日

推荐语

知己知彼，百战不殆。在中美战略竞争不断加剧的今天，美国越来越频繁地使用经济、金融制裁针对中国的企业、金融机构等。对于中美摩擦的长期性和艰巨性，中国要有更清醒的认识。本书全面、系统地介绍了美国经济制裁的运行机制及逻辑，梳理了大量的制裁、处罚案例，在评估美国经济制裁对中国影响的基础上，提出了具有重要参考价值的应对建议，对于我们理解美国经济制裁、防范美国经济制裁风险极具现实指导意义。

——中国社会科学院金融研究所党委书记兼副所长、博导 胡滨

美国的"长臂管辖"，有一套完整的理论，也有数十年的实践。所针对的国别、产业、企业、个人目标，无所不及。国际间不存在国内管辖意义上的政府，与美国讲理的空间很小。很长一段时间以来，大多数国家的实体选择了适应——事前规避、事中审慎、事后防范。中国的实体和个人需要认真研究、应对。本书是中文文献中非常全面的教材、实用性高。

——北京大学国际关系学院教授、博导 查道炯

近年来，美国制裁制度对于中国企业的影响日增，但由于相关规则复杂多变，中国企业常难得其要领。孙才华先生的新作融合了他多年来对美国制裁制度的细致研究和对中国企业实务风险和需求的深刻理解，既全景式地展现了美国制裁的规则和执法实践，又有的放矢地针对中国企业的痛点（如救济机制、风险评估和应对）提出了具有可操作性的建议，是一本不可多得的实务佳作。

——高伟绅律师事务所合伙人 时磊

当前国际形势日益复杂，已经活跃在国际市场的中国企业不得不考虑美国经济制裁风险。在过去十年间，美国政府多次调整关于经济制裁的政策，有关的法律法规纷繁复杂，在执行层面也涉及多个政府部门。孙才华先生的这本书兼具理论和实践，对于中国企业充分了解美国经济制裁法律体系及执行机制，建立和完善相应的合规体系，做好美国经济制裁风险的防范工作有很大的借鉴意义。

——安永（中国）企业咨询有限公司合伙人 陈炽

孙才华先生在进行经济制裁研究和分析时，擅长透过事物的现象，抓住事物的本质，他通过对制裁案例的解析，抓住制裁机制运行与政治环境、经济环境的内在联系，并对事物发展规律做出一定的预测。本书是孙才华先生长期工作和持续研究的思想结晶，读此书，如同读一个人，此书体现了孙才华先生的博学、见识、严谨和用功，也体现了他家国天下的情怀。

—— ACAMS公认反洗钱师协会中国区合规策略总监 李娜

导　言

经济制裁与国际贸易相伴而生，国与国之间有了经济交往，如发生冲突，就可能通过经济制裁的方式予以解决或辅助解决，最早的经济制裁甚至可以追溯到古希腊。目前，影响最大的经济制裁政策包括联合国安理会的制裁决议、美国和欧盟的经济制裁政策。对于联合国安理会的制裁决议，我们需要遵守。美国经济制裁是美国政府实现国家利益和外交政策目标的重要工具，美国经济制裁域外适用违反了国际法，是美国霸权主义和强权政治的集中表现。对于美国经济制裁，我们不能掩耳盗铃，需要正视它，也不能风声鹤唳，草木皆兵。我们研究美国经济制裁，主要是为了"知己知彼"，寻找其运行规律和逻辑，从而防范其风险，尽可能减少其对我国企业的负面影响。

很多熟悉我的人都说，没有什么工作比制裁风险管理更适合我。的确，我的性格、知识储备、兴趣爱好、工作经历与制裁风险管理非常契合。中国人民大学法学学士（国际政治专业）、经济学硕士，通过了国家司法考试和金融风险管理师考试，且一直在金融行业从事风险管理工作，二十年如一日持续关注国际局势，对世界尤其是美国的历史、政治、经济有着浓厚的兴趣和一定程度的了解。所以说，我还是非常幸运的，经过多个人生十字路口之后，终于找到了自己喜欢、比较擅长且愿意长期坚持的领域。

2013年初，我开始在现在的单位从事制裁风险防范工作。当时，除了少数几家国内企业，绝大部分国内企业对制裁风险知之甚少，国内的律所和咨询机构也无法提供高质量的咨询服务。在此情况下，面对遇到的制裁问题，我们不得不自己摸索，自力更生。只有在问题无法通过自力更生解决时，我们才会去咨询境外的律所。在摸索的过程中，我们逐渐总结归纳出一套分析框架、一种分析思路，构建了比较健全的制裁风险防范体系。与此同时，所在单位在境外上市，国际化进程不断加快，对制裁风险的重视程度不断提升，对制裁风险管理人员专业技能的要求越来越高。在此情况下，我们积极走出去，通过拜访、定期参加制裁圆桌会议等方式，与国际制裁风险管理专家直接沟通、探讨专业问题。通过国际交流，我们能够及时掌握制裁风险的热点和难点，能够汲取国际同业的成熟经验，不断提升专业能力、完善所在单位的制裁风险管理体系。与此同时，我们也不断加深了对美国经济制裁运行机制背后的政治逻辑的认识。

2016年3月7日，中兴通讯因被认定向伊朗出口含有美国成分的产品，被美国商务部纳入出口管制黑名单。至此，经济制裁和出口管制开始成为国内关注的热点。因所在单位开展制裁风险管理工作比较早、有一定的经验，逐渐有一些政府机构、金融同业向我们咨询一些专业问题，并邀请我们为其提供专业培训，委托我们进行一些制裁方面的课题研究。此时，我也希望通过写作来归纳总结工作中积攒的经验。未能成为大学老师授业解惑一直是我的遗憾，我希望通过写作、培训等方式能够在一定程度上弥补这种遗憾。

2017年初，我在财新网开设了博客，开始撰写制裁风险管理方面的专业文章，力求系统性地梳理美国经济制裁运行逻辑，为我国企业有效防范制裁风险提供一些分析思路和分析框架。从2017年初至今，我在财新博客和专栏、个人公众号"亦恒说"及《中国金融》、《中国改革》、《二十一世纪商业评论》、《金融时报》等媒介上先后发表了40余篇文章。这些文章涉及美国经济制裁的核心概念、法律体系、授权机制、执行机制、救济机制、主要制裁项目、制裁和处罚案例以及制裁风险管理措施等，已在一定程度上呈现了美国经济制裁风险管理的概貌。很多同仁希望我能够将上述内容进行系统梳理，出版一本经济制裁风险管理方面的书。于是，从2018年7月，我开始了本书的写作。

本书一共分为七章，聚焦美国经济制裁，不包括美国商务部负责的出口管制。第一章"美国经济制裁法律体系及授权程序"重点介绍了美国经济制裁的核心概念、运行机制、法律体系、授权程序，力求使读者对美国经济制裁是什么，主要有哪些制裁法律法规，这些法律法规之间有何关联，主要有哪些制裁措施，这些制裁措施对我国企业有什么影响，美国制裁是如何运行的，美国总统、国会以及财政部、司法部之间的权限如何划分等内容有一定程度的了解和认识。另外，本章还归纳总结了主要国际组织，如联合国、欧盟，以及部分国家，如德国、加拿大，对美国经济制裁的立场和态度。

第二章"美国经济制裁执行机制"介绍了美国经济制裁主要执行机构的职责、执行标准和尺度、遵守美国经济制裁法律法规的建议等。目前，美国经济制裁执行机构主要包括美国财政部外国资产控制办公室（OFAC）和美国司法部。通过熟悉和掌握美国经济制裁执行标准和尺度以及相关建议，读者可以更好地理解一些制裁处罚案例，企业可以评估在制裁风险管理方面需要注意的地方。本章还分析了美国经济制裁的执行趋势，重点分析了美国对中国的经济制裁和2003年至2017年间OFAC的制裁处罚情况，整理了2009年-2019年美国经济制裁政策及执行情况大事记。

第三章"美国主要经济制裁项目"介绍了美国对伊朗、古巴、俄罗斯、委内瑞拉的制裁以及美国定向制裁。OFAC管理的制裁项目非常多，之所以选取关于上述4个国家的制裁项目，一方面是因为这些国家是现阶段美国主要的制裁对象，另一方面是因为我国企业与上述国家有着非常密切的贸易往来。另外，对于绝大多数企业而言，需要关注的重点是美国定向制裁，也就是说需要进行制裁名单筛查，防范与被纳入制裁名单中的特定个人或实体开展业务的风险。需要说明的是，鉴于美国经济制裁法律法规调整频繁，本书并没有详细列明每一个制裁项目涉及的制裁法律法规以及具体规定，这需要读者结合实际去研读。

第四章"美国经济制裁救济机制"研究了在被美国政府纳入制裁名单或处罚之后该怎么办的问题。在本章中，我选取了一些非常具有代表性的案例，如国际能源巨头埃克森美孚挑战OFAC处罚决定实现制裁罚款的取消、俄罗斯铝业及其母公司实现从SDN名单中移除等。鉴于我国企业陆续发生被美国政府纳入制裁名单或处以罚款的情况，上述研究非常有现实意义。

第五章"银行业制裁、处罚典型案例分析"分析了银行业制裁、处罚典型案例。我们知道银行业是美国经济制裁重点关注的行业。在所有的行业中，银行业被罚的金额最大，远远超过了其他所有行业的加总。遭受美国政府处罚的银行数量非常多，我选取了被处以创纪录的89.7亿美元罚款的法国巴黎银行、先后两次被重罚的英国渣打银行、与美国司法部签署不起诉协议的首家银行——意大利裕信银行、正在被美国检察机关起诉的土耳其国有银行Halkbank以及美国摩根大通银行作为分析的样本。

第六章"其他主要行业制裁、处罚典型案例分析"分析了除银行业以外的其他主要行业制裁、处罚典型案例，包括航空、通信、保险、能源、支付、航运等面临美国经济制裁风险较高的行业。此外，本章还分析了企业未能有效防范并购过程中或并购后的制裁风险而被美国政府处罚的案例。在选取案例时，我尽量选择非美国企业的被罚案例，相对于美国企业的被罚案例，非美国企业的被罚案例对我国企业更有指导意义。

第七章"美国经济制裁风险评估及应对建议"主要包括：美国经济制裁域外适用的逻辑，我国企业面临的美国主要经济制裁风险，欧盟、瑞士以及部分跨国企业应对美国经济制裁的经验，以及笔者从政府和企业层面提出的关于应对美国经济制裁风险的建议。通俗一点，这一章主要回答以下问题，我国企业属于第三国企业，为什么会受到美国经济制裁的影响？我国企业会受到什么样的影响？针对美国经济制裁域外适用，其他国际组织或国家是怎么做的？欧美跨国企业是怎么做的？我国政府和企业该如何应对？实际上，前面的六章也或多或少回答了上述问题，本章只是进行比较系统的归纳。

本书涉及大量的、重复使用的英文核心词汇以及部分文件、法律、机构的简写，为便于理解，书后附有中英文词汇对照索引。对部分法律法规词汇的翻译，受限于文化背景、知识储备，笔者的翻译可能并不准确，希望读者能够理解。本

导　言

书涉及大量的法律法规、案例以及指导性文件，这些法律法规和指导性文件，笔者并未附上相关链接，读者可以通过这些法律法规、指导性文件的英文名称以及发布的时间在美国政府机构的网站上查询到；书中的大部分制裁、处罚案例，笔者附上了相关链接，读者可以通过相关链接查询相关材料。

写作本书的目的，是希望能为我国企业应对美国制裁风险提供一套分析框架、一种分析思路，希望起到抛砖引玉的作用。各个行业均有自身的特点，各个企业也千差万别，笔者的工作经历和知识储备相对有限，书中的分析更多的是基于个人的理解，可能并不准确，仅仅作为学术探讨，不是笔者出具的法律意见，也不代表所在单位的立场。另外，笔者试图用日常的语言表述一些重要的概念和法律法规，希望能够通俗易懂。然而，在解读美国法律法规和政策时，因文化背景、教育经历等不同，无法保证100%精确，希望读者能够理解。

需要特别说明的是，美国经济制裁政策体系非常庞杂，且在不断地变动，熟悉并理解上述美国经济制裁政策需要长期的跟踪和研究，并非一朝一夕之功；在实践中，每一笔业务、每一个案例都有不同的地方，需要具体问题具体分析；针对具体的违规事件，美国经济制裁政策执行机构的尺度也可能存在很大差别。所以，对于我国企业在业务拓展中面临的具体制裁问题，还是需要查找具体的法律法规和政策条文并分析相关案例，进行个案分析，必要时与经济制裁政策执行机构直接进行沟通，或咨询专业律师。

本书基于对美国经济制裁法律体系、执行机制的研究，相关案例也是在此框架下的分析。书中多次使用"违反""违规"等词汇，主要是为了行文方便，实际上都是美国政府认定的"违反""违规"，不代表相关企业或个人的行为违反其所在国的法律，也不代表美国政府制裁或处罚行为的合理性。

本书的内容属于笔者的个人观点，与所在公司的立场无关。

孙才华

2020年7月18日

目 录

第一章　美国经济制裁法律体系及授权程序 / 001

　　第一节　美国经济制裁概念、类型 / 004
　　第二节　美国经济制裁运行机制 / 014
　　第三节　美国经济制裁法律体系 / 017
　　第四节　美国经济制裁授权程序 / 027
　　第五节　部分国际组织和国家对美国经济制裁的态度 / 031

第二章　美国经济制裁执行机制 / 039

　　第一节　美国财政部OFAC对经济制裁的执行 / 041
　　第二节　美国司法部对经济制裁的执行 / 061
　　第三节　美国经济制裁执行趋势分析 / 072

第三章　美国主要经济制裁项目 / 097

　　第一节　美国对伊朗的经济制裁 / 099
　　第二节　美国对古巴的经济制裁 / 112
　　第三节　美国对俄罗斯的经济制裁 / 117
　　第四节　美国对委内瑞拉的经济制裁 / 128
　　第五节　美国定向制裁 / 135

第四章　美国经济制裁救济机制 / 145

第一节　埃克森美孚挑战 OFAC 处罚决定实现制裁罚款的取消 / 147

第二节　Epsilon 挑战 OFAC 处罚决定实现处罚金额的减少 / 154

第三节　部分企业通过行政复议实现从 SDN 名单中移除 / 158

第四节　俄罗斯前首富直接起诉美国财政部及 OFAC / 164

第五节　美国制裁名单移除机制解析 / 168

第五章　银行业制裁、处罚典型案例分析 / 173

第一节　法国巴黎银行因制裁违规而被处以创纪录的罚款 / 175

第二节　渣打银行先后两次因制裁违规被美国政府重罚 / 182

第三节　裕信银行集团因制裁违规缴纳超过13亿美元的巨额罚款 / 188

第四节　美国司法部对土耳其国有银行 Halkbank 提出违反制裁等六项指控 / 193

第五节　美国摩根大通银行先后两次因制裁违规被美国财政部处罚 / 201

第六章　其他主要行业制裁、处罚典型案例分析 / 205

第一节　航空业、通信业制裁、处罚典型案例分析 / 207

第二节　保险业制裁、处罚典型案例分析 / 214

第三节　企业并购制裁、处罚典型案例分析 / 228

第四节　能源行业制裁、处罚典型案例分析 / 239

第五节　支付行业制裁、处罚典型案例分析 / 243

第六节　航运业制裁、处罚典型案例分析 / 250

第七章　美国经济制裁风险评估及应对建议 / 257

第一节　美国经济制裁域外适用及风险评估 / 259

第二节　我国企业面临的美国主要经济制裁风险 / 274

第三节　欧盟、瑞士应对美国经济制裁域外适用的经验 / 280

第四节　跨国企业应对美国经济制裁风险的经验 / 290

第五节　我国政府、企业应对美国经济制裁风险的建议 / 297

中英文词汇对照索引 / 305

后记 / 314

第一章

美国经济制裁法律体系及授权程序

第一章 美国经济制裁法律体系及授权程序

美国政府为实现制裁目标，通过纳入制裁名单、处以巨额罚款、监禁企业负责人等手段，限制甚至禁止美国企业与制裁对象间的贸易往来，迫使第三国企业限制甚至断绝与美国制裁对象间的贸易往来，严重影响到了第三国企业的正常经营。美国政府之所以能够胁迫第三国企业，主要是绝大部分国际化程度比较高的企业暂时还离不开美元、美国市场或美国技术。在美国仍在全球经济、军事和科技领域占据主导地位的情况下，中国企业需要正视美国经济制裁风险，不能掩耳盗铃，要知己知彼，从企业层面做好制裁风险防范工作。美国政府制裁、处罚了大量美国企业和第三国企业，这些被制裁、被处罚案例，对于中国企业理解美国经济制裁法律法规，防范美国经济制裁风险非常有参考价值。

要做好制裁风险防范工作，首先需要理解什么是美国经济制裁，美国经济制裁具体包括哪些类型和措施，如何正确理解或区分这些经济制裁的类型和措施，美国政府又是如何使用这些经济制裁措施的。美国经济制裁体现了美国的强权政治和霸权主义，在世界范围内遭到广泛批评。截至2020年7月1日，联合国大会连续第28年通过决议要求美国解除对古巴的单边制裁。美国自认是一个法治国家，其经济制裁体系有一套比较严密的逻辑，相关要求体现在美国法律法规和各种指引中，也可以说是自洽的。从实践应对的角度，我们就需要理解美国经济制裁法律体系，特别是一些主要的制裁相关法律法规。另外，美国经济制裁法律法规的制定及执行涉及美国总统、国会以及国务院、财政部、司法部等政府机构，美国总统和上述机构之间的权限如何划分，对于我们理解美国经济制裁至关重要。

第一节　美国经济制裁概念、类型

一、美国经济制裁的概念

美国经济制裁是指美国使用经济强制手段，包括贸易禁运、交易限制、投资限制以及资产冻结等，对竞争对手或敌人，包括国家、地区、实体或个人，进行报复、惩罚或遏制，以迫使竞争对手或敌人改变行为、按照其设想行事[①]。美国经济制裁是美国实现国家利益和外交政策目标的工具，是美国综合国力的集中体现。

为了更好地理解美国经济制裁，我将其比喻成一把瑞士军刀，二者有很多相似之处。首先，美国经济制裁和瑞士军刀都只是一种工具，因使用人不同而不同。美国前财政部长雅各布·卢表示，美国经济制裁是服务于清晰、协调的外交政策目标的有力工具。不同的美国总统，对于实现目标的路径认识不同，对于如何使用经济制裁有不同的理解，这也是为何奥巴马政府和特朗普政府在对伊朗、古巴等国家的制裁政策上存在重大差异。其次，美国经济制裁和瑞士军刀最初都是服务于战争需要，后来不断进化，用于多种目的。美国经济制裁起源于美国独立战争时期，并在"一战"、"二战"中与军事手段相结合后被予以广泛运用，"二战"后，更是被频繁运用于国际竞争及其他目的，如反恐、反扩散等，美国经济制裁措施也不断在进行相应地调整。再次，美国经济制裁和瑞士军刀都是经过精心设计的，制作精良，严丝合缝。美国经济制裁授权体系、执行体系的构建、适用范围的确定、制裁目标的选择以及制裁措施的运用，无不显示美国经济制裁是一台经过精心设计的高精尖机器。最后，美国经济制裁

[①] 此处为笔者的个人理解。不同的学者对此有不同的解释，经济制裁方面的经典著作《反思经济制裁》将经济制裁界定为"为了改变目标国的政策，一国政府有意断绝或威胁其断绝与目标国传统贸易或金融联系的一种行为"。

和瑞士军刀都与本国的实力密切相关。瑞士军刀体现了瑞士人精益求精的工匠精神和工业制造水平，美国经济制裁主要依靠美国全球第一的综合国力支撑。

二、美国经济制裁的类型

根据适用对象的不同，美国经济制裁区分为初级制裁和次级制裁；根据制裁范围的不同，美国经济制裁可以区分为全面制裁、行业制裁和定向制裁。美国政府可以根据需要综合使用上述制裁手段，如对伊朗的经济制裁政策，既有针对美国人①以及相关活动与美国有连接点（Nexus）的非美国人的初级制裁，又有针对与美国没有连接点的非美国人的次级制裁。对于美国人以及相关活动与美国有连接点的非美国人而言，美国对伊朗的经济制裁是全面制裁，对于相关活动与美国没有连接点的非美国人而言，美国对伊朗的经济制裁是行业制裁和定向制裁。

（一）初级制裁

美国初级制裁是指适用于美国人以及与美国有连接点的非美国人的美国经济制裁政策。美国针对任何一个国家、地区、实体或个人的经济制裁政策，如针对伊朗、朝鲜、尼加拉瓜等国家或恐怖主义组织、贩毒组织等的经济制裁政策，都包含初级制裁的内容，美国人以及相关活动与美国存在连接点的非美国人都需要遵守，否则，会面临被美国政府处罚的风险。一般情况下，美国经济制裁法律法规②中的"美国人"包括：1.美国公民；2.美国永久居民（无论是否居住在美国）；3.在美国境内的自然人和实体；4.在美国注册的实体及其境外分支机构。相关活动与美国有连接点主要包括：使用了美国金融系统，交易的产品或技术含有一定比例的美国产品或技术，有美国人参与，企业为美国人拥有

---

① 在本书中，如没有特别说明，美国人、非美国人中的"人"包括自然人、法人和其他实体。
② 参见《伊朗交易与制裁条例》。然而，为避免词汇混淆，本书中的"美国人"并不包括在美国境内的非美国人。

或控制①,交易活动所使用的资金源自美国金融市场或投资者等。

(二) 次级制裁

美国次级制裁是指适用于与美国没有连接点的非美国人的经济制裁政策。目前,美国次级制裁所涉及的国家或事项主要包括:伊朗、朝鲜、叙利亚、俄罗斯、委内瑞拉等国家以及反对恐怖主义和防止大规模杀伤性武器扩散等。非美国人在与美国没有连接点的情况下,开展与上述国家或事项有关的业务,可能会被美国政府纳入各种不同的制裁名单。另外,美国政府对非美国人开展与特别指定国民和资产冻结名单(Specially Designated Nationals And Blocked Persons List,SDN名单)中的部分个人和实体相关的业务进行次级制裁。目前,上述SDN名单中的部分个人、实体主要与伊朗、朝鲜、俄罗斯、委内瑞拉、叙利亚及反对恐怖主义、防止大规模杀伤性武器扩散等经济制裁项目相关。

(三) 美国经济制裁域外适用

美国经济制裁域外适用是指美国经济制裁法律法规适用于在美国境外的非美国人。美国经济制裁域外适用是为了最大限度地对美国制裁对象进行封锁,从而实现其制裁目标。从美国政府的立场来看,仅仅依靠美国企业无法实现对制裁对象的封锁,因为美国制裁对象可以找到替代企业。要实现制裁目标,美国政府必须迫使第三国企业遵守美国经济制裁法律法规,也就是必须推进美国经济制裁法律法规域外适用,美国独一无二的金融和科技实力,使美国政府推进经济制裁法律法规域外适用成为可能。美国经济制裁域外适用主要包括以下三种情形:一是美国经济制裁法律法规适用于活动与美国存在连接点的、位于美国境外的非美国人;二是部分美国经济制裁法律法规适用于美国人或美国金

---

① 美国针对伊朗、古巴的制裁法律法规适用于美国人拥有或控制的非美国企业。

融机构在美国境外拥有和控制的实体①；三是部分美国经济制裁法律法规（主要为美国对伊朗、朝鲜、叙利亚、俄罗斯、叙利亚、委内瑞拉等国的部分经济制裁法律法规）适用于与美国没有连接点的非美国人，也就是次级制裁。美国经济制裁域外适用违反了国际法，是美国霸权主义和强权政治的集中表现，招致世界大多数国家的反对，甚至抵制。

（四）美国初级制裁和次级制裁的区分

在实践中，我们经常需要判断某笔业务是否存在美国初级制裁或次级制裁风险，因此，准确区分美国经济初级制裁和次级制裁是我们必须解决的重点和难点问题。在一些与国家或地区相关的制裁项目中，一个非美国人只要母国不是受制裁国，其被纳入制裁名单是否都属于被美国次级制裁。比方说，2019年4月12日意大利PB Tankers因其租赁给古巴公司的船舶被用于从委内瑞拉向古巴运输原油而被美国财政部外国资产控制办公室（The Office of Foreign Assets Control, OFAC）纳入SDN名单，PB Tankers是否属于被美国次级制裁？

1. 美国财政部并未明确区分初级制裁和次级制裁

美国财政部和OFAC从未对"初级制裁"这一词汇进行过官方解释。同时，欧盟和联合国的制裁也从未区分初级制裁和次级制裁，这比较好理解，欧盟反对美国经济制裁域外适用，对于联合国制裁而言，初级制裁和次级制裁并无太大区别，因为世界绝大部分国家和地区都是联合国的成员。我们看到的"初级制裁"只是业界约定俗成的使用方法，并无美国官方机构进行界定，可能只是为了和次级制裁进行区分。

至于次级制裁，频繁出现在美国的财政部网站上，且美国财政部在2016年1月16日发布的关于伊朗核问题的联合全面行动计划（Joint Comprehensive Plan of

---

① 《伊朗交易与制裁条例》和《古巴资产控制条例》适用于美国人拥有或控制的非美国实体，《朝鲜制裁条例》适用于美国金融机构拥有或控制的非美国实体。

Action，JCPOA）的指引中对次级制裁进行了解释。美国财政部在该指引中表示，次级制裁通常针对非美国人与伊朗相关的特定活动，这种活动完全在美国司法管辖（Subject to U.S. Jurisdiction）范围之外且不涉及美国人。美国财政部对次级制裁的解释使用了"通常"一词，从而没有对次级制裁进行全面解释。比方说，非美国人是否包括受制裁国的人，一个伊朗人因为伊朗革命卫队提供服务而被纳入SDN名单是否属于次级制裁？

2.香港联交所的相关解释

有无比较权威的机构对初级制裁和次级制裁进行界定？香港联交所在2019年3月发布的《制裁风险指引》（Guidance on Sanctions Risks）中对受初级制裁的活动（Primary Sanctioned Activity）和次级可受制裁的活动（Secondary Sanctionable Activity）进行了解释。受初级制裁的活动是指在制裁发起国注册成立或位于制裁发起国的上市申请人，或因相关活动与制裁发起国有连接点而导致需要遵守制裁发起国的制裁法律法规的上市申请人，开展的以下两种类型的活动，一种是直接或间接地参与和制裁对象（Sanctioned Target）的资产或使其资产受益相关的活动，另一种是在受制裁国家开展的活动。次级可受制裁的活动是指既不位于制裁发起国，也不在制裁发起国注册成立，同时也与制裁发起国没有任何连接点的上市申请人，所开展的可能会导致相关方遭受制裁发起国的制裁的活动。

香港联交所并没有直接解释什么是初级制裁，什么是次级制裁。香港联交所从经济制裁法律法规的适用对象的角度描述，什么是受初级制裁的活动，什么是次级可受制裁的活动，即初级制裁适用的是制裁发起国的人，以及相关活动与制裁发起国有连接点的他国人，而次级制裁适用的是相关活动与制裁发起国没有连接点的他国人。另外，香港联交所还区分了"受制裁（Sanctioned）"和"可受制裁（Sanctionable）"，这实际上把握了次级制裁的精髓，即美国政府在对非美国人进行次级制裁时相对比较慎重，美国政府有很大的自由裁量权。

3.如何区分美国初级制裁和次级制裁

美国初级制裁和次级制裁都是美国针对制裁对象采取的限制性措施，美国初级制裁和次级制裁间的差异，不在于制裁对象的不同，而在于适用对象的不同。制裁对象是指制裁谁，适用对象是指谁需要遵守。在美国初级制裁中，我们很容易区分制裁对象和适用对象，比方说，古巴是美国的制裁对象，美国人以及相关活动与美国有连接点的非美国人是美国对古巴制裁的适用对象。但在美国次级制裁中，我们就无法轻易区分制裁对象和适用对象。例如，关于伊朗核问题的13846号行政命令（Executive Order）授权美国国务卿在咨询其他阁僚的基础上，制裁从伊朗进口原油的非美国人，此时，制裁对象是伊朗原油行业和从伊朗进口原油的非美国人，适用对象是从伊朗进口原油的非美国人，也就是说，在次级制裁中，适用对象也成了制裁对象。简而言之，美国初级制裁适用于美国人以及相关活动与美国有连接点的非美国人，美国次级制裁适用于相关活动与美国没有连接点的相关非美国人。

（五）如何识别美国次级制裁风险

如前所述，美国政府并没有对次级制裁进行准确定义，同样，美国政府也没有对次级制裁的范围进行准确界定，这导致我们在评估所面临的美国次级制裁风险时困难重重。随着美国次级制裁的范围越来越大，如何识别美国次级制裁风险，是我国走出去的企业必须回答的问题。识别美国次级制裁风险，可能需要从法律法规、具体制裁案例和美国政府高层表述等维度来综合分析。为了更好地说明这一点，笔者将结合美国对委内瑞拉的经济制裁进行分析。选择以美国对委内瑞拉的经济制裁作为分析对象，主要是因为业界对于非美国人从什么时候开始开展涉委内瑞拉业务面临美国次级制裁风险有不同的看法。

1.法律法规层面

2019年8月5日，特朗普总统签发了13884号行政命令，很多律师、专家、学者以此为依据，认为美国开始对开展与委内瑞拉有关业务的非美国人进行次级制裁。上述专业人士做出这种判断的主要依据是13884号行政命令中这样的一段表述："Section 1（b）(i) 规定，任何个人或实体（Any Person）如果被认定为因13884号行政命令而被纳入SDN名单的个人或实体提供重大金融、物资、技术支持和服务，美国财政部长在咨询美国国务卿后可以将其纳入SDN名单。"实际上，在奥巴马总统于2015年3月签发的13692号行政命令以及特朗普总统于2018年11月签发的13850号行政命令中，也有相似的表述。13850号行政命令Section 1（a）(iii) 规定："任何个人或实体如果被认定为因13850号行政命令的而被纳入SDN名单的个人或实体（如委内瑞拉国家石油公司）以及委内瑞拉政府管理的工程项目中的腐败活动提供重大金融、物资、技术支持和服务，美国财政部长在咨询美国国务卿后可以将其纳入SDN名单。"这是不是意味着美国总统早就授权了美国财政部长可以对开展与委内瑞拉有关业务的非美国人进行次级制裁？

对此，Holland & Knight律师事务所的律师在一篇文章中表示，上述表述出现在很多行政命令中，这为美国财政部对非美国人进行次级制裁提供了法律基础。的确，在美国总统签发的很多行政命令中，如针对伊朗的13846号行政命令和13871号行政命令、针对叙利亚的13582号行政命令、针对克里米亚地区的13685号行政命令，甚至在针对白俄罗斯的13405号行政命令以及针对布隆迪的13712号行政命令中，也有类似表述。笔者只是挑选了部分行政命令，实际上有非常多的行政命令都有类似表述。业界广泛认为美国对非美国人开展涉伊朗、叙利亚和克里米亚地区的部分业务有次级制裁风险，那么对于非美国人开展涉白俄罗斯和布隆迪业务是否也有次级制裁风险？我们是否可以这样理解，对非美国人的次级制裁的权力由法律授予美国总统，美国总统在行政命令中可以将其授予美国财政部长，至于美国财政部长是否使用这一授权，完全可以结合国际形势，具体问题具体分析。

2.制裁案例层面

如果仅从法律法规条文中，我们不好理解开展业务是否存在次级制裁风险，那么，我们是否可以结合具体的制裁案例来综合评估呢？以美国对委内瑞拉的经济制裁为例。在我们熟知的制裁案例中，有三个第三国的企业因涉委内瑞拉业务被美国财政部依据13850号行政命令纳入SDN名单，分别为2019年3月11日被纳入SDN名单的俄罗斯EM银行、2019年4月12日被纳入SDN名单的意大利船运公司PB Tankers①和2019年7月3日被纳入SDN名单的古巴石油公司Cubametales。在此需要注意的是，OFAC并非依据美国对俄罗斯的经济制裁法律法规将EM银行纳入SDN名单，也并非依据美国对古巴的经济制裁法律法规将Cubametales纳入SDN名单。

在评估涉委内瑞拉业务是否面临美国次级制裁风险时，俄罗斯企业、古巴企业与意大利企业并无不同，它们在开展被认定违反美国对委内瑞拉经济制裁法律法规的业务时，都与美国没有连接点。美国财政部将PB Tankers和Cubametales纳入SDN名单是因为同一件事，依据的是同一个行政命令、同一个条文。至于企业是俄罗斯或古巴的，还是意大利的，并不影响我们对企业开展涉委内瑞拉业务是否存在被美国次级制裁风险的判断。企业是俄罗斯或古巴的，只是会因俄罗斯、古巴属于美国经济制裁的对象且这两国与委内瑞拉关系密切，而增加其开展涉委内瑞拉业务所面临的美国次级制裁风险，而不是说，俄罗斯或古巴企业因开展涉委内瑞拉业务被纳入制裁名单就不属于次级制裁。

3.美国政府高层表述

如果美国政府高层表示或在相关文件明确，特别是美国国务卿和财政部长表示，非美国人开展哪些业务存在次级制裁风险，那么，我们可能就有比较准确的答案。比方说，特朗普总统重启与伊朗核问题相关的次级制裁后，美国国务卿和财政部长以及其他政府官员就多次表示对开展与伊朗相关业务的非美国人进行次级制裁，且美国国务院和财政部相关解答和指导性文件中对此也有说明。以美国对委内瑞拉的经济制裁为例，2019年3月6日，美国国家安全事务

---

① PB Tankers在2019年7月3日被美国财政部从SDN名单中移除。

助理约翰·博尔顿表示，如果非美国金融机构参与马杜罗政府相关的"非法交易"，将会遭到美国的经济制裁。一些境外律所表示，博尔顿的声明是在威胁对即将开展与委内瑞拉有关业务的第三国金融机构进行次级制裁。非常巧合的是，几天后，俄罗斯EM银行就因其为委内瑞拉国家石油公司（Petroleo De Venezuela S.A., PDVSA）提供重大支持而被纳入SDN名单。

综合上述分析，我们可以这样理解：在美国相当一部分制裁项目中，美国总统都给予美国财政部长或国务卿对第三国的个人和实体进行次级制裁的授权，但次级制裁因其霸权主义和强权政治的本质而容易引起外交争端，所以，美国财政部和国务院在决定是否对第三国的个人和实体进行次级制裁时会非常审慎，这导致除了伊朗、朝鲜、俄罗斯、委内瑞拉、叙利亚及反对恐怖主义、防止大规模杀伤性武器扩散等经济制裁项目外，其他制裁项目较少出现次级制裁案例。我们在识别是否存在美国次级制裁风险时，可能需要持有更保守的立场，毕竟，国际性的大企业一般都无法承受被美国经济制裁的风险。

（六）全面制裁

美国全面制裁是指美国针对特定的国家和地区实施的贸易禁运（Embargo）。如美国对某一国家或地区实施全面制裁，则未经许可或有例外规定，美国人以及相关活动与美国存在连接点的非美国人不得开展与上述受制裁国家或地区有关的任何业务。目前，美国对伊朗、古巴、叙利亚、朝鲜以及克里米亚等国家或地区实施全面制裁。对于非美国人而言，并非所有与美国全面制裁的国家或地区的业务都违反美国经济制裁法律法规，但是，鉴于判定交易活动是否与美国存在连接点以及如何确保交易活动与美国没有连接点，对企业来说是一个巨大挑战，基于审慎考虑，很多国际化程度比较高的大企业完全禁止开展与美国全面制裁的国家或地区有关的业务，这就无形中增加了美国经济制裁的影响力、威慑力。

上述被美国进行全面制裁的国家或地区，存在一定的共性：一是这些国家或地区现在或曾经被美国政府认定为"支持恐怖主义的国家"(State Sponsor of Terrorism),截至2020年2月28日,伊朗、叙利亚、朝鲜、苏丹①在"支持恐怖主义的国家"名单中;二是上述国家的政府现在或曾经与美国政府存在敌对关系;三是伊朗、朝鲜、叙利亚属于美国政府防止大规模杀伤性武器扩散的主要对象,防止大规模杀伤性武器扩散是美国外交政策优先事项之一。

(七) 行业制裁

美国行业制裁是指美国对特定国家或地区的特定行业进行经济制裁。被制裁的行业一般为受制裁国家的支柱性行业,如俄罗斯的能源、金融和军工,委内瑞拉的石油、黄金和金融等行业。目前,美国对伊朗、朝鲜、俄罗斯和委内瑞拉等国的部分行业进行经济制裁。行业制裁措施主要表现为:将受制裁行业中的标志性企业纳入各种制裁名单,如行业制裁名单(Sectoral Sanctions Identifications List,SSI名单)和SDN名单。限制或禁止投资上述行业,如限制非美国人投资伊朗石油行业;限制或禁止开展与上述行业有关的部分业务等,如禁止非美国人从伊朗进口原油。

(八) 定向制裁

美国定向制裁是指美国对损害美国国家利益的特定的个人或实体进行经济制裁。定向制裁的具体做法是将上述个人或实体纳入各种制裁名单中,以实现精准打击,避免误伤。目前,美国政府发布的制裁名单主要包括:美国国务院发布的违反防止大规模杀伤性武器扩散政策的个人和实体名单,美国财政部发布的SDN名单、SSI名单等。所在的制裁名单不同,遭受的制裁措施也就不同,需要具体问题具体分析。

另外,根据参与方式的不同,美国经济制裁还可以分为单边制裁和多边制

---

① 2017年10月6日,美国政府取消了对苏丹的全面制裁,但苏丹仍在"支持恐怖主义的国家"名单中。

裁，其中，单边制裁是美国单方面对某个国家和地区进行制裁，如美国对古巴的经济制裁。多边制裁为多个国家或地区共同对某个国家和地区进行制裁，如国际社会对朝鲜的制裁，多边制裁一般有联合国安理会决议作为依据。美国单边制裁饱受国际社会的批评，联合国官员贾扎伊里于2019年5月6日在日内瓦发表声明，称美国最近对古巴、委内瑞拉和伊朗采取单边制裁措施的做法违反国际行为准则，有可能导致"空前和人为的"人道主义灾难[①]。

第二节 美国经济制裁运行机制

美国经济制裁依靠的是美国的市场、产品、技术和金融系统等，主要方式是切断美国制裁对象与美国之间的联系，既限制美国人与美国制裁对象的直接业务往来，也在一定情况下限制非美国人与制裁对象间的业务往来，最终目的是促使美国制裁对象按照美国的设想改变行为。为了更好地理解美国经济制裁运行机制，下面将结合美国对俄罗斯经济制裁政策予以说明。

一、美国对俄罗斯经济制裁的基本情况

美国对俄罗斯的经济制裁源于2014年初克里米亚地区公投并寻求并入俄罗斯这一事件。2014年3月6日，时任美国总统的奥巴马签署13660号行政命令，开始对俄罗斯进行经济制裁。随着克里米亚地区并入俄罗斯和乌克兰东部地区动乱不断加剧，奥巴马先后签发13661、13662和13685号行政命令，并签发《乌克兰自由支持法（2014）》，特朗普总统签发《以制裁反击美国敌人法》，加大对俄罗斯的制裁力度。除了在乌克兰内部叛乱和克里米亚并入俄罗斯这两个事件上存在冲突外，美国与俄罗斯在叙利亚内战、网络攻击、俄罗斯涉嫌干涉美国大选、侵犯人权等方面也存在严重的冲突，为此，美国政府针对网络攻击和干

---

① 相关链接：http://paper.people.com.cn/rmrb/html/2019-05/08/nw.D110000renmrb_20190508_6-16.htm。

涉美国大选专门设定了网络相关制裁和外部势力干涉美国大选制裁项目。

二、美国对俄罗斯经济制裁的主要内容

美国对俄罗斯的经济制裁既不同于对伊朗、古巴等国的全面制裁，又不同于美国政府对津巴布韦等国的一般性制裁，美国对俄罗斯的经济制裁力度比全面制裁要小，但比一般性制裁力度要大。在美国对俄罗斯的经济制裁过程中，美国政府对制裁对象的选择、制裁方式的运用以及次级制裁的使用在一定程度上有助于我们理解美国经济制裁运行机制。

（一）制裁对象的选择

虽然克里米亚地区并入俄罗斯和美国指责俄罗斯干涉美国大选两件事影响较大，但是，美国政府尚没有对俄罗斯进行全面制裁，美国政府上述选择主要是因为俄罗斯比伊朗、古巴等国具有更强的综合国力，美国政府还需要同俄罗斯在重大国际事务中进行合作。目前美国对俄罗斯的经济制裁对象主要为俄罗斯部分政府官员、军队领导人、寡头、企业负责人以及金融行业、能源行业和军工行业，将部分俄罗斯个人或实体纳入 SDN 名单和 SSI 名单。另外，美国还对克里米亚地区进行投资限制和全面贸易禁运。美国政府选择制裁俄罗斯金融行业、能源行业和军工行业，在一定程度上是因为这三个行业是俄罗斯的支柱产业。

（二）制裁方式的运用

美国对俄罗斯经济制裁最显著的特征是对俄罗斯部分行业、个人和实体进行行业制裁，行业制裁主要有两种形式，一是特别针对俄罗斯新设了 SSI 名单，二是禁止美国人为俄罗斯开发深海及北极石油、页岩气等提供技术和服务。SSI 名单不同于我们熟知的 SDN 名单，美国政府主要是对 SSI 名单中的俄罗斯个人或实体进行融资限制，并不要求美国人冻结 SSI 名单中个人或实体的资产，也不

完全禁止美国人与SSI名单中的个人或实体进行交易。目前，在SSI名单中的实体主要是俄罗斯一些重要的能源、金融和军工企业，如世界上最大的天然气开采企业——俄罗斯天然气工业公司，俄罗斯最大的银行——俄罗斯储蓄银行，俄罗斯最大的石油公司——俄罗斯石油公司等。美国政府限制了SSI名单中的俄罗斯个人或实体从美国获得融资[①]，鉴于俄罗斯大企业依赖欧美金融市场，上述制裁措施在一定程度上限制了上述实体以及上述实体所在行业的发展，但又没有将俄罗斯天然气工业公司等俄罗斯最重要的企业纳入SDN名单，也就是说没有完全截断这些企业与美国间的经济往来。美国政府创设SSI名单体现了美国经济制裁政策的灵活性，既有针对性地打击俄罗斯重点行业、重点企业，又努力避免与俄罗斯间的冲突失控，为可能在乌克兰冲突中的合作留有空间。另外，美国商务部工业安全局（Bureau of Industry and Security, BIS）也针对俄罗斯采取了部分出口管制措施，如将部分俄罗斯企业纳入实体名单Entity List（华为在上面）等。

（三）次级制裁的使用

进行次级制裁，在一定程度上能够更好地实现对制裁对象的全方位封锁，但可能会恶化美国政府与第三国政府间的关系，同时加剧与制裁对象间的冲突，因此，美国政府在对非美国人进行次级制裁时相对比较谨慎，使用次级制裁非常具有针对性。《乌克兰自由支持法》已经授权美国总统对非美国人开展与俄罗斯有关的部分业务进行次级制裁，但奥巴马总统基于国家利益考虑，搁置了上述授权。《以制裁反击美国敌人法》大幅扩大了针对非美国人的次级制裁范围，对非美国人开展俄罗斯业务形成了震慑。制裁只是一种手段，而非目的。在具体执行时，特朗普政府比较审慎，很少使用《以制裁反击美国敌人法》给予其的次级制裁授权，如使用，就有选择地打击竞争对手。同样从俄罗斯进口武器，

---

① 欧盟对俄罗斯企业采取了类似的融资限制。

美国财政部将我国的相关机构及领导纳入制裁名单，却对印度相似的行为视而不见。

美国政府在选择制裁对象、运用制裁方式时，均经过慎重的评估，以更好地促进制裁目的的实现。对于美国经济制裁运行机制的理解，有助于我们更好地熟悉和掌握具体经济制裁政策，更好地应对美国经济制裁风险。另外，也值得我国政府借鉴。

第三节　美国经济制裁法律体系

美国经济制裁法律体系，不仅包括美国国会通过的、与经济制裁相关的法律，还包括美国总统签发的相关行政命令，以及美国政府机构，如美国财政部OFAC，发布的经济制裁方面的条例。联邦法律层面可以分为一般性法律和专门性法律，一般性法律包括《与敌国贸易法》（Trading With the Enemy Act，TWEA）、《国际紧急经济权力法》（International Emergency Economic Powers Act，IEEPA）、《联合国参与法》（United Nations Participation Act，UNPA）等，专门性法律数量众多，在此选取具有代表性的《赫尔姆斯－伯顿法》（Helms-Burton Act）和《达马托法》予以介绍。另外，我们也选取部分行政命令和条例予以介绍。

一、与敌国贸易法

《与敌国贸易法》制定并生效于1917年10月6日美国加入第一次世界大战后，主要是限制美国与敌国间的贸易。在1977年IEEPA生效前，TWEA是美国经济制裁的主要法律渊源。TWEA的Section 5（6）给予美国总统非常广泛的自由裁量权，在战争期间或国家宣布进入紧急状态的情况下对与敌国及其盟友间的贸易进行规制、惩罚。1917年10月生效时的条文只是明确美国总统在战争时期享有上述授权，但是1933年3月9日罗斯福总统为应对美国经济危机，依据TWEA宣布美国进入紧急状态，实施银行放假计划，以防止储户挤兑。5天后，美国国会对TWEA进行了修改以确认罗斯福总统的上述行为合法,并授予美国总统在和平时期宣布国家进入紧急状态的权力。

"二战"期间,在纳粹德国入侵挪威和丹麦后,罗斯福总统根据TWEA的授权,签发8389号行政命令,授权美国财政部禁止与挪威、丹麦政府及其国民的资产转移有关的交易,旨在防止挪威、丹麦政府及其国民在纳粹德国的胁迫下将其资产转移给纳粹德国。美国财政部为落实8389号行政命令,发布了《外国资金控制条例》(Foreign Funds Control Regulations),该条例规定,未经许可,美国人不得与挪威、丹麦政府及其在纳粹德国统治下的国民进行任何交易,并要求美国人及其在海外的分支机构和子公司冻结挪威、丹麦政府及其在纳粹德国统治下的国民的资产。《外国资金控制条例》要求美国人在海外的子公司执行美国经济制裁政策,属于美国经济制裁域外适用的情形。1950年12月朝鲜战争爆发后,时任美国总统的杜鲁门行使TWEA的授权,宣布美国进入紧急状态,并授权美国财政部对朝鲜和我国进行经济制裁。

1976年9月14日,美国《国家紧急法》(National Emergencies Act, NEA)正式生效,NEA对美国总统依据TWEA行使经济制裁的权力进行了限制,NEA规定,除战争状态下,美国总统不得依据TWEA针对目标国实施新的经济制裁项目,以前依据TWEA实施的制裁项目继续有效。截至2018年8月15日,依据TWEA制定的、仍然有效的制裁条例只有一个①,即《古巴资产控制条例》(Cuban Assets Control Regulations, CACR)。

二、国际紧急经济权力法

在1976年生效的NEA禁止美国总统在和平时期行使TWEA所授予的权力进行经济制裁后,美国行政机构在和平时期就缺乏有效的政策工具进行经济战。为此,1977年,美国国会通过了IEEPA,授权美国总统在和平时期宣布国家进

---

① 2008年6月26日,小布什总统签署8271号公告,宣布不再依据TWEA给予美国总统的授权制裁朝鲜。

入紧急状态后，可对制裁对象的资产及与之有关的交易进行规制。

（一）IEEPA 的主要条款

IEEPA 第 1702 条是其核心条款，对授予美国总统的权力范围进行了规定。第 1702 条授权美国总统在国家进入紧急状态后，可以通过指示、许可以及其他方式，采取以下措施：一是对属于美国司法管辖范围内的任何外汇交易以及涉及外国政府及外国国民利益的银行间交易、现金或有价证券的进出口进行调查、规制或禁止；二是对属于美国司法管辖范围内的外国政府及其国民的资产进行冻结，对与外国政府及其国民有关或与其资产有关的交易进行调查、限制；三是如美国与外国或其国民发生武装冲突，或遭受外国或其国民的武装袭击，则可以没收属于美国司法管辖范围内的外国政府及其国民的任何财产。

考虑到在国家进入紧急状态后，美国公民的权利会受到一定的侵害。IEEPA 通过对国家紧急状态的严格界定以及对美国总统行使 IEEPA 的授权提出程序性要求等方式，对美国总统根据 IEEPA 的授权进行经济制裁的权力进行了限制。IEEPA 第 1701 条规定，美国总统宣布国家进入紧急状态的前提是，美国的国家安全、外交政策或经济遭遇到了威胁，这个威胁必须是不同寻常的（Unusual and extraordinary），且部分或全部来自美国境外。美国总统只有在国家进入紧急状态后，方能行使 IEEPA 的授权，且应对新的威胁需要再次宣布国家进入紧急状态。IEEPA 第 1702 条对美国总统行使 IEEPA 的授权提出了程序性的要求。IEEPA 第 1702 条要求美国总统在行使 IEEPA 的授权之前，必须向美国国会提交报告，说明外在威胁的性质、将行使哪些授权、行使的理由以及将要制裁的对象等。在紧急状态期间，美国总统必须每 6 个月向美国国会报告一次。

IEEPA 第 1705 条对违法行为进行了界定，并明确了应承担的民事和刑事责任。IEEPA 中的违法行为是指任何人（包括美国人和非美国人）违反、企图违反（Attempt to violate）、共谋违反（Conspire to violate）、导致违反（Cause a violation）依据 IEEPA 所签发的许可、行政命令、部门条例及禁令等的行为。如何理解共谋违反、导致违反等核心词汇，对于我们理解美国经济制裁政策执行标准至关重要。在实践中，除了查找相应的法律条文，我们还需要结合美国经济制裁处罚的具体案例来分析，例如，导致违反，美国政府处罚国际大银行的文件多次提到这些国际性大银行导致美国金融机构违反了美国经济制裁政策。至于IEEPA确定的处罚标准，具体如下：

表1　IEEPA处罚标准

	财产罚（单次违规）	人身罚
民事处罚	MAX（25万美元，违规交易金额的2倍）	无
刑事处罚	不超过100万美元	自然人违规，可处以不超过20年的监禁

需要说明的是，刑事处罚的前提是故意（Willfully）违法，相对于民事处罚，刑事处罚的门槛要高一些。

（二）美国总统行使IEEPA授权的情况

在IEEPA生效后，IEEPA就成为美国总统进行经济制裁最主要的法律渊源。这主要是因为，与TWEA相比，和平状态远多于战争状态；与UNPA相比，美国总统行使IEEPA中的授权受到的限制比较少，美国总统有更多的自由裁量权。目前，美国政府的经济制裁政策主要都是美国总统依据IEEPA的授权建立的，我们从1977年以来美国总统签发的行政命令中就可见一二。IEEPA的授权首次被美国总统使用是1977年11月爆发的伊朗人质危机。随后，美国总统越来越频繁地使用IEEPA中的授权。据美国学者统计，IEEPA在施行后不到20年间被引用的次数超过了TWEA在80年间被引用的次数。

另外，需要说明的是，美国总统签发一项行政命令，可能引用多个法律的授权，比方说，特朗普总统2018年8月6日签发的13846号行政命令就依据了IEEPA、NEA、Immigration and Nationality Act等法律的授权。

三、联合国参与法

除了 TWEA 和 IEEPA，UNPA 也是美国经济制裁的重要法律渊源，UNPA 于 1945 年 12 月 20 日生效。UNPA 第 5 节授权美国总统可以为履行联合国安理会基于联合国宪章第 41 条所做出的决议对目标国家、实体和个人进行制裁。和 TWEA 和 IEEPA 一样，UNPA 也包含处罚条款。对于故意违法，单次刑事违规处罚金额不超过 10,000 美元，对于自然人，最高可处以 10 年监禁。对于违规企业的高管、董事或代理人，如在知情的情况下参与违规行为，则处以和违规企业相同的处罚。从 UNPA 施行至今，美国总统依据 UNPA 的授权，先后对南罗得西亚（现为津巴布韦）、伊拉克、海地、安哥拉、南斯拉夫等国进行了经济制裁。

在美国经济制裁发展史中，《赫尔姆斯－伯顿法》和《达马托法》的施行具有里程碑式的意义，根据这两部法律的授权，美国总统对投资于古巴、伊朗和利比亚的非美国企业进行次级制裁，这为美国二十多年来不断扩大经济制裁适用范围奠定了基调。下面将重点介绍这两部法律。

四、赫尔姆斯－伯顿法

（一）制定背景

苏东剧变之后，古巴与苏联、东欧的经济纽带被切断，古巴获得的外部援助大为减少，经济急剧衰退。在此情况下，古巴政府调整了对外经济政策，进行了一系列市场化的改革，鼓励境外企业对古巴进行投资。到 1995 年，除了国防、公共健康和教育等行业，其他行业均向境外企业开放。古巴国有企业和境外企业谈判设立合资企业，共同开发古巴的油气和矿产资源，而其中部分资源在 1959 年古巴革命之前为美国企业所拥有。在美国政府看来，古巴政府的上述举措一方面削弱了美国对古巴的全面禁运，另一方面也侵犯了被卡斯特罗政权没收资产的美国企业的利益，如不采取措施遏制第三国企业对古巴的投资，卡斯特罗政府的倒台将遥遥无期，美国国内的民愤也无法平息。在此背景下，1996

年3月12日，时任美国总统的克林顿签署了《赫尔姆斯－伯顿法》，该法又称《古巴自由和民主巩固法》（Cuban Liberty and Democratic Solidarity Act of 1996），授权美国总统对第三国企业投资古巴进行制裁。

（二）主要内容

《赫尔姆斯－伯顿法》主要是通过经济手段孤立古巴。其中核心条款为第三条和第四条。第三条授予美国人对"非法使用"被古巴政府没收的资产的第三国企业进行追偿的权利，也就是说，如第三国企业购买古巴资产，而这些资产属于被卡斯特罗政权没收的美国人的资产，则该美国人可以在美国联邦法院对第三国企业提起诉讼，要求第三国企业赔偿损失。第四条授权美国政府不给购买、交易上述被没收资产的第三国企业的高管、控股股东及其配偶和子女发放美国签证。不过，《赫尔姆斯－伯顿法》给予美国总统豁免权，美国总统可以基于国家利益考虑，豁免《赫尔姆斯－伯顿法》对第三国企业的适用。

（三）施行情况

《赫尔姆斯－伯顿法》自其施行之日起，就遭到国际社会的强烈谴责，甚至遭到欧盟的强烈抵制，欧盟制定了专门的阻却法（Blocking Statute），对抗《赫尔姆斯－伯顿法》的域外适用，并将美国告到了世界贸易组织。在此情况下，克林顿总统豁免了《赫尔姆斯－伯顿法》第三条、第四条对第三国企业的适用，克林顿之后的美国总统也一再行使豁免权。虽然如此，但《赫尔姆斯－伯顿法》对第三国企业投资于古巴起到了震慑作用，在其施行后，古巴吸引的外资大幅度减少。2019年5月2日，特朗普总统重启了已搁置23年的《赫尔姆斯－伯顿法》第三条对第三国企业的适用[①]。

---

① 本书第三章第二节对此有详细的介绍。

五、达马托法

（一）制定背景

1995年5月9日，克林顿总统签署12959号行政命令，对伊朗进行全面贸易禁运，包括禁止美国企业投资有利可图的伊朗能源行业，不得从伊朗购买原油。然而，美国大幅度扩大对伊朗的经济制裁并没有得到其盟友的支持，尤其是未得到欧盟的支持。欧盟企业取代美国企业，积极广泛地开发伊朗能源，并从伊朗进口了大量原油。美国国内，尤其是美国国会，对此感到非常愤怒。在此情况下，1996年8月5日，克林顿总统签发了《达马托法》，该法也称《伊朗和利比亚制裁法（1996）》（*Iran and Libya Sanctions Act of 1996*）[1]。《达马托法》要求美国总统对投资伊朗、利比亚油气资源的第三国企业进行制裁。

（二）主要内容

《达马托法》在施行后，经过了多次修订，主要内容也发生了变化，现在更为大家所知的名称是《伊朗制裁法（1996）》。最初，《达马托法》核心内容为第四条，授权美国总统对第三国企业对伊朗和利比亚石油行业进行超过4000万美元的重大投资行为进行菜单式制裁（Menu-based Sanctions）[2]。

（三）施行情况

同《赫尔姆斯-伯顿法》一样，《达马托法》在施行后，也招致了国际上的广泛反对，特别是欧盟的反对，因为欧盟认为《达马托法》主要针对的就是欧盟企业。1997年，法国石油巨头道达尔公司不顾美国的强烈反对，与伊朗国家

---

[1] 2006年，该法删除了对利比亚制裁相关内容，名称相应调整为《伊朗制裁法（1996）》（*Iran Sanctions Act of 1996*）。
[2] 《伊朗制裁法（1996）》对菜单式制裁包括的制裁措施有具体说明，另外，需要说明的是，因《伊朗制裁法（1996）》多次被修订，菜单式制裁包括的制裁措施也在不断增加。

石油公司签署一项价值20亿美元的天然气合同，美国马上表示将依照《达马托法》对其进行调查。欧盟和法国政府支持道达尔公司的决定，公开表示美国依照《达马托法》制裁道达尔公司不符合国际法准则，是非法的。克林顿总统顶住美国国会压力，行使了豁免权，免除了《达马托法》第四条对道达尔公司的执行。在《达马托法》签发后的14年内，美国政府从未依据其对非美国人进行制裁。

然而，进入21世纪第二个十年之后，美国不断扩大经济制裁的域外适用范围和执行力度，出台了《伊朗全面制裁、责任和撤资法（2010）》（*Comprehensive Iran Sanctions, Accountability, and Divestment Act of 2010, CISADA*）、《伊朗威胁消减及叙利亚人权法》（*Iran Threat Reduction and Syria Human Rights Act of 2012, ITRSRA*）和《伊朗自由和反扩散法》（*Iran Freedom and Counter-Proliferation Act of 2012, IFCA*），其中，前两部法律对《达马托法》进行了修订，扩大了可受制裁行为的范围和菜单式制裁中的制裁措施，使《达马托法》具有了新的生命力。多个制裁法律引用修订后的《达马托法》的第六条作为处罚措施。

六、13224号行政命令

在美国，行政命令是总统签发的、用于管理行政机构运行的一种指令（Directive），具有法律效力。美国总统行使经济制裁授权的主要方式是签发经济制裁方面的行政命令。美国经济制裁项目一般对应一个或多个行政命令。以伊朗经济制裁项目为例，截至2020年7月1日，仍有效的行政命令有25个。为更好地理解行政命令，下面我以13224号行政命令为例，予以介绍。

（一）制定背景

13224号行政命令的名称是《冻结从事、威胁从事和支持恐怖主义的人的资产并禁止与其交易》（*Blocking Property and Prohibiting Transactions With Persons Who Commit, Threaten To Commit, or Support Terrorism*），13224号行政命令于2001年9月23日由小布什总统签发，也就是在"9·11"恐怖袭击事件发生12天

后。小布什总统签发13224号行政命令的目的是打击恐怖主义活动,阻止恐怖主义组织获得资金。13224号行政命令并非美国总统签发的第一个用于打击恐怖主义的行政命令,美国政府于1995年就开始对恐怖主义组织和活动进行经济制裁。1995年1月23日,克林顿总统签发了12947号行政命令,禁止美国人与威胁破不中东和平进程的恐怖分子进行交易;1998年8月20日,克林顿总统签发了13099号行政命令,对12947号行政命令进行修改。12947号和13099号行政命令主要是打击威胁破坏中东和平进程(巴以和谈)的恐怖主义分子,如巴勒斯坦哈马斯和黎巴嫩真主党等组织。13224号行政命令是美国政府对"9·11"恐怖袭击事件的反应,打击的是危害美国安全的恐怖主义组织和活动,因此,打击的范围和力度比先前更大。

(二)主要内容

经济制裁方面的行政命令一般包括以下五部分内容:一是该行政命令是依据哪些法律的授权制定;二是该行政命令制定目的;三是明确制裁对象和可受制裁的行为;四是明确制裁执行机构;五是明确制裁措施。部分行政命令可能附有因该行政命令而被制裁的个人和实体名单。行政命令都会有编号、总统签字、总统签字时间以及生效时间。

13224号行政命令的开头,说明了美国总统是根据美国宪法及相关法律,包括IEEPA、NEA、UNPA的授权,基于联合国安理会1214、1267、1333和1363号决议,签发的13224号行政命令,旨在建立一套机制以监控联合国安理会1333号决议的执行情况。随后,13224号行政命令阐明了签发的缘由,即恐怖主义活动威胁到了美国国家安全、外交政策和经济,如"9·11"恐怖袭击事件。13224号行政命令还说明了小布什总统已在2001年9月14日针对上述威胁宣布美国进入紧急状态,如前所述,宣布美国进入紧急状态是美国总统行使IEEPA授权进行经济制裁的前提。

13224号行政命令第一条列明了制裁对象、可受制裁的行为以及制裁措施

(资产冻结),还明确了制裁执行机构;第二条明确了禁止开展的交易;第三条对关键词汇进行了解释;第五、六、七条明确了美国国务院、财政部和司法部应如何执行13224号行政命令。13224号行政命令第十条特别强调为防止制裁对象进行资产转移,对因本行政命令而被纳入制裁名单的个人和实体,在纳入之前,不会提前告知。13224号行政命令还附有因该行政命令而被制裁的个人和实体名单,包括"基地"组织和本·拉登等。

七、伊朗交易与制裁条例

作为美国经济制裁政策的主要执行机构,美国财政部OFAC为落实美国经济制裁方面的法律和行政命令的要求,针对具体的经济制裁项目,发布制裁条例,这些制裁条例统一编入《美国联邦条例汇编》(Code of Federal Regulations),对这些制裁条例的修改发布于《联邦公报》(Federal Register)上。一般情况下,一个经济制裁项目对应一个制裁条例,如美国针对古巴发布了CACR;部分经济制裁项目对应多个制裁条例,如OFAC针对伊朗发布了四个制裁条例,包括《伊朗资产控制条例》(Iranian Assets Control Regulations)、《伊朗交易与制裁条例》(Iranian Transactions and Sanctions Regulations, ITSR)、《伊朗金融制裁条例》(Iranian Financial Sanctions Regulations, IFSR)以及《伊朗人权侵犯条例》(Iranian Human Rights Abuses Sanctions Regulations)。为更好地理解OFAC制裁条例,下面我们将以ITSR为例进行剖析。

(一)制定背景

ITSR的前身是《伊朗交易条例》(Iranian Transactions Regulations)。1987年10月29日,因认定伊朗支持国际恐怖主义并采取了针对在波斯湾航行的非交战船舶的攻击行为,里根总统签发了12613号行政命令,对源自伊朗的商品和服务实行新的进口禁运。根据1985年的《国际安全与发展合作法》第505条关于禁运的授权,OFAC编撰了《伊朗交易条例》。2012年10月22日,OFAC将《伊朗交易条例》的名称修改为《伊朗交易与制裁条例》。

（二）主要内容

OFAC条例一般包括以下九部分内容：一是与其他法律和条例间的关系；二是禁止性规定；三是一般定义；四是解释说明；五是许可、授权和许可政策的声明；六是报告；七是惩罚措施；八是程序；九是减少文书工作法。其中最重要的部分是第二部分"禁止性规定"。ITSR第二部分主要限制从伊朗进口、向伊朗出口、对伊朗新的投资等，并特别提示美国人拥有或控制的实体不得在知晓的情况下参与适用于美国人的、与伊朗相关的禁止性交易。第三部分和第四部分对于我们理解条例非常有帮助。第三部分对一些关键词汇进行了界定，比方说，美国人、伊朗政府拥有和控制的实体、新的投资、生效时间等，因ITSR经过了多次修改，所以不同条文的生效时间是不一致的，对此，第三部分的"生效时间"条目列明了重要条文的生效时间。第四部分对一些重要用语进行了详细解释，如与伊朗原产货物有关的交易（Transactions related to Iranian-origin goods）、便利（Facilitation）、通过伊朗转运或过境（Transshipment or transit through Iran）等，其中，对"通过伊朗转运或过境"需要特别予以关注，OFAC专门出台了《关于向伊朗转运的指引》（*Guidance on Transshipments to Iran*）。

第四节 美国经济制裁授权程序

为了更好地理解美国经济制裁法律法规和美国政府的经济制裁执行措施，我们需要熟悉美国经济制裁的授权程序。美国经济制裁的授权程序可以分为两个层面：美国国会对美国总统的授权、美国总统对内阁成员（主要为美国国务卿和财政部长）的授权。为了更好地理解美国经济制裁的授权程序，我将简要剖析奥巴马政府搁置、重启与伊朗核相关的次级制裁过程中的授权程序。

一、美国国会对美国总统的授权

在美国,经济制裁作为一种重要的外交政策工具,一直以来被美国总统主导使用。但根据美国宪法,规制国际贸易的权力属于美国国会,因此,美国总统对外进行经济制裁,需要美国国会的授权。美国国会对美国总统的授权主要通过制定与经济制裁有关法律的方式来实现。美国国会制定与经济制裁有关的法律可以分为两种:一种为一般性的制裁法律,这些法律并未明确具体的制裁对象、制裁措施,主要包括《与敌国贸易法》《国际紧急经济权力法》《联合国参与法》,对于一般性的制裁法律给予美国总统的授权,我们称之为概括性授权;另一种为专门性的制裁法律,即针对具体制裁对象而制定的法律,这些法律数量众多,如针对伊朗就有《伊朗制裁法(1996)》《伊朗全面制裁、责任和撤资法》《伊朗威胁消减及叙利亚人权法》《伊朗自由和反扩散法》等,对于专门性的制裁法律给予美国总统的授权,我们称之为专项授权。

(一)概括性授权

美国国会制定《与敌国贸易法》和《国际紧急经济权力法》,分别授权美国总统在战争时期和和平时期对发生在美国境外的、损害美国国家利益的行为进行经济制裁;制定《联合国参与法》,授权美国总统采取经济制裁措施落实联合国安理会制裁决议。上述一般性的制裁法律并未直接针对某个国家、行业、个人或实体,而是授权美国总统可以采取经济制裁的手段来应对美国国家利益和安全面临的挑战。另外,对于概括性授权,美国总统可以选择经济制裁手段和方式,也可以自主决定制裁力度。美国总统根据上述法律授权,主要通过发布行政命令的方式来对制裁对象进行经济制裁。1979年初,伊朗爆发了伊斯兰革命,美国支持的巴列维政府被推翻,伊朗宗教领袖霍梅尼建立了政教合一的伊斯兰共和国,美伊关系开始恶化。1979年11月4日,伊朗首都德黑兰发生了伊朗学生占领美国大使馆、劫持美国外交人员的伊朗人质危机,美伊关系急剧恶化。1979年11月14日,时任美国总统卡特根据《国际紧急经济权力法》和《国家紧急法》的授权,宣布美国进入紧急状态,并签发12170号行政命令,授权美国财政部冻结伊朗政府、伊朗中央银行及其所控制的企业处于美国司法管辖范围内的资产。美国总统行使《国际紧急经济权力法》的授权进行经济制裁时,必须宣布美国进入紧急状态,并履行相关程序。

(二)专项授权

冷战后,美国国会越来越多地直接参与对外经济制裁政策的制定,直接针对具体国家,如伊朗、朝鲜、古巴、叙利亚、利比亚、俄罗斯等,制定具体明确的、专门性的制裁法律,这些专门性的制裁法律明确了制裁对象(含行业、个人或实体)、可受制裁的行为等,授权美国总统对从事可受制裁的行为的个人和实体进行制裁。1996年,美国国会制定《达马托法》,该法明确了制裁对象及可受制裁的行为,如限制伊朗、利比亚原油开发、炼油、石化等行业的发展,非美国人如开展与上述行业有关的部分业务,美国总统可以对其进行菜单式制裁。

美国国会直接参与经济制裁政策的制定,限制了美国总统对外经济制裁的自由度,引起了美国总统的不满。为平息这种不满,专门性的制裁法律会给予美国总统一定的豁免权(Waivers),即美国总统可以基于国家利益的考虑,豁免对非美国人被认定违反相关制裁法律行为的制裁。在涉伊朗经济制裁法律中,如《伊朗制裁法(1996)》《伊朗自由和反扩散法》《伊朗威胁消减及叙利亚人权法》《2012财年国防授权法》均给予美国总统豁免权。美国总统行使豁免权,需要履行一定的程序,美国总统如未在规定的时间内更新豁免权,则豁免权失效。特朗普总统上台后,国际社会均担心特朗普总统不再更新上述法律中的豁免权,如特朗普不再更新豁免权,则与伊朗核相关的次级制裁将重启,JCPOA承诺将无法再得到执行。

另外,需要注意的是,专门性的经济制裁法律对美国总统的授权,可以分为任意性（Discretionary）授权和强制性（Mandatory）要求，在《以制裁反击美国敌人法》之前，专门性的经济制裁法律中更多的是任意性授权，《以制裁反击美国敌人法》将很多对俄罗斯经济制裁法律中的任意性授权修改为强制性要求。

二、美国总统对内阁成员的授权

美国是实行三权分立的国家，美国国会与总统之间是相互制衡的关系，这导致美国经济制裁法律对美国总统的授权相对比较复杂，有强制性要求，也有任意性授权，还有豁免权以及程序性要求等。美国总统与内阁成员之间是上下级关系，美国总统对内阁成员的授权相对比较简单，美国总统授权内阁成员，主要是美国财政部长和国务卿，执行经济制裁政策。以美国财政部为例，美国财政部制定部门条例，具体执行经济制裁法律、行政命令中的要求。就美国对伊朗经济制裁而言，美国财政部制定了《伊朗资产控制条例》《伊朗交易与制裁条例》《伊朗金融制裁条例》《伊朗人权侵犯制裁条例》等部门条例。在具体执行时，美国财政部长再将权力授予内设机构，如将SDN名单列名建议、经济制裁违规民事处罚的权力授予OFAC。

三、美国政府搁置、重启与伊朗核相关的次级制裁过程中的授权程序

针对非美国人的、与伊朗核相关的次级制裁是美国对伊朗经济制裁法律的要求，如《伊朗制裁法（1996）》《伊朗自由和反扩散法》《伊朗威胁消减及叙利亚人权法》《2012财年国防授权法》等，美国总统无权直接废止上述经济制裁法律，也就是说，美国总统无法直接终止与伊朗核相关的次级制裁。但因上述经济制裁法律给予了美国总统豁免权，所以，美国总统可以搁置与伊朗核相关的次级制裁。在JCPOA中，美国总统只是承诺将行使上述经济制裁法律给予其的豁免权，搁置针对非美国人的、与伊朗核相关的次级制裁，并承诺，寻求采取立法行动，修改或废止相关经济制裁法律，最终终止与伊朗核相关的次级制裁。

这也意味着，JCPOA正式执行后，美国对伊朗经济制裁法律并没有被废止，一旦新的美国总统不行使豁免权，或退出JCPOA，那么，与伊朗核相关的次级制裁将重启。为了履行JCPOA中的承诺，美国总统授权美国国务卿，签发JCPOA紧急豁免（Contingent Waivers），搁置与伊朗核相关的次级制裁，同时，美国总统还废止了与伊朗核相关的13574、13590、13622、13645号行政命令以及13628号行政命令部分内容。

特朗普总统上台后，因其在竞选时一再表达了对JCPOA的不满，国际社会普遍担心其通过消极怠工的方式，即不再更新豁免权，来使JCPOA中的承诺无法得到履行。然而，2018年5月8日之前，尽管很不情愿，特朗普还是如期更新了豁免权。令人意外的是，特朗普总统对待JCPOA的方式非常简单粗暴，既没有消极怠工，也没有利用JCPOA中的Snapback条款，而是直接宣布退出JCPOA，并要求美国国务卿、财政部长等阁员立即采取措施重启与伊朗核相关的次级制裁。美国国务卿主要通过签发JCPOA紧急豁免的方式搁置与伊朗核相关的次级制裁，其重启与伊朗核相关的次级制裁的方式也就是废除JCPOA紧急豁免。

鉴于美国国会越来越多地直接参与对外经济制裁政策的制定，熟悉美国经济制裁授权程序，有助于我们更好地理解美国经济制裁政策，同时，也有助于我们更好地对美国经济制裁政策可能的调整做出预判。

第五节　部分国际组织和国家对美国经济制裁的态度

一、联合国反对美国单边制裁

联合国并不反对使用经济制裁，联合国安理会为了维护世界和平与安全，通过决议要求成员国对破坏世界和平和安全的国家、地区、个人和实体采取制裁措施。联合国反对成员国单边制裁，尤其是反对美国单边制裁。

（一）联合国大会多次通过决议反对单边制裁

虽然美国作为联合国安理会常任理事国及世界第一经济和军事大国，在联合国中扮演重要角色，但因联合国成员国主要为发展中国家，美国经济制裁主要针对的又是发展中国家，因此，联合国成为发展中国家反对美国单边制裁的重要场地。联合国大会已多次通过专门的决议，反对单边制裁，如2013年12月20日，联合国大会通过决议——《以单方面经济措施①作为向发展中国家进行政治和经济胁迫的手段》。决议认为，单边制裁对发展中国家经济和社会发展、国际经济合作以及国际社会建立非歧视性和开放性多边贸易体系产生严重不利影响，单边制裁公然违反了《联合国宪章》规定的国际法原则以及多边贸易体系的基本原则，决议督促国际社会采取紧急而有效的措施，消除单边制裁对发展中国家的不利影响，呼吁国际社会谴责并拒绝强加使用此类措施作为对发展中国家的政治和经济胁迫手段②。

（二）联合国大会连续28年通过决议要求美国解除对古巴的单边制裁

2019年11月6日，联合国大会以187对3的压倒性优势通过决议，谴责美国对古巴的单边制裁，并要求美国解除对古巴的单边制裁，这是联合国大会连续28年通过决议要求美国解除对古巴的单边制裁③。虽然联合国大会决议并无强制力，但是，联合国大会决议反映了世界绝大部分国家对美国针对古巴的单边制裁的立场和态度④。

---

① 单方面经济措施是联合国的用法，实际上就是指的单边制裁。
② 相关链接：file://172.16.16.1/citrix/CitrixFolderRedir/sunch/Downloads/A_RES_68_200-EN%20(1).pdf。
③ 相关链接：https://news.un.org/en/story/2019/11/1050891。
④ 在2019年11月7日举行的联合国大会上，支持美国的仅有以色列和巴西。

二、欧盟、德国和加拿大等反对美国经济制裁域外适用

虽然欧盟及其主要成员德国以及美国的主要盟友加拿大与美国关系紧密，且有着相同的价值观以及密切的经济和军事合作，但是，当美国经济制裁域外适用影响到上述组织或国家的经济利益时，这些组织或国家会毫不犹豫地采取抵制措施。

（一）欧盟反对、抵制美国经济制裁域外使用[①]

早在1996年11月，针对美国出台的、具有域外管辖权的《赫尔姆斯—伯顿法》和《达马托法》，欧盟理事会颁布了《反对第三国立法域外适用的条例》。欧盟理事会认为，《反对第三国立法域外适用的条例》旨在对抗第三国域外适用的经济制裁法律法规对欧盟成员国的国民、企业与他国间合法经贸往来的不利影响[②]。欧盟理事会在《反对第三国立法域外适用的条例》中指出，一些国家所颁布的法律法规试图对欧盟成员国管辖下的自然人和法人的行为行使管辖权，违反了国际法，同时也影响了欧盟及其成员国的利益。截至2020年7月1日，《反对第三国立法域外适用的条例》附录所列的第三国域外适用的经济制裁法律法规均为美国的法律法规。

除了颁布《反对第三国立法域外适用的条例》，欧盟主要成员国还创设了可以绕开美元支付系统的贸易支持工具（Instrument for Supporting Trade Exchanges, INSTEX）。2019年1月31日，针对美国重启与伊朗核相关的次级制裁，法国、德国和英国等3个国家的外长宣布创设INSTEX，旨在为欧盟和伊朗间的合法贸易提供便利。2019年11月，比利时、丹麦、芬兰、荷兰、挪威和瑞典等6个国家宣布其将成为INSTEX的股东。2020年3月31日，英、法、德三国政府证实，

[①] 本书的第七章全面系统地介绍欧盟对美国经济制裁域外适用的反对和抵制。
[②] 相关链接：https://eur-lex.europa.eu/legal-content/EN/TXT/PDF/?uri=CELEX:01996R2271-20140220&from=EN。

INSTEX成功地完成了第一笔交易，为欧洲向伊朗出口医疗产品提供了便利①。

（二）德国反对、抵制美国经济制裁域外使用

德国与美国制裁对象，如俄罗斯、伊朗等国家有着非常广泛的贸易往来，美国经济制裁域外适用严重侵害了德国企业的利益，德国政府为维护自身利益，采取了必要的反制措施。德国政府认为，一个国家在他国领土上对另一个国家推行制裁措施严重损害了他国的自由贸易权利，美国经济制裁域外适用违反了国际法②。为保护德国与其他国家的正常贸易往来，德国出台了《对外贸易与支付条例》(Foreign Trade and Payments Ordinance)，该条例禁止在对外贸易和支付中发布德国人参与对另一国的制裁的声明③。德国企业如果违反了上述规定，如仅仅因为美国经济制裁而拒绝开展或终止与美国制裁对象有关的业务，或在协议中约定遵守美国经济制裁法律法规，将可能遭受50万欧元的罚款④。

如前所述，德国政府与英国、法国政府创设了INSTEX，以维持德国企业与伊朗间的合法贸易往来。另外，针对美国政府威胁制裁参与北溪-2天然气管道的企业，德国政府表示，德国将考虑推动欧盟对美国制裁行为采取集体反制⑤。

（三）加拿大反对、抵制美国经济制裁域外使用

加拿大反对他国法律法规的域外适用，于1985年2月出台了《外国域外措施法》(Foreign Extraterritorial Measures Act)。该法允许加拿大政府对不可接

---

① 相关链接：https://www.gov.uk/government/news/instex-successfully-concludes-first-transaction。
② 相关链接：https://www.thetelegraph.com/news/article/Germany-weighs-measures-against-U-S-over-threat-15368731.php。
③ 相关链接：http://www.gesetze-im-internet.de/englisch_awv/englisch_awv.html#p0059。
④ 相关链接：http://www.gesetze-im-internet.de/englisch_awv/englisch_awv.html#p0059。
⑤ 相关链接：https://www.thetelegraph.com/news/article/Germany-weighs-measures-against-U-S-over-threat-15368731.php。

受的外国法律域外适用做出回应,从而保护加拿大的主权,包括保护加拿大的国际贸易和商业利益①。《外国域外措施法》最初针对的美国反垄断调查,而非美国经济制裁,然而,截至2020年7月1日,《外国域外措施法》所列的、不可接受的外国法律仅有《赫尔姆斯—伯顿法》,也就是说,自生效至今,该法的修改以及依据该法进行的监管行动只涉及到美国对古巴禁运对加拿大的溢出效应②。

不同于德国,加拿大主要与受美国制裁的古巴进行贸易往来。2019年4月17日,加拿大和欧盟针对特朗普政府重启《赫尔姆斯–伯顿法》第三条③发表联合声明称,美国推进对古巴制裁的域外适用违反了国际法,加拿大和欧盟决定在WTO框架下共同维护加拿大企业和欧盟企业的利益,禁止执行法院基于《赫尔姆斯–伯顿法》第三条所做出的判决,加拿大和欧盟的法院允许针对美国人依据《赫尔姆斯–伯顿法》第三条提起的诉讼提出反诉④。

除了德国和加拿大,英国、澳大利亚、墨西哥、阿根廷、南非等国家也对美国经济制裁域外适用持反对甚至抵制态度。

三、学界、业界对美国经济制裁的态度

(一)学界对美国经济制裁的态度

美国经济制裁域外适用的合法性饱受争议,不同的学者持不同的立场和态度。部分美国学者力求为美国经济制裁域外适用寻找合法性,援引国际法中的"效果原则""被动属人原则""保护性原则""普遍性原则"等为美国政府的做

---

① 相关链接:https://www.justice.gc.ca/eng/rp-pr/csj-sjc/fema-eng.pdf。
② 相关链接:https://scholar.smu.edu/cgi/viewcontent.cgi?article=1372&context=til。
③ 《赫尔姆斯–伯顿法》第三章授权美国人对"非法交易"被古巴政府没收的财产的任何人(含企业)提起诉讼、进行追偿,本书的第三条第二节对特朗普政府重启《赫尔姆斯–伯顿法》第三条的影响进行了详细说明。
④ 相关链接:https://www.canada.ca/en/global-affairs/news/2019/04/joint-statement-by-eu-high-representativevice-president-federica-mogherini-minister-of-foreign-affairs-of-canada-chrystia-freeland-and-eu-commissio.html。

法辩护。美国和第三国的很多学者，基于上述国际法原则，对美国经济制裁域外适用的合法性进行了一一驳斥，认为其违反了国际法和WTO规则，杜涛老师的《国际经济制裁法律问题研究》一书对上述争论进行了非常详细的介绍。上述学者中，最有代表性的是美国学者安德烈亚斯·洛文菲尔德（Andreas Lowenfeld），他认为，美国法律域外适用违反了国际法以及美国宪法中的正当程序条款[1]，其关于美国法律域外适用的文章被英国最高法院引用。需要说明的是，美国经济制裁是实现美国国家利益的政治工具，美国对外经济制裁不仅仅是法律问题，也是政治问题。我们研究美国经济制裁，一方面需要熟悉、理解美国经济制裁法律法规，另一方面也需要分析其背后的政治动机。

（二）企业界对美国经济制裁的态度

对第三国企业而言，美国经济制裁域外适用剥夺了其与美国制裁对象开展合法贸易的机会，违反了国际法和WTO规则。然而，美国经济制裁域外适用实际上是要求第三国企业在与美国制裁对象开展业务可能获得的收益和可能遭受的制裁、处罚损失之间进行权衡，对大多数国际化程度比较高的第三国企业而言，其无法承受被美国制裁或处罚的风险，特别是其无法承受不能使用美元、不能使用美国技术或失去美国市场的风险，因此，这些企业不得不对美国经济制裁噤若寒蝉，限制甚至断绝与美国制裁对象间的合法贸易往来。

在2019年5月8日，特朗普总统撕毁伊核协议、重启与伊朗核相关的次级制裁后，尽管欧盟及其主要成员国一再强调要继续遵守伊核协议、保护欧盟企业与伊朗间的正常商业往来，但是，绝大部分欧盟大企业还是不得不放弃伊朗市场。2018年8月20日，法国道达尔退出了与中石油、伊朗国家石油公司合作的South Pars 11天然气项目，South Pars气田是世界上最大的天然气田，South Pars 11

---

[1] 相关链接：https://lawdigitalcommons.bc.edu/cgi/viewcontent.cgi?article=1282&context=iclr。

天然气项目总投资预计为40亿美元。法国道达尔表示，退出South Pars 11天然气项目，主要是因为法国道达尔无法承受被美国制裁的风险[①]。除了法国道达尔，法国雷诺和雪铁龙，德国电信、戴姆勒、西门子和安联保险，瑞典沃尔沃，丹麦马士基等欧盟企业巨头不得不搁置或退出在伊朗的业务[②]。

[①] 相关链接：https://www.total.com/media/news/press-releases/us-withdrawal-jcpoa-totals-position-related-south-pars-11-project-iran。
[②] 相关链接：https://crsreports.congress.gov/product/pdf/RS/RS20871。

第二章 美国经济制裁执行机制

第二章 美国经济制裁执行机制

美国经济制裁执行机构主要包括美国财政部外国资产控制办公室（OFAC）、美国司法部、美国国务院和纽约州金融服务局①。其中，美国国务院主要负责反恐怖主义、反大规模杀伤性武器扩散制裁项目；美国纽约州金融服务局负责对其管辖范围内的金融机构进行处罚；OFAC和美国司法部分别负责经济制裁方面的民事、刑事处罚。上述四个机构中，最重要的、对我国企业影响最大的机构是OFAC和美国司法部，本章重点介绍这两个机构。在实践中，我们经常可以看到很多跨国企业与OFAC达成和解协议，缴纳巨额罚款，如渣打银行、汇丰银行等。很多美国人以及非美国人因被认定违反美国制裁法律法规而被美国司法部提起诉讼，如华为。绝大多数与制裁相关的诉讼以辩诉交易的形式解决，如中兴通讯、法国巴黎银行与美国司法部达成认罪协议（Plea Agreement）。OFAC和美国司法部为更好地执行美国经济法律法规，发布了很多指导性文件，对于我们理解和掌握美国经济制裁执行标准和尺度非常有帮助。为了更好地说明美国经济制裁执行标准和尺度，笔者将会结合相关案例予以分析。

第一节 美国财政部OFAC对经济制裁的执行

一、OFAC的历史、使命及组织架构

OFAC是美国财政部负责经济制裁管理和执行的核心部门，为有效执行美国

---

① 各州监管机构都有处罚的权力，只是很多国际性的金融机构在纽约开设分支机构，故很多国际性的金融机构被纽约州金融服务局处罚。

经济制裁政策，实现经济制裁目标，与美国国务院、商务部、司法部、美联储、联邦调查局以及国内外金融机构、工商界和外国政府联系密切。

（一）OFAC 的使命

OFAC 根据美国外交政策和国家安全目标管理和执行经济制裁政策，以应对其他国家和政权、恐怖分子、国际贩毒组织、从事大规模杀伤性武器扩散的人员等对美国国家安全、外交政策以及经济造成的威胁。OFAC 根据美国总统及相关法律授予的权力对处于美国司法管辖范围内的资产进行交易控制和冻结。

（二）OFAC 的历史

美国财政部参与经济制裁可以追溯到美英1812年战争，时任美国财政部长的加拉廷开始管理因英国对美国海员进行骚扰而对英国进行的经济制裁。美国内战期间，美国财政部负责管理美国国会对美国南部邦联施加的经济制裁。OFAC前身是外国资金控制办公室（Office of Foreign Funds Control），外国资金控制办公室在1940年德国入侵挪威之后成立。美国政府成立外国资金控制办公室的最初意图是防止被纳粹德国占领的国家及其国民的资金被汇到被占领国家，进而阻止纳粹德国使用被占领国家的外汇和有价证券。美国正式加入"二战"以后，外国资金控制办公室通过冻结敌人的资产、阻止与敌人有关的贸易的方式，在美国针对轴心国的经济战中发挥了关键性的作用。OFAC正式成立于1950年，与我国抗美援朝相关，杜鲁门总统宣布美国进入紧急状态，要求冻结在美国司法管辖范围内的我国和朝鲜的资产。

（三）OFAC 的组织架构

目前，OFAC下设10个处室和4个海外办公室，其中核心处室为许可处（Licensing Division）、合规处（Compliance Division）、民事处罚处（Civil Penalties Division）和执行处（Enforcement Division）。上述四个核心处室，对应着OFAC的核心职能。许可处主要负责审核、评估和签发特殊许可，并为OFAC项目适用情景提供书面或口头指导。合规处主要负责通过多个渠道及时、快捷地发布美国制裁对象相关信息,确保制裁对象的资产能够迅速被冻结、与之有关的交易能够及时被制止。此外,合规处还在全国各地开展经济制裁合规培训,并为执行部门提供执法线索。民事处罚处负责审核制裁违规证据,决定是否处罚以及如何处罚,并将处罚信息公布于OFAC网站。执行处主要职责是为经济制裁违规民事调查和刑事调查提供建议和协助。

二、OFAC经济制裁执行程序及标准

OFAC主要负责经济制裁违法的民事调查和民事处罚(Civil Penalty),为提升经济制裁民事处罚的可预测性,OFAC出台了《经济制裁执行指引》(*Economic Sanctions Enforcement Guidelines*,以下简称《执行指引》)。对OFAC执行美国经济制裁政策的程序、具体标准以及裁量因素进行了说明。

(一)制裁违规的可能后果

根据《执行指引》,当企业或自然人在存在明显违规(Apparent Violation)行为[①]时,OFAC基于具体情况,可能做出以下几种反应:包括不采取行动(No Action)、发布警示信(Cautionary Letter)、出具"发现违规行为"(Finding of Violation)函和进行民事罚款(Civil Monetary Penalty)等,其后果的严重程度在逐步递增。具体情况如表1所示:

表1 OFAC反应类型及条件

OFAC反应类型	相关反应的前提
不采取行动	1.没有充足的证据证明被调查对象(Subject Person)出现了违规行为
	或2.OFAC经过评估后认为,违规行为不足以支持OFAC采取行政措施

---

① 行为构成了对美国经济制裁法律法规的实质性违反或可能的违反。在本书涉及的处罚案例中,对于Apparent Violation,为便于读者理解,笔者统一使用"违规行为"这一表述。

续表

OFAC反应类型	相关反应的前提
发出警示信	1.没有充足的证据证明被调查对象出现了违规行为
	或2.没有充足的证据支持OFAC出具"发现违规行为"函或进行民事处罚
	但3.有必要警示被调查对象
出具"发现违规行为"函	1.经证实，违规行为确实发生，需要被记录
	且2.违规行为需要OFAC做出反应，但民事处罚并非最合适的应对方式
做出民事处罚	1.经证实，违规行为确实发生
	且2.违规行为需要OFAC做出民事处罚

另外，OFAC可以根据需要，通过行政传票等方式，向被调查对象或第三方索要关于明显违规的额外信息；如涉及刑事处罚，OFAC还可以将相关材料转给其他政府部门供其进行刑事调查或起诉。最后，OFAC可以采取其他行政措施，如拒绝签发、暂停、修改甚至撤销许可证，发出停止和终止指令等。

（二）影响OFAC采取行政措施的一般因素

在一般情况下，在决定对明显违规是否采取行政措施以及采取何种行政措施时，OFAC主要从以下的一般因素（General Factors）的维度对被调查对象的行为进行评估：故意或鲁莽违法（Willful or Reckless Violation of Law）、被调查人知情情况（Awareness of Conduct at Issue）、对制裁项目目标的损害、个体特征（Individual Characteristics）、合规计划、补救措施、与OFAC的合作情况、违法行为发生的时机、其他有权机构的执行措施、未来的合规/威慑效应以及其他个案分析的相关因素。其中，如何认定故意或鲁莽违法，以及如何判定被调查人知情情况至关重要，对此，指引予以了明确。具体如表2所示：

表2 故意或鲁莽违法及被调查人知情情况认定标准

一般因素	具体类型	认定标准
故意或鲁莽违法	故意	被调查人在从事相关行为时，是否知道相关行为构成或可能构成违法
	鲁莽	被调查人是否表现出对美国经济制裁要求的漠视
		被调查人是否没有尽到最低限度的谨慎义务
		被调查人是否收到相关警示
	隐藏（Concealment）	被调查人是否有隐藏或混淆的行为，以误导OFAC和其他监管方
	行为方式（Pattern of Conduct）	明显违规是源于典型行为，还是孤立事件
	预先告知（Prior Notice）	被调查人是否已被事先告知，或者是否有理由相信已被事先告知
	管理层参与（Management Involvement）	故意或鲁莽违法发生在公司哪一层级
		管理层是否知情，或者是否有理由知情
被调查人知情情况	实际知情（Actual Knowledge）	被调查人是否知道该行为将导致明显违规的发生
		相关机构或人员是否有意为之，以阻止被调查人知道明显违规
	有理由知情（Reason to Know.）	被调查人不知情，但其有理由知情，或被调查人基于现有的信息和进行合理的尽职调查，有理由知情
	管理层参与	管理层对违法行为是否知情，如不知情，是否采取措施进行了制止
		管理层是否因对制裁违规责任没有予以足够重视，导致其缺乏相关专业知识

（三）OFAC民事处罚程序

OFAC民事处罚程序主要包括以下三个阶段：处罚前预先告知（Pre-Penalty Notice）、对处罚前预先告知的反馈以及处罚告知（Penalty Notice）。

1. 处罚前预先告知

如果OFAC有理由相信制裁违规已经发生，且进行民事处罚是合适的，则OFAC会根据相关程序签发处罚前预先告知。预先告知中的处罚金额只是OFAC

基于现有的信息而做出的初步评估,如果OFAC掌握了额外的信息,OFAC可能会调整处罚金额。如果处罚金额的调整超过10%,或者OFAC进行新的违规指控,则OFAC将签发修改后的处罚前预先告知。一般情况下,处罚前预先告知包括以下内容:违规次数、违规金额、拟议的处罚金额(Proposed Civil Penalty)、违反的法律法规、处罚金额计算因子、依据相关法律法规可能遭受的最大处罚金额以及对被调查人的提示等。

2.对处罚前预先告知的反馈

在收到处罚前预先告知后,被调查人可以向OFAC递交一份书面反馈,被调查人可以同意OFAC建议的处罚理由和处罚金额,也可以反驳OFAC的处罚理由和处罚金额,要求OFAC取消对其进行处罚,或减少处罚金额。如对OFAC的处罚存在不同意见,需要提交相关支持性的证明材料。

3.处罚告知

如果OFAC没有收到被调查人的反馈,或收到被调查人的反馈后,经仔细审查,认为有必要进行民事罚款,OFAC将按照相关程序签发处罚告知。处罚告知是OFAC对违法行为的最终决定。如果没有收到被调查人的反馈,预先告知中的拟议的处罚金额一般会和处罚告知中的处罚金额一致。

(四)处罚金额的计算

在OFAC认为有必要对违法行为进行民事处罚之后,为计算基准处罚金额(Base Penalty),OFAC将评估违规行为是否属于恶意违规行为(Egregious Case)。OFAC主要依据以下四个一般因素判断违规行为是否构成恶意,即故意或鲁莽违法、被调查人知情情况、对制裁项目目标的损害以及个体特征。恶意违规表示该行为是特别严重的违规行为,需要OFAC采取强有力的执法行动。违规行为是否构成恶意违规由OFAC主任或副主任确定。

1.基准处罚金额计算

OFAC在计算基准处罚金额时,除了考虑是否构成恶意违规外,还考虑是否进行主动披露（Voluntary Self-Disclosure）。具体如表3所示：

表3 基准处罚金额表

是否主动披露 \ 是否恶意违规	否	是
是	违规行为涉及的交易金额的50%（以每次违反处罚金额151,292美元和法定最高处罚金额的50%二者中的小者为上限）	以违规行为的法定最高处罚金额的50%为上限
否	按照法定标准（Applicable Schedule Amount）进行处罚（以每次违反处罚金额302,584美元和法定最高处罚金额二者中的小者为上限）	以违法行为的法定最高处罚金额为上限

注：美国政府会根据通货膨胀率调整法定最高处罚金额，因此，基准处罚金额表会不时发生调整，表3为2020年2月27日的基准处罚金额表。

2.根据一般因素进行调整拟议的处罚金额

OFAC根据前述一般因素对基准处罚金额进行调整，这些一般因素既可能构成加重因子，也可能构成减轻因子，从而导致更高的或更低的拟议的处罚金额，在任何情况下，拟议的处罚金额不超过法定最高处罚金额。如果被调查人属于首次违反（First Violation）[①]，则基准处罚金额最高可以减少25%；如果被调查人没有进行主动披露，但是与OFAC进行实质性合作（Substantial Cooperation），则基准处罚金额可以减少25%—40%。另外，被调查人和OFAC还可以通过签订和解协议（Settlements Agreements）的方式来处理违规行为，但与OFAC签订和解协议并不属于OFAC的最终决定。

3.最终处罚金额

处罚前预先告知中的拟议的处罚金额是处罚告知中的最终处罚金额的推定

[①] 在导致明显违规的交易发生之前的五年里，被调查人没有收到OFAC的违规警示，也未受到OFAC处罚，则可以被认定为首次违规。

起点。OFAC将根据以下因素对拟议的处罚金额进行调整,从而确定处罚告知中的最终处罚金额:被调查人针对处罚前预先告知提供的证据,或者OFAC收到的与潜在违规有关的证据;OFAC根据一般因素重新审查或重新考虑拟议的处罚金额。

(五) OFAC相关处罚案例

2017年7月27日,新加坡CSE Global Limited及其全资子公司CSE Trans Tel Pte. Ltd.(简称TransTel)与OFAC达成和解协议,同意向OFAC支付12,027,066美元的罚款,以了结TransTel被认定违反美国对伊朗的经济制裁政策而应承担的责任[①]。

1. 被罚原因

TransTel的主要业务是为石油天然气行业提供通信设备,主要通过其持股49%的Trans Tel Engineering Kish开展伊朗业务。2010年8月25日至2011年11月5日,TransTel与多家伊朗公司(其中两家在SDN名单中)签订协议,为多个伊朗能源项目交付和安装通信设备,并委托多家第三方(包括伊朗公司)开展上述业务。2012年6月4日至2013年3月27日,TransTel通过其在新加坡的银行的美元账户向伊朗第三方进行104笔、总计11,111,000美元的汇款,汇款时隐藏了与伊朗有关的信息。OFAC认为TransTel上述行为导致多家金融机构(含美国金融机构)将美国的金融服务出口到了伊朗,违反了IEEPA和ITSR。2012年4月20日,TransTel当时的执行董事和CSE Global Limited的CEO代表公司向新加坡的银行签署了"制裁承诺函"。TransTel向该银行做出声明:"考虑到贵行在新加坡继续为我司提供服务,我司承诺不通过贵行开展与伊朗有关的交易,无论是在新加坡还是其他任何地方。"

---

① 相关链接: https://www.treasury.gov/resource-center/sanctions/CivPen/Documents/20170727_transtel.pdf。

2. 处罚金额计算

OFAC认为，TransTel没有进行自愿披露，且违规行为属于恶意违法。OFAC给出的TransTel违规事件的法定最高处罚金额和基准处罚金额均为38,181,161美元，也就是说，在被认定为恶意违规且没有自愿披露的情况下，基准处罚金额就是法定最高处罚金额。双方通过和解协议达成的实际处罚金额为12,027,066美元，远低于基准处罚金额。OFAC在处罚时，考虑到了以下各种从重处罚和从轻处罚情节。

OFAC认为，TransTel违规事件中存在以下从重处罚情节：一是TransTel的违规属于故意或鲁莽违法，TransTel系统性地对相关银行进行误导；二是TransTel高级管理层明知违规事件，且积极参与其中；三是TransTel通过使用美国金融系统使伊朗石油、天然气和电力行业以及SDN名单中的伊朗企业获益；四是TransTel是一家跨国公司，在多个国家开展业务。

OFAC认为，TransTel违规事件中存在以下从轻处罚情节：一是在最早的违规行为发生之前的五年里，TransTel没有收到OFAC的违规警示，也未受到OFAC处罚[1]；二是TransTel和CSE Global Limited采取了补救措施，完善合规政策以确保不违反美国经济制裁政策；三是TransTel和CSE Global Limited积极与OFAC进行合作，提供了大量的高质量信息[2]。

OFAC表示，此次执法行动强调了在受美国制裁的国家或与美国制裁对象开展业务且该业务与美国存在关联的所有自然人和实体的制裁遵守义务；在为可以进入美国金融系统的金融机构签署证明书或做出其他陈述和保证时，自然人和实体应仔细考虑其是否愿意并能够在此类协议的范围内采取行动。另外，需要注意的是，OFAC处罚TransTel具有很强的警示作用，在此之前，OFAC很少因非美国的实体企业进行美元汇款导致美国金融机构为美国制裁对象提供服务而

---

[1] 这意味着TransTel会被认定为首次违反，基准处罚金额最高可以减少25%。
[2] TransTel和CSE Global Limited的上述举措，意味着其会被认定提供了实质性合作，基准处罚金额可以再减少25%—40%。

对其进行处罚。

三、OFAC许可政策以及SDN名单列名和除名程序

（一）许可政策

OFAC许可（License）是指从OFAC获得开展禁止性活动的授权。OFAC许可包括一般许可（General License）和特殊许可（Specific License）。一般许可是指OFAC授权某类人群或实体开展某种类型的交易，一般许可无须申请。特殊许可是指OFAC针对某个自然人或实体就某个活动签发的书面授权文件，特殊许可需要书面申请，且一事一议。OFAC网站对于如何提交特殊许可申请有明确规定。

一般许可与具体制裁项目紧密相关，主要集中在伊朗、朝鲜、乌克兰/俄罗斯、委内瑞拉等几个主要制裁项目，如乌克兰/俄罗斯相关制裁项目中，为应对俄罗斯EN+能源集团、俄罗斯铝业等企业于2018年4月6日被纳入SDN名单引起的市场混乱，OFAC先后签发多个一般许可，给予相关方一定的时间处理掉其所持有的上述企业股票和债券。

特殊许可主要与美国人去古巴旅游、资产被冻结者申请解冻被冻结资金（Application for the Release of Blocked Funds）和支付法律服务费用，以及美国人开展与伊朗和苏丹有关的药品和农产品交易等相关。其中，申请解冻被冻结资金的特殊许可影响最为广泛，对此，OFAC网站有明确的程序性说明。通过申请特殊许可解冻被冻结的资金的前提是资金被冻结是执行冻结的机构的失误。针对一些特定的事项，也可以向OFAC申请特殊许可。

（二）SDN名单列名和除名程序

自然人和实体如被纳入SDN名单，将面临严重后果。特别是，自然人或实体被纳入SDN名单之前，OFAC并不会提前告知，主要是担心其提前转移资产。因此，在被纳入SDN名单之前，自然人或实体并无申诉的机会。但是，OFAC给

予 SDN 名单中的自然人和实体提起行政复议的权利，SDN 名单中的自然人和实体可以请求 OFAC 将其从 SDN 名单中移除[①]。

1. SDN 名单列名程序

OFAC 基于美国财政部长的授权，从多个来源收集信息，开展相关调查，并将调查结果记录在案，作为列名的依据。在正式列名之前，OFAC 需要将列名建议提交美国财政部、司法部、国务院及其他相关政府部门审核，在上述政府机关审核通过后方能发布。OFAC 会在网站上公布被列名的自然人或企业的相关信息，并简要说明列名的理由。

2. SDN 名单除名程序

在被纳入制裁名单后，企业或自然人可以提起行政复议，向 OFAC 申请将其从 SDN 名单中移除。OFAC 表示，企业或自然人如希望被从 SDN 名单中移除，需要采取补救措施，比方说企业重组、管理层改组等。OFAC 将企业或自然人从 SDN 名单中移除，主要有三个原因：一是企业或自然人积极改变行为，原来列名的基础已不复存在；二是被纳入 SDN 名单中的自然人死亡或企业不复存在；三是 OFAC 在做出 SDN 列名建议时，出现了失误，如弄混了企业或自然人的名称，将非目标企业或自然人纳入 SDN 名单。第四章《美国经济制裁救济机制》重点介绍了在实践中如何从 SDN 名单中移除，对 SDN 名单除名程序有更详细的介绍。

四、OFAC 合规承诺框架

2019 年 5 月 2 日，OFAC 发布了《OFAC 合规承诺框架》（*A Framework for OFAC Compliance Commitments*，以下简称《承诺框架》），向受美国司法管辖的实体提供一个制裁合规计划（Sanctions Compliance Program，SCP）基本组成部分的框架。受美国司法管辖的实体包括美国实体以及业务与美国存在连接点的非美国实体，其中，业务与美国存在连接点主要包括开展业务时在美国，或与

[①] 相关链接：https://www.treasury.gov/resource-center/sanctions/SDN-List/Pages/petitions.aspx。

美国人开展业务,或开展业务时使用了源自美国的产品或服务。《承诺框架》介绍了OFAC如何将这些基本组成部分纳入其对违规行为的评估以及调查中去。OFAC鼓励受美国司法管辖的实体采用风险为本的方法来建立、实施和定期更新SCP。OFAC认为,尽管每一个风险为本的SCP都会因企业的规模和复杂程度、产品和服务、客户和交易对手以及地理位置等因素而有所不同,但是,每一个SCP都应该至少包括以下五个组成部分:管理层承诺(Management Commitment)、风险评估(Risk Assessment)、内部控制(Internal Controls)、测试和审计(Testing and Auditing)以及培训(Training)。另外,OFAC表示,在决定通过民事罚款的方式了结违规行为时,OFAC将考虑哪些因素作为和解协议的一部分纳入受罚对象的SCP中。

(一) SCP的五个基本组成部分

1.管理层承诺

OFAC认为,高级管理层(Senior Management Commitment)[①]对风险为本的SCP的承诺和支持是决定SCP能否成功的最重要因素之一;高级管理层的支持对于确保SCP获得足够的资源并将SCP完全整合到组织的日常运营中至关重要,高级管理层的支持还有助于使SCP合法化,有助于合规人员获得相应的授权,有助于在整个组织中培养合规文化。OFAC认为,有效的高级管理层的支持应包括以下五个方面:一是高级管理层已审核并批准了SCP;二是高级管理层应确保给予合规部门足够的授权和自主权,以建立有效的政策和程序来控制公司的制裁风险;三是高级管理层应采取措施确保合规部门获得与企业的业务范围、目标市场以及总体风险状况等相匹配的资源,包括合规人员及其专业能力、信息技术以及其他适当的资源;四是高级管理层应在企业推动合规文化建设;五是高级管理层应认识到企业及其员工没有执行SCP或执行SCP存在不足等问

---

① OFAC在《承诺框架》同时使用管理层和高级管理层,但没有进行区分,应是同一个含义。

题的严重性,更应认识到违反美国经济制裁法律法规的严重性,进而执行必要的措施减少违规行为的发生,这些必要措施必须能够解决产生违规行为的根源,并在可能的情况下提供系统性的解决方法。

2. 风险评估

OFAC建议企业采用风险为本的方法设计或更新SCP。风险为本的方法的主要原则之一是企业进行例行的、在适当的情况下进行持续的风险评估,以识别可能遇到的潜在制裁合规问题。风险评估的目的是识别潜在的制裁风险,进而帮助企业做出风险控制决策。OFAC认为,尽管没有"一揽鲜"的风险评估方法,但是,风险评估通常应包括对企业进行自上而下的整体评估,并评估企业与外界的连接点。OFAC建议,企业可以从以下三个方面进行风险评估:一是客户、供应链、中介机构和其他交易对手;二是企业提供的产品和服务,包括本企业的产品和服务如何以及在何处融入其他机构的产品、服务、网络或系统中;三是企业及其客户、供应链、中介机构和其他交易对手的地理位置。在企业并购过程中,特别是并购的企业是非美国企业时,进行风险评估和制裁相关的尽职调查至关重要。

3. 内部控制

OFAC认为,有效的SCP应包括内部控制措施,以便识别、防止以及视情况报告被禁止的活动;内部控制的目的是清晰地界定目标,明确制裁合规相关的程序和流程,并使企业风险评估所确定的风险最小化;内部控制包括政策和程序,政策和程序应得到有效执行,内控缺陷应被识别并被纠正,企业还应定期对制裁合规计划进行内部或外部审计。鉴于美国经济制裁法律法规不时发生调整,OFAC认为,成功和有效的SCP应能够快速适应政策的变化,应包括以下内容:及时更新制裁名单;及时跟踪评估落实新的制裁措施、新的指导性文件等;及时跟踪评估落实新的一般许可。OFAC对于内部控制的具体要求包括:(1)企业已经设计并实施了概述SCP的书面政策和程序,这些政策和程序与企业日常运营相关,易于遵循,旨在防止员工从事不当行为;(2)企业根据制裁风险评估情况执行了内部控制措施,这些内部控制措施应使企业能够识别、防止、报告被禁止的行为;(3)企业通过内部或外部审计来实施内部控制政策和程序;(4)企业确保制裁合规相关资料得到有效保管;(5)企业确保内控缺陷被识别,并被纠正;(6)企业已清楚地向所有相关员工及外部相关方传达了SCP的政策和程序;(7)企业已安排相关人员将SCP的政策和程序整合到日常运营中去。

4.测试和审计

审计会评估当前流程的有效性,并核查流程与日常运营不一致的地方。OFAC认为,全面而客观的测试或审计可确保企业识别控制程序存在的缺陷,使企业意识到制裁合规计划在什么地方以及如何进行优化,使企业能够根据外部环境的变化调整SCP。OFAC对于测试和审计的具体要求包括:(1)企业承诺确保负责测试或审计的部门和人员对高级管理层负责,独立于业务和其他职能部门,负责测试或审计的部门和人员在组织内具有足够的权限、专业知识和资源;(2)企业承诺采用适合其SCP复杂程度的测试或审计程序,并确保测试或审计反映了企业制裁风险评估结果和内部控制状况;(3)企业应确保在得知已确认的负面测试结果或与其SCP有关的审计发现后,将尽可能采取及时有效的补救措施以解决存在的问题。

5.培训

OFAC认为,有效的培训计划是成功的SCP不可或缺的组成部分,应定期(至少每年一次)对所有相关人员进行培训,企业在培训时,应根据需要传授专业知识,应向每位员工传达制裁合规责任,培训后应通过评估使员工对制裁合规培训成效负责。OFAC对于培训的具体要求包括:(1)企业承诺确保制裁合规培训计划向员工以及利益相关者,如客户、供应商、业务合作伙伴和交易对手,提供足够的信息和指导,应针对企业内的高风险员工量身定制培训计划;(2)企业承诺提供的制裁合规培训范围与其提供的产品和服务,企业的客户、合作伙伴,以及其运营所在的地理区域相适应;(3)企业承诺根据其制裁风险状况,以适当的频率提供制裁合规培训;(4)企业承诺在发现内控缺陷后采取对相关人员进行培训以及其他补救措施；(5) 企业的制裁合规培训计划应包含适用于所有相关人员且易于获取的资源和材料。

(二) SCP 对 OFAC 处罚的影响

在所有执行案件中，OFAC 将以符合《执行指引》的方式评估受罚对象的 SCP。在具体执行时，如果受罚对象拥有有效的 SCP，那么 OFAC 会予以考虑，比方说，在根据《执行指引》评估第五个一般因素"合规计划"时，OFAC 可能会考虑受罚对象是否制定了 SCP 以及 SCP 的性质和充分性，适当的时候，OFAC 可能会在此基础上减少民事罚款。如果受罚对象执行了有效的 SCP 且 SCP 导致受罚对象采取了补救措施，OFAC 可能会根据《执行指引》中的第六个一般因素"补救措施"进一步减少民事罚款。最后，在适当情况下，OFAC 可以将受罚对象是否建立有效的 SCP 的存在作为 OFAC 评估违规是否属于恶意的一个因素。

五、违反美国经济制裁法律法规的十大原因及相关案例

2019 年 5 月 2 日，在《承诺框架》的附件中，美国财政部 OFAC 为提醒受美国司法管辖的自然人和实体，梳理并发布日常执法中的违反美国经济制裁法律法规的十大原因。OFAC 的上述举措对于企业有效防范美国经济制裁风险有很强的指导意义。笔者将结合 OFAC 处罚案例，对上述十大原因予以简单说明。

(一) 没有建立正式的 SCP

1. OFAC 相关说明

OFAC 并不要求企业建立正式的 SCP，但是 OFAC 鼓励受美国司法管辖的企业，特别是参与国际贸易的企业，建立正式的 SCP。OFAC 在执法行动时，会将没有建立正式的 SCP 作为加重因子。

2. 相关案例

2014 年 3 月，美国 Ubiquiti Networks 被认定违反了美国对伊朗的经济制裁法

律法规,向OFAC缴纳了超过50万美元的罚款。OFAC指出,Ubiquiti Networks在开展违规业务时,并没有建立SCP[①]。

(二)错误理解美国经济制裁法律法规

1. OFAC相关说明

很多企业在开展被禁止的业务时,没有意识到因其是美国企业,或因其为美国人拥有或控制,或因其正在与美国人开展业务,或因其正在使用美国金融系统,或因其正在使用美国的产品和技术,而受美国司法管辖,致使其违反了美国经济制裁法律法规。在日常执法中,OFAC会将错误理解美国经济制裁法律法规识别为其他加重因子,如鲁莽行为。

2. 相关案例

2017年7月,埃克森美孚因俄方签字人在SDN名单中而被OFAC罚款200万美元[②]。交易方俄罗斯石油公司并不在SDN名单中,且交易标的也不属于美国对俄罗斯制裁的范畴,但合同的俄方签字人、俄罗斯石油公司总裁Igor Sechin在SDN名单中。埃克森美孚称,美国经济制裁法律法规禁止与Igor Sechin自然人进行交易,Igor Sechin的签字行为属于其作为俄罗斯石油公司总裁的"履职(Professional)"行为,应不属于禁止的范畴。OFAC表示,美国经济制裁法律法规未区分"履职"行为和"私人(Personal)"行为,且OFAC针对缅甸制裁项目于2013年发布的关于对缅甸制裁的常见问题解答(Frequently Asked Questions,FAQs)中明确规定,美国人不得与SDN名单中的自然人或实体签署协议。2019年12月31日,美国得克萨斯北区联邦地区法院达拉斯分院做出判决,取消了OFAC的处罚决定,截至2020年2月8日,OFAC并没有根据法院判决取消处罚决定,OFAC可能提出上诉。

[①] 相关链接:https://www.treasury.gov/resource-center/sanctions/CivPen/Documents/20140306_Ubiquiti.pdf。
[②] 本书第四章第一节对此案有非常详细的介绍。

(三) 为非美国人开展违规业务提供便利

1. OFAC 相关说明

受美国司法管辖的企业，特别是在美国境外设有子公司的企业，常常因为对美国经济制裁法律法规理解错误，导致其为境外子公司开展与美国制裁对象有关的业务提供了便利（Facilitating Transactions），如提示商业机会、批准交易，从而违反了美国经济制裁法律法规。对于管控力度比较大的企业集团，因其部分业务开展需要美国总部批准或美国总部的员工参与，尤其需要注意防范这一风险点。

2. 相关案例

2015年3月，斯伦贝谢油田控股有限责任公司（Schlumberger Oilfield Holdings Ltd., SOHL）因其母公司斯伦贝谢（Schlumberger Ltd.）在美国的员工参与了SOHL的非美国子公司与伊朗和苏丹间的业务往来，被认定违反了美国经济制裁法律法规，而向美国政府支付2.327亿美元的巨额罚款[①]。斯伦贝谢也被要求采取整改措施，如继续停止在伊朗和苏丹的所有业务活动等。

(四) 将源自美国的产品、技术和服务出口或转出口到制裁对象

1. OFAC 相关说明

很多非美国人购买源自美国的产品，目的是将其销售给美国制裁对象，这种行为违反了美国经济制裁法律法规。在这方面，OFAC重点关注长期从事上述违规业务的大型企业。部分企业为不被发现，经常隐藏其实际交易活动。一般情况下，上述行为也违反了美国出口管制法律法规。

2. 相关案例

2017年3月，中兴通讯因向伊朗转出口源自美国的电子产品，被美国政府认定违反了美国经济制裁和出口管制法律法规，先后被处以22.92亿美元的巨额罚款[②]。

[①] 本书第七章第四节对此案有非常详细的介绍。
[②] 中兴通讯两次被罚，此为两次总的金额。

(五)为开展与美国制裁对象有关的交易,利用了美国金融系统

1. OFAC 相关说明

很多非美企业因在开展与美国制裁对象有关的业务时,使用了美国金融系统,或使用了美元,而被认定违反了美国经济制裁法律法规。上述原因是非美国的银行被处罚的最主要原因。OFAC在执法行动中,重点关注那些长期开展上述交易的、对美国制裁目标造成重大损害的、试图隐藏其违规行为的大企业。

2. 相关案例

2018年11月,法国兴业银行因开展了巨额的、与美国制裁对象有关的美元业务,违反了美国对古巴、伊朗、苏丹、叙利亚和朝鲜的经济制裁法律法规,向美国政府支付了13.4亿美元的罚款①。

(六)制裁黑名单筛查软件或过滤系统出现问题

1. OFAC 相关说明

很多企业为识别被禁止的交易,会对其客户、供应链、中介、财务文件等进行筛查。有时候,部分企业没能及时更新制裁黑名单筛查软件,如没有及时导入更新后的SDN、SSI等制裁名单,或未考虑到制裁对象的化名,致使其开展了与美国制裁对象有关的业务。

2. 相关案例

2018年11月,美国Cobham Holdings被认定违反《乌克兰相关制裁条例》,向OFAC缴纳38.7万美元的罚款。Cobham Holdings之所以被罚,主要是因为其所使用的第三方制裁筛查软件使用的全名匹配而非部分名称匹配,致使其未能有效识别被纳入SDN名单中的客户②。

---

① 相关链接:https://www.justice.gov/usao-sdny/pr/manhattan-us-attorney-announces-criminal-charges-against-soci-t-g-n-rale-sa-violations。

② 相关链接:https://www.treasury.gov/resource-center/sanctions/CivPen/Documents/20181127_metelics.pdf。

（七）对客户尽职调查不充分

1. OFAC相关说明

有效的OFAC风险评估和SCP的基本条件就是对客户、供应链、中介等进行尽职调查。有些企业未能对其客户的所有权、地理位置等情况进行充分、有效的尽职调查。

2. 相关案例

2013年6月，意大利联合圣保罗银行被认定违反了美国对古巴、苏丹和伊朗的经济制裁法律法规，认缴了295万美元的罚款[①]。其中，被认定为违反美国对伊朗的经济制裁法律法规，是因为意大利联合圣保罗银行尽职调查不充分，未能有效识别Irasco，Irasco是一家意大利公司，但为伊朗政府拥有或控制，致使意大利联合圣保罗银行为Irasco开展了很多与美国相关的业务。

（八）制裁合规职能没有集中

1. OFAC相关说明

虽然每个企业都应根据自身特点建立并实施SCP，然而，部分企业因制裁合规职能分散，特别是员工和决策者分散在多个部门和业务单位，导致其出现了制裁违规行为。制裁合规职能分散，可能会导致对美国经济制裁法律法规理解错误、制裁合规机制更新不力以及审计监督不力等问题。

2. 相关案例

在法国兴业银行被罚一案中，美国纽约州金融服务局认为，法国兴业银行之所以发生如此之多的违规交易，根源在于其与经济制裁相关的内控机制不健全。法国兴业银行直到2009年才在集团层面出台统一的经济制裁风险防范政策，在2009年之前，法国兴业银行各分支机构对于如何防范经济制裁风险自行其是，忽视美国经济制裁风险或对美国经济制裁的适用范围及适用对象理解错误。

---

① 相关链接：https://www.treasury.gov/resource-center/sanctions/CivPen/Documents/20130628_intesa.pdf。

（九）使用非标准的付款方式及商业活动

1. OFAC 相关说明

受美国管辖的企业有能力确定交易是否符合行业规范和惯例，但在很多情况下，一些企业为了逃避（Evade）OFAC 制裁或隐瞒其业务意图，会采取非传统的业务模式。

2. 相关案例

2018年12月，烟台杰瑞因将源自美国的产品转出口到伊朗而被 OFAC 处以277万美元的罚款①。为将源自美国的产品转出口到伊朗，烟台杰瑞和伊朗进口方设计了一套逃避美国制裁的机制，即利用一家中国企业和一家阿联酋企业作为中介，烟台杰瑞和这家中国企业签订协议，这家中国企业和这家阿联酋企业签订协议，这家阿联酋企业再将烟台杰瑞的产品转出口到伊朗，这样就避免了烟台杰瑞直接和伊朗进口方签订协议。

（十）自然人责任

1. OFAC 相关说明

在部分情况下，一些企业的员工，特别是董事和高级管理人员，在造成制裁违规和为制裁违规提供便利的过程中，发挥了不可或缺的作用。上述违规行为主要存在于美国企业在境外拥有和控制的企业中，尽管其美国母公司制定并实施了全面的 SCP，但是这些境外子公司的董事、高级管理人员还是开展了与美国制裁对象有关的业务。在部分非美国企业的违规行为中，部分员工试图混淆和隐藏其业务活动。在此情况下，OFAC 不但处罚企业，还将处罚应承担违规责任的员工。

2. 相关案例

2014年6月，因被认定违反美国对苏丹、伊朗、古巴、缅甸的经济制裁法律

---

① 相关链接：https://www.treasury.gov/resource-center/sanctions/CivPen/Documents/20181212_jereh.pdf。

法规，法国巴黎银行被美国政府处以89.7亿美元的巨额罚款①。其中，纽约州金融服务局还要求法国巴黎银行解雇应对违规行为承担责任的13名高级管理人员和职员，包括联合首席运营官、合规负责人等。

第二节　美国司法部对经济制裁的执行

在美国，美国司法部通过联邦检察官提起联邦层面的刑事指控。具体到经济制裁政策执行方面，美国司法部下设的国家安全司（National Security Division，NSD）、刑事司（Criminal Division）和美国检察官办公室（U.S. Attorneys' Offices）一起，负责经济制裁违规的刑事调查和刑事指控，通过大陪审团传票、搜查令、证人面谈、国际合作等方式获取违规证据，并在美国法院对违规企业进行指控。不过，不同于OFAC，经济制裁违规的刑事调查和指控只是国家安全司工作的很小一部分，因此，国家安全司网站没有太多的指导性文件供企业去理解经济制裁刑事违规调查程序和处罚标准②，经济制裁刑事处罚相关标准及要求体现在一般性的指导文件中，如《联邦刑事诉讼规则》（*Federal Rules of Criminal Procedure*）和《美国检察官手册》（*U.S. Attorneys' Manual*）。虽然如此，美国司法部前部长助理Sally Yates于2015年9月发布的《雅茨备忘录》（*Yates Memorandum*）以及NSD于2016年10月出台的《关于出口管制和经济制裁案件调查中的主动披露、合作和补救的指引》（以下简称《披露、合作和补救指引》），对于我们理解美国经济制裁刑事处罚标准和尺度非常有帮助。2019年12月13日，NSD发布了《商业组织出口管制和制裁执行政策》（*Export Control and Sanctions Enforcement Policy for Business Organizations*，以下简称《执行政策》），该执行政策取代了《披露、合作和补救指引》。另外，2019年4月30日，

---

① 本书第六章第一节对此案有非常详细的介绍。
② 在IEEPA中，企业或个人面临刑事处罚的前提是故意（willfully）违规，每次违规处罚金额不超过100万美元，如是自然人违规，最高可能面临20年的监禁。

美国司法部刑事司发布了新的《公司合规计划评估》(*The Evaluation of Corporate Compliance Programs*)，该指引也有很强的指导意义。为便于理解，笔者将结合刑事处罚案例来予以分析。

一、雅茨备忘录

《雅茨备忘录》又称为《企业违规中的个人责任》，《雅茨备忘录》旨在为美国检察官追究企业违规中的个人责任提供指导。Sally Yates认为，打击企业违规行为的最有效的方式之一就是追究应对企业违规行为承担责任的个人的民事甚至刑事责任；通过追究个人责任，使相关人员对自己的行为负责，可以鼓励企业改变运营方式，防止企业再次出现违规行为。Sally Yates还认为，为更有效地追究企业违规中的个人责任，美国检察官应坚持以下六个原则：一是为了获得合作信用（Cooperation Credit），违规企业必须向美国司法部提供参与企业违规行为的个人的所有相关信息；二是不论是针对违规企业的刑事调查还是民事调查，都应该从调查开始就将调查重点放在个人身上；三是对违规企业进行刑事调查的检察官和进行民事调查的检察官应该彼此进行日常沟通；四是在一般情况下，不能以免除个人责任的方式与违规企业达成解决方案；五是在规定的调查时间截止前，应制定追究个人责任的计划；六是民事检察官应持续关注违规企业和违规个人，并根据违规个人的财务实力评估是否对其提起指控。

二、披露、合作和补救指引

《披露、合作和补救指引》旨在为违规企业通过自愿披露（Voluntarily Self-Disclosing）、全面合作（Full Cooperation）与及时和适当的补救（Timely and Appropriate Remediation）等方式减轻处罚提供指导，鼓励企业自愿披露经济制裁和出口管制刑事违规行为。如企业进行自愿披露，国家安全司可以与美国检察官办公室合作，行使指控的自由裁量权。另外，《披露、合作和补救指引》贯彻落实了《雅茨备忘录》的精神，进一步强化对企业违规中个人责任的追究。其中，《披露、合作和补救指引》的核心内容是对自愿披露、全面合作以及及时和适当的补救的认定标准进行了界定。

（一）自愿披露

下列披露行为会被认定为自愿披露：

1. 企业向NSD下设的反情报和出口管制处（Counterintelligence and Export Control Section）的披露发生在即将公布的威胁或政府调查之前；

2. 企业意识到违规后，立即（Reasonably Prompt Time）向相关机构进行披露；

3. 企业披露了其所知晓的所有相关信息，包括参与违规行为的个人相关信息。

（二）全面合作

国家安全司和美国检察官在评估企业的合作程度时，除了需要满足《美国检察官手册》中设定的标准外，还会考虑合作的范围、次数、质量以及合作的及时性，具体标准如下：

1. 如《雅茨备忘录》对个人责任追究的要求，及时披露与违规行为有关的所有事实，包括企业管理层、雇员和代理人参与违规活动的所有事实；

2. 企业应主动合作而非被动合作，也就是说，企业应在调查机构掌握违规证据之前主动披露；

3. 保存、收集和披露相关文件以及这些文件的来源信息；

4. 及时披露企业内部调查信息；

5. 合理管理内部调查和政府调查间的关系；

6. 提供第三方企业（包括企业高管、雇员）及个人与潜在犯罪行为有关的所有事实；

7. 根据要求，为调查机构与掌握相关信息的管理层、雇员访谈创造条件，如可能，访谈范围可以扩大到境外雇员以及已离职的管理层和雇员；

8.披露企业独立调查期间所收集的所有相关事实,以及相关事实的来源;

9.披露境外文件以及文件被发现时的位置和发现文件的人,前提是不违反境外的法律,如数据保护法等;

10.如果法律没有禁止,应为第三方提供文件及境外的证人提供便利;

11.在适当的情况下,应根据要求提供相关外文文件的译文。

在现实中,不是所有的企业都能够满足上述所有条件,如果企业满足了《雅茨备忘录》的要求,那么就可以获得一定的合作信用,但其获得的好处要少于其满足所有上述条件获得的好处。

(三) 及时和适当的补救

国家安全司认为,鼓励违规企业采取及时和适当的补救可以防止企业再次违规,同时也能发现和威慑个人不法行为。在评估企业是否可以通过补救措施获取合作信用之前,NSD将首先考虑企业是否与调查机构进行合作,如果不与调查机构合作,则企业将无法通过补救措施获取合作信用。企业若希望通过及时和适当的补救获取合作信用,则其补救措施需要满足以下标准:

1.执行有效的合规计划,合规标准将随企业规模、外在环境改变而不断调整,主要包括:(1)建立合规文化,使员工树立对违规行为零容忍的意识;(2)为合规管理配备足够的资源;(3)确保合规人员具备相应资质和经验理解并识别可能带来潜在风险的交易;(4)建立合规管理机构,并保证其独立性;(5)执行有效的风险评估,并基于该评估制定、完善合规计划;(6)实施信息技术控制,并对员工进行培训;(7)与其他员工相比,对合规管理人员进行适当的补偿和提拔;(8)对合规计划进行审计以确保其有效性;(9)建立有效的合规报告流程,使合规问题能够及时报告至管理层,并能够采取及时的补救措施。

2.建立合适的员工违规行为处罚制度。

3.其他措施,包括承认犯罪行为的严重性,愿意承担相应的责任,实施防止重复此类不当行为的措施等。

(四) 可能的从重处罚情节

如果企业的违规行为符合以下（包括但不限于）情节，可能会遭受更为严重的后果：

1. 将核技术或导弹技术出口到扩散国家（Proliferator Country）；
2. 在知晓的情况下，出口用于制造大规模杀伤性武器的物品；
3. 出口到恐怖组织；
4. 向敌对的外国势力出口军事物品；
5. 多次违规，包括民事违规和刑事违法；
6. 高层管理人员参与犯罪行为；
7. 犯罪行为获得巨额利润，与合法出口的产品和服务相比，这些利润是不成比例的。

(五) 处罚评估

NSD和美国检察官将综合考虑违规企业的具体情况，如自愿披露、全面合作和及时和适当的补救情况以及是否存在从重处罚情节。

1. 如违规企业的自愿披露、全面合作与及时和适当的补救情况符合《披露、合作和补救指引》的要求，则违规企业可能有资格获得显著的处罚减轻，包括签署不起诉协议（Non-Prosecution Agreement, NPA），减少合规监督期，减少罚款和没收款，不被监控等。

2. 如违规企业没有进行自愿披露，但在得知政府调查违规活动后，进行全面合作，并采取及时和适当的补救措施，企业仍有资格获得一些合作信用，包括签署延期起诉协议（Deferred Prosecution Agreement, DPA）[①]，减免罚款和没收，以及被派驻外部审计员而非监督员。

[①] 延期起诉协议/不起诉协议是美国政府重要的执法工具，是美国政府和被告间签订的协议，通过这种方式，美国政府搁置/取消对被告的起诉，被告承诺履行相关义务，如缴纳罚款，采取补救措施，接受监控等。

3.如违规企业没有进行自愿披露，很少能够签署不起诉协议。

三、商业组织出口管制和制裁执行政策

2019年12月13日，美国司法部发布《执行政策》，修改并取代了《披露、合作和补救指引》。出台《执行政策》表明，美国司法部将继续重视企业的自愿披露，以签署不起诉协议和大幅减轻处罚作为推定条件，对合作的企业予以奖励。与《披露、合作和补救指引》相比，《执行政策》主要进行了以下三个方面的修改：一是《执行政策》澄清了自愿披露违规、与国家安全司充分合作并及时采取适当补救措施的企业所能获得的好处。《披露、合作和补救指引》没有提供任何形式的推定，也没有明确满足某些条件的企业可以得到哪些具体的好处。二是《执行政策》明确，企业如果向监管机构而非美国司法部披露潜在故意违规行为，将无法得到新的《执行政策》提供的好处。三是《执行政策》对一些关键定义进行了修改，如"自愿披露""全面合作""及时和适当的补救"等，与美国司法部其他类似指导文件一致，以尽可能地标准化美国司法部的自愿披露政策，具体来说，上述关键定义与美国《境外反腐败法》（*Foreign Corrupt Practices Act*）中的企业执行政策中的定义非常相似。

（一）《执行政策》澄清了自愿披露、全面合作以及及时和适当的补救给企业带来的好处

如果一家企业向国家安全司自愿披露出口管制或经济制裁违规行为，进行了全面合作，采取了及时和适当的补救措施，且上述举动符合《执行政策》的要求，则其将因违规行为是否存在加重因素而得到不同的好处：如果没有加重因素，则可以推定该企业将会得到一份不起诉协议，并且不会被处以罚款；如果存在加重因素导致需要对该企业采取除不起诉协议以外的其他执法措施，如得到认罪协议或延期起诉协议，但该企业满足所有其他标准，则《执行政策》规定，美国司法部可建议法院将法定的罚款金额至少下调50%，也就是说，美

国司法部可以建议将罚款金额上限设定在违规行为带来的总收益或造成的总损失,并且不需要向该企业派驻一名监督人员。需要特别说明的是,即使签署了不起诉协议,该企业仍不得保留违规行为带来的任何收益。

(二)《执行政策》修改了关键定义

《执行政策》对"自愿披露""全面合作""及时和适当的补救"这三个关键定义进行了修改,具体如下:

1. 自愿披露

只有采取了以下行动,企业的披露才会被认定为自愿披露:企业向CES的披露发生在迫在眉睫的披露威胁(Imminent Threat of Disclosure)或政府调查之前;企业意识到违规后,立即向反情报和出口管制处进行了披露,企业有责任证明其披露的及时性;企业披露了其所知晓的所有相关信息,包括参与违规行为的自然人相关信息。关于"自愿披露",与《披露、合作和补救指引》相比,《执行政策》特别要求必须向反情报和出口管制处披露。也就是说,当企业发现潜在的故意违规行为时,如果仅仅向监管机构报告而没有向美国司法部报告,那么该企业在美国司法部的调查中将无法获得《执行政策》中关于自愿披露的好处。

2. 全面合作

除了《联邦商业组织起诉原则》(*Principles of Federal Prosecution of Business Organizations*)中的规定,企业还需要采取以下行动才能使企业获得《执行政策》中全面合作的信用:

(1)及时披露所有与该不当行为相关的事实,包括:企业内部调查中收集到的所有相关事实;前述事实产生的根源;及时更新企业内部的调查结果,包括但不限于滚动披露信息;与企业管理人员、员工或代理商参与犯罪活动有关的所有事实;企业所知晓的所有相关的第三方企业及其管理人员、员工或代理商参与的潜在犯罪活动的事实。

（2）主动合作，而不是被动合作，也就是说，即使没有特别要求，企业也必须及时披露与调查有关的所有事实。此外，如果企业知晓其不拥有的相关证据，则必须向美国司法部确认该证据。

（3）及时保存、收集和披露相关文件以及有关其来源的信息，包括：披露境外文件及其位置以及找到这些文件的人；为第三方出示文件提供便利；在被要求和适当的情况下，提供相关文件的外文翻译。需要特别说明的是，当一家企业声称由于数据保护、阻却法或与外国法律有关的其他原因而被禁止公开境外文件时，该企业将承担证明禁止的责任。此外，企业应努力确定所有可用的法律依据以提供此类文件。

（4）如果企业内部调查涉及的证人访谈和企业内部调查与其他调查举动发生了冲突，企业在适当的时候应处理好这种冲突。

（5）根据要求，使拥有相关信息的企业管理人员和员工可以接受美国司法部的访谈，包括在适当和可能的情况下，使在海外的管理人员、员工和代理人以及前管理人员和雇员可以接受美国司法部的访谈，并在可能的情况下为第三方证人的出庭提供便利。

需要注意的是，并非所有企业都能满足全面合作的所有上述条件。一般情况下，如果企业提供与自然人责任有关的所有信息，则该企业有资格获得一定的合作信用，获得的合作信用的多少取决于合作的程度，通常，该企业获得的好处将明显少于全面合作的好处。

3.及时和适当的补救

企业需要采取以下行动才能获得《执行政策》中及时和适当的补救的所有信用：

（1）对潜在不当行为的根源进行深入分析，并在适当时采取补救措施以解决产生问题的根源。

（2）实施有效的合规计划并定期更新，合规标准将随企业规模而不断调整，但可以包括以下内容：建立企业合规文化，使员工树立违规行为零容忍的意识；为合规管理配备足够的资源；确保合规人员具备相应资质和经验以理解并识别可能带来潜在风险的交易；建立合规管理机构，保证其独立性，并使董事会能够获得必要的合规知识；执行有效的风险评估，并基于该评估完善合规计划；根据合规管理人员的角色、责任、业绩以及其他适当的因素，对合规管理人员进行的补偿和提拔；对合规计划进行审计以确保其有效性；实施信息技术控制，并对员工进行培训；企业合规人员的报告路径。

（3）对应承担责任的员工进行适当的纪律处分，应承担责任的员工包括企业直接参与不当行为的人员或由于监督失误而对不当行为负责的人员，以及在犯罪行为发生地区具有监督权的人员。

（4）保存好业务记录，并禁止不当销毁或删除业务记录。

（5）其他措施，包括认识到企业不当行为的严重性，愿意承担相应的责任，实施减少再次发生此类不当行为的措施，包括识别未来风险的措施等。

（三）潜在的加重因素

以下是对国家安全构成严重威胁的加重因素的范例，如果在很大程度上存在这些加重因素，就可能导致对企业采取更严格的解决方案：

（1）向扩散国家出口因防止核武器和导弹技术扩散而受管制的物品；

（2）在知晓的情况下，出口用于制造大规模杀伤性武器的物品；

（3）出口到恐怖组织；

（4）向敌对的外国势力出口军事物品；

（5）多次违规，包括行政违规和刑事违法；

（6）高层管理人员参与犯罪行为。

美国司法部发布《执行政策》，主要有三个目的：一是为了进一步制止发生违反出口管制和经济制裁的行为；二是鼓励企业实施强有力的出口管制和制裁合规计划，以防止和发现违法行为；三是提高美国司法部起诉应承担责任的自然人的能力。

四、美国司法部更新《公司合规计划评估》

2019年4月30日，美国司法部刑事司发布了新的《公司合规计划评估》（The Evaluation of Corporate Compliance Programs），对2017年2月发布的版本进行了更新。此次更新主要是为了使该指引与美国司法部的其他指引和标准更好地协调一致，同时为公司合规计划（Corporate Compliance Programs）的多因素分析提供更多背景信息。美国助理总检察长布莱恩·本茨考斯基在发布指引时表示，有效的合规计划在防止发生不当行为、促进调查和提供公正解决方案方面发挥着关键作用，发布该指引是为了帮助促进有利于美国社会的公司行为，并确保检察官以严格和透明的方式评估合规计划的有效性。美国检察官对公司合规计划的评估结果将影响检察官的决定，包括是否提起指控，如提起指控，将达成什么样的辩诉交易等。

该指引列出了美国刑事执法部门在评估公司合规计划时经常发现的问题，并围绕美国检察官在评估合规计划时提出的三个主要问题进行组织：第一，该合规计划设计得好吗？第二，该合规计划是否得到了有效执行。第三，该合规计划在实践中真的有效吗？该指引的第一部分讨论了精心设计的合规计划在风险评估、公司政策和程序、培训和沟通、保密报告结构、调查过程、第三方管理以及并购等方面的各种特征；第二部分详细介绍了得到有效实施的合规计划的特征，包括高层和中层管理人员的承诺、合规部门享有的自主权和资源以及激励措施和纪律约束；第三部分讨论了评估合规计划实际上是否有效运行的指标，探讨了合规计划的持续优化能力、定期检测以及对不当行为的调查、对不当行为的根源分析和补救的能力。

五、相关执行案例

为了更好地理解美国司法部对经济制裁违规的刑事调查和指控，下面以2009年12月瑞士信贷银行被罚为例予以说明。2009年12月，瑞士信贷银行因被认定违反美国对伊朗、苏丹等国的经济制裁法律法规，而被美国检察官在哥伦比亚特区联邦地区法院起诉。最终，瑞士信贷银行承认违规，并与OFAC签订和解协议，与美国司法部和纽约州地方检察官办公室签订了延期起诉协议，延期起诉时间为24个月，瑞士信贷银行被没收了5.36亿美元[①]。

瑞士信贷银行之所以能够与美国司法部签署DPA，主要是因为其及时进行了补救，并主动采取了以下措施：一是承认了违规责任；二是在美国政府进行调查之前，自愿终止了违规事项；三是继续与美国政府合作；四是未来继续遵守反洗钱金融行动特别工作组（Financial Action Task Force on Money Laundering，FATF）等国际组织的反洗钱规定；五是了结了与违规事项相关的民事和刑事责任。

延期起诉协议需要得到美国哥伦比亚特区联邦地区法院的同意方能生效。如果美国哥伦比亚特区联邦地区法院拒绝同意延期起诉协议，则延期起诉协议无效，美国司法部和瑞士信贷银行无须遵守协议中的约定；美国司法部如再次起诉瑞士信贷银行及其雇员，则不得将协议中瑞士信贷银行承认的事实作为起诉依据。

在延期起诉协议中，瑞士信贷银行承诺将认真落实协议的约定，如在2010年6月30日前加强与美国政府的合作，强化对员工的培训，优化经济制裁风险防范政策等。如果瑞士信贷银行与美国司法部进行全面、真诚的合作，并认真履行协议约定的义务，美国司法部将不再就前述违规事项对其进行起诉。如果美国司法部认定瑞士信贷银行违反了延期起诉协议的约定，美国司法部将再次对瑞士信贷银行进行指控。

[①] 相关链接：https://www.justice.gov/opa/pr/credit-suisse-agrees-forfeit-536-million-connection-violations-international-emergency。

第三节　美国经济制裁执行趋势分析

在本节，笔者将通过数据分析的方式评估美国经济制裁执行趋势。经济制裁执行主要有两种方式，一种是将自然人、实体纳入各种制裁名单，一种是对存在违规行为的自然人和实体进行处罚。另外，近年来，美国经济制裁执行机构越来越重视制裁情报收集，为此，OFAC于2019年6月修订《报告、程序和处罚条例》（Reporting, Procedures and Penalties Regulations, RPPR），继续扩大经济制裁情报收集来源，对此，我国企业需要予以足够重视。笔者结合相关案例，简单梳理了美国经济制裁情报收集来源。

一、2009—2019年OFAC管理的制裁名单列名及除名情况

2020年2月底，新美国安全中心（Center for a New American Security，CNAS）发布了一份研究报告《Sanctions by the Numbers》[1]，对2009—2019年间OFAC管理的制裁名单列名（Designation）及除名（Delisting）情况进行了简要分析。列名，指的就是被OFAC纳入制裁名单；除名，指的是被OFAC从制裁名单中移除。新美国安全中心启动了一项数据跟踪项目，旨在提供OFAC管理的制裁名单的列名和除名的基本信息。新美国安全中心的上述举动，对于分析美国经济制裁执行趋势非常有帮助。下面，笔者将简要介绍新美国安全中心报告的主要内容，并在新美国安全中心提供的数据的基础上融入自己的部分分析。

（一）总体情况

从2009年至2019年，总共有7486个自然人（Individual）、实体（Entity）、

---

[1] 相关链接：https://www.cnas.org/publications/reports/sanctions-by-the-numbers。

船舶（Vessel）和航空器（Aircraft）被OFAC纳入制裁名单，总共有3201个自然人、实体、船舶和航空器被OFAC从制裁名单中除名。上述制裁名单包括SDN、Foreign Sanctions Evaders（FSE）、Foreign Financial Institutions Subject to Correspondent Account or Payable-Through Account Sanctions（CAPTA）、Foreign Financial Institutions Subject to Part 561（561）和SSI名单，不包括Persons Identified as Blocked Solely Pursuant to Executive Order 13599（13599）名单、Palestinian Legislative Council（NS-PLC）List、Non-SDN Iranian Sanctions Act（NS-ISA）名单。具体分布情况如图1所示：

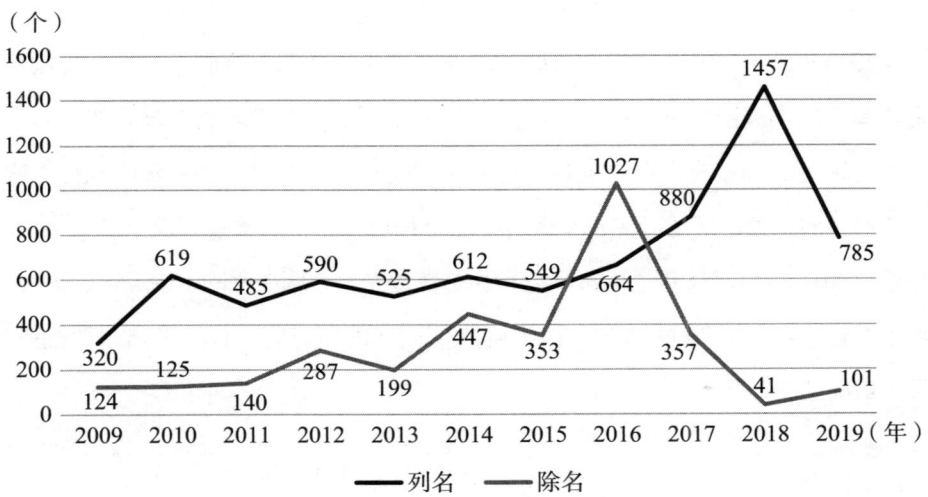

图1　2009—2019年OFAC管理的制裁名单列名和除名总体情况
资料来源：新美国安全中心研究报告。

从图1中，我们可以看出，除了2016年，其他年份的列名数量均大于除名的数量，这在一定程度上说明了OFAC管理的制裁名单中的自然人、实体、船舶和航空器的数量在不断增加，2009年至2019年间增加了4285个。

2016年之所以除名数量大于列名的数量，主要有两个原因：一是2016年1月16日关于伊核协议的JCPOA正式执行，OFAC将400多个伊朗自然人、实体、船舶和航空器从 SDN 名单中移除，其中部分实体被纳入了 13599 名单，而新美国安全中心的报告并未统计 13599 名单中实体的数量；二是 2016 年 10 月 7 日美国政府正式解除了对缅甸的全面制裁，移除所有因缅甸制裁法律法规而被纳入 SDN 名单中的缅甸自然人和实体。

2018 年，被纳入 OFAC 管理的制裁名单中的自然人、实体、船舶和航空器的数量急剧增加，这主要是因为特朗普政府单方面退出了伊核协议，重新将大量的伊朗自然人、实体、船舶和航空器纳入 SDN 名单。

（二）除名/列名趋势分析

2009—2019 年横跨了两个政府，奥巴马政府和特朗普政府。美国经济制裁是美国政府实现国家利益和外交政策目标的重要工具，不同的美国总统，对于如何使用经济制裁有不同的理解，这导致不同时期的美国经济制裁的执行力度也不尽相同。如前所述，奥巴马政府签署伊核协议，特朗普政府退出伊核协议，是导致 2016 年和 2018 年这两年列名和除名数量发生急剧变化的主要原因。另外，除了数量，我们从 2009—2019 年历年除名/列名的百分比，也能看出这种趋势。具体情况如图 2 所示：

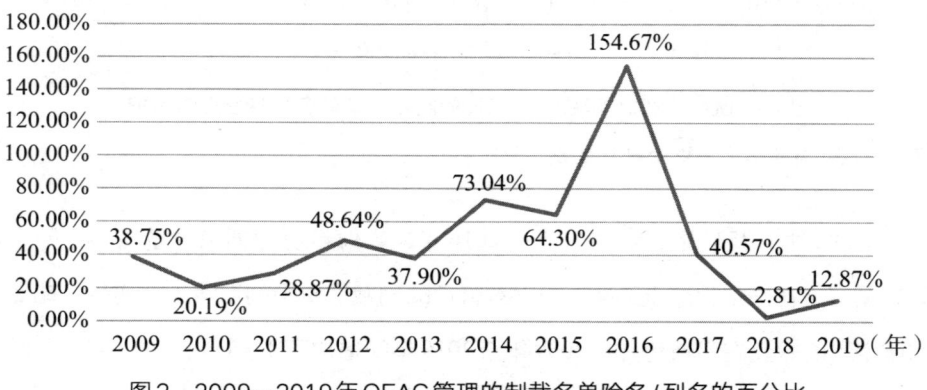

图 2　2009—2019 年 OFAC 管理的制裁名单除名/列名的百分比

资料来源：新美国安全中心研究报告。

从上图中，我们可以看出，在特朗普总统执政的 2017—2019 年中，2018 年和2019年除名/列名的比例都非常低，2018年为2.81%，2019年为12.87%，均低于奥巴马总统执政的8年。2017年之所以相对较高，主要是因为2017年10月美国取消了对苏丹全面制裁，OFAC将222个苏丹自然人和实体从SDN名单中移除。实际上，在奥巴马总统任职的最后阶段，OFAC已通过修改《苏丹制裁条例》（*Sudan Sanctions Regulations*），放松了对苏丹的制裁。特朗普政府取消对苏丹的全面制裁，只是延续了奥巴马政府的政策。

通过上述分析，我们可以看出，与奥巴马政府相比，特朗普政府在使用经济制裁这一工具方面，更具有攻击性，这值得我们高度关注。

（三）制裁类别分析

如前所述，被OFAC纳入制裁名单包括自然人、实体、船舶和航空器四个类别，不同的年份，自然人、实体、船舶和航空器的列名和除名的情况有一定的差别。从2009—2019年，总共有3197个自然人、3474个实体、515艘船舶和300个航空器被OFAC纳入制裁名单，总共有1199个自然人、1618个实体、306艘船舶和78个航空器被OFAC从制裁名单中移除。其中，船舶和航空器都是被纳入SDN名单。具体情况如表4和表5所示：

表4　2009—2019年OFAC管理的制裁名单列名情况（按照类别区分）

年　份	自然人	实　体	船　舶	航空器
2009	152	168	0	0
2010	301	291	27	0
2011	202	275	8	0
2012	200	208	65	117
2013	217	238	19	51
2014	335	253	24	0
2015	232	297	11	9
2016	249	378	20	17
2017	593	266	20	1

续表

年 份	自然人	实 体	船 舶	航空器
2018	382	728	248	99
2019	334	372	73	6
合计	3197	3474	515	300

资料来源：新美国安全中心研究报告。

其中，2012年和2018年被OFAC纳入制裁名单的船舶和航空器的数量显著多于其他年份，这主要是因为2012年美国加大了对伊朗的制裁，特别是加大对伊朗航运业和航空业的制裁，2018年美国除了加大对伊朗航运业和航空业的制裁外，还加大了对朝鲜航运业以及与朝鲜开展业务的其他国家航运业的制裁。

表5　2009—2019年OFAC管理的制裁名单除名情况（按照类别区分）

年 份	自然人	实 体	船 舶	航空器
2009	104	20	0	0
2010	108	17	0	0
2011	61	64	15	0
2012	189	91	7	0
2013	124	49	26	0
2014	161	284	2	0
2015	143	195	15	0
2016	175	548	228	76
2017	79	273	4	1
2018	26	15	0	0
2019	29	62	9	1
合计	1199	1618	306	78

资料来源：新美国安全中心研究报告。

从表5中，我们可以看出，船舶和航空器的移除主要依赖于美国制裁政策的重大调整，特别是航空器，2009—2015年间没有航空器被移除，2016年，因JCPOA正式执行，大量船舶和航空器被OFAC从制裁名单中移除。

（四）制裁项目分析

CNAS 对 2009 年和 2019 年 OFAC 管理的制裁名单新增自然人、实体、船舶和航空器涉及的制裁项目进行了简单的对比，具体情况如图 3 所示：

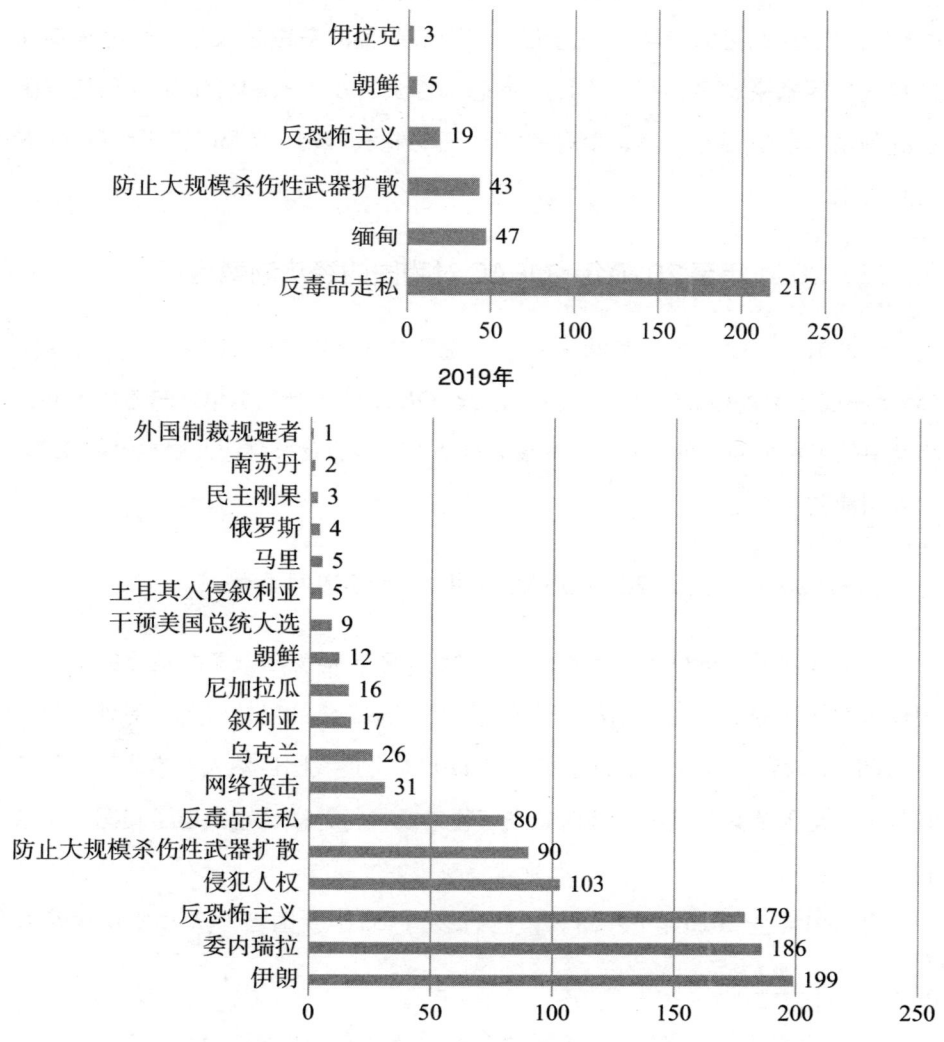

图 3　2009—2019 年 OFAC 管理的制裁名单新增自然人、实体、船舶和航空器涉及的制裁项目

资料来源：新美国安全中心研究报告。

从图3我们可以看出，2009年，美国经济制裁执行的重心是反毒品走私、反扩散、反恐怖主义以及对缅甸、伊拉克和刚果民主共和国的制裁。2019年，美国经济制裁执行范围相对较广，主要包括对伊朗、委内瑞拉、俄罗斯、叙利亚、朝鲜、尼加拉瓜等国家的制裁，以及针对恐怖主义、侵犯人权、大规模杀伤性武器扩散、毒品走私、网络攻击等行为的制裁。从2009年和2019年的对比中，我们可以发现，一方面美国经济制裁的范围越来越广，力求实现的制裁目标越来越多；另一方面，反恐怖主义、反扩散和反毒品走私是美国经济制裁的永恒话题，美国对国家或地区的制裁，则可能随着国际局势的变化而变化。

二、2001年至2020年[①]OFAC对我国的经济制裁情况

自2001年OFAC在其网站上发布制裁信息至2020年7月28日，已有多达155个我国自然人和实体（含企业）先后被OFAC纳入制裁名单。随着中美间战略竞争的不断加剧，可以预计，未来会有越来越多的我国自然人和实体被OFAC纳入制裁名单。

（一）2001年至2020年OFAC对中国的经济制裁概况

本文仅限于分析OFAC负责的经济制裁，不包括美国国务院负责的防止大规模杀伤性武器扩散相关制裁[②]以及美国商务部负责的出口管制，另外，也不包括OFAC对我国企业所作的处罚[③]。OFAC对上述我国自然人和实体进行经济制裁主要是因为其与美国制裁对象进行往来或其行为被认定损害了美国的国家利益。

自2001年至2020年7月28日，已有多达155个我国自然人和实体先后被

---

① OFAC在网站公布的制裁信息最早可追溯至2001年，本书分析的OFAC制裁信息的时间段为2001年至2020年7月28日。
② OFAC也负责防止大规模杀伤性武器扩散相关制裁。
③ 截至2020年3月8日，OFAC仅仅对两家我国企业进行处罚，分别为中兴通讯和烟台杰瑞。

OFAC纳入制裁名单,其中包括59个自然人、94个企业、1个军事部门、1个公安部门;有153个被纳入SDN名单,1个被纳入561名单,还有一个被纳入NS-ISA名单;2001至2004、2007、2010、2011和2013年,这几年,没有我国自然人和实体被OFAC纳入制裁名单。2017年后,OFAC对我国自然人和实体的制裁力度在不断加强,2007年1月1日至2020年7月28日,我国自然人和实体被制裁的数量占到这20年来的72.9%。

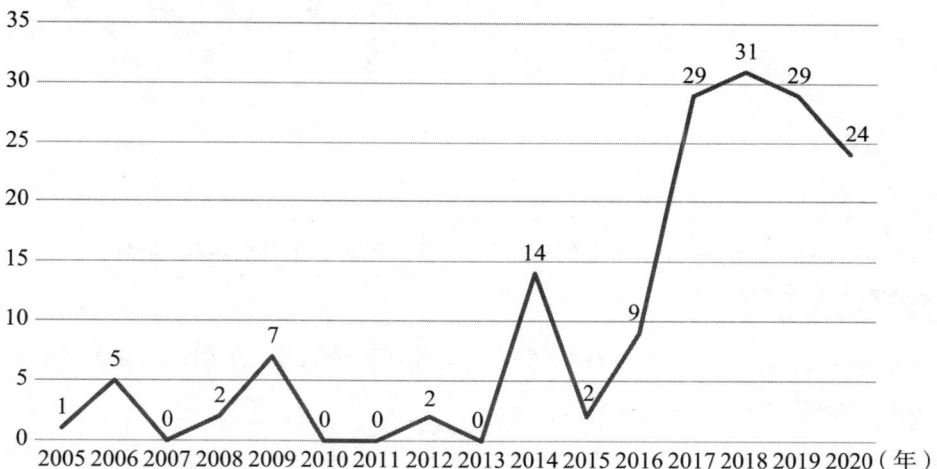

图4:2001—2020年各年份OFAC对我国自然人和实体的经济制裁数量
资料来源:OFAC网站

我国自然人和实体被OFAC纳入制裁名单,主要与美国对伊朗、朝鲜、俄罗斯、叙利亚等国家的制裁以及对大规模杀伤性武器扩散、毒品走私、侵犯人权、跨国犯罪、网络攻击等行为的制裁相关。其中,影响最大的为伊朗制裁、防止大规模杀伤性武器扩散制裁和朝鲜制裁。

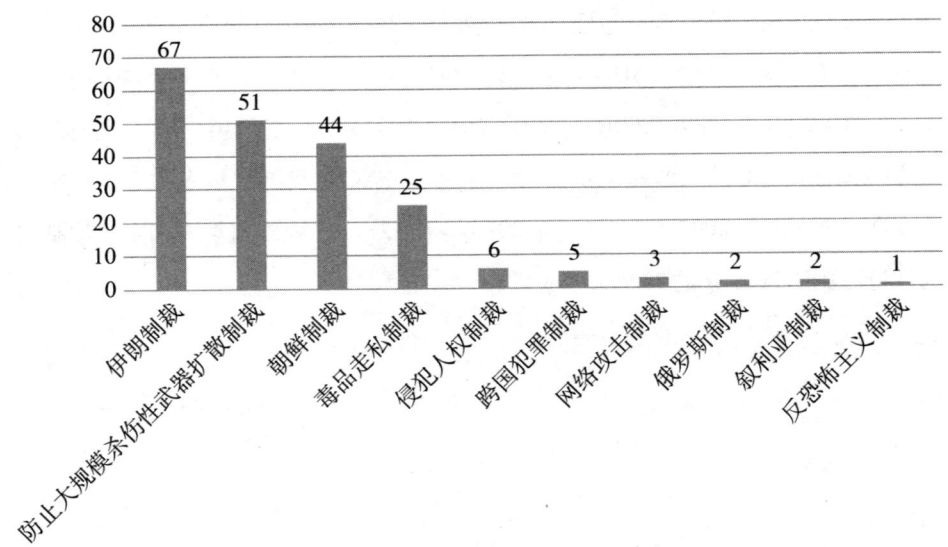

图5：2001—2020年被制裁的我国自然人和实体涉及到的制裁项目[①]

数据来源：OFAC网站

另外，被制裁的155个我国自然人和实体包括被制裁的中国台湾地区及中国香港特别行政区的自然人和实体。

（二）2001年至2020年OFAC对我国的经济制裁的特点

1. 我国自然人和实体是OFAC制裁的重要对象

OFAC针对西巴尔干地区、白俄罗斯、俄罗斯、乌克兰、克里米亚地区、伊朗、伊拉克、黎巴嫩、利比亚和达尔富尔、南苏丹、叙利亚、也门、布隆迪、中非共和国、刚果民主共和国、索马里、津巴布韦、古巴、委内瑞拉、尼加拉瓜和朝鲜等国家和地区设立了专门的制裁项目，上述国家和地区有很多自然人和实体被OFAC纳入制裁名单。除了上述OFAC设立了专门制裁项目的国家和地

---

① 在51个因防止大规模杀伤性武器扩散制裁项目而被制裁的我国自然人和实体中，有40个我国自然人和实体与伊朗发展大规模杀伤性武器相关，11个我国自然人和实体与朝鲜发展大规模杀伤性武器相关。在统计因伊朗制裁项目而被制裁的我国自然人和实体数量时，包括了前述的40个我国自然人和实体。在统计因朝鲜制裁项目而被制裁的我国自然人和实体数量时，包括了前述的11个我国自然人和实体。

区，世界上很少有国家或地区像我国这样，有如此之多的自然人和实体被OFAC纳入制裁名单。另外，我国企业经常成为美国政府重点打击对象，针对非美国金融机构开展与伊朗有关业务的561名单只列有一家企业，为我国的企业；针对非美国企业开展与伊朗能源行业有关业务的NS-ISA名单只列有3家企业，其中包括一家我国企业①。2016年后美国不断加大对朝鲜的制裁力度，我国自然人和实体就是主要的受害者。我国自然人和实体之所以成为OFAC制裁的重要对象，主要是因为我国自然人和实体与美国现阶段主要的制裁对象如伊朗、朝鲜和俄罗斯有着比较广泛的经贸往来，以及美国认定我国自然人和实体与美国最关心的国际问题之一的大规模杀伤性武器扩散相关。

2.OFAC对我国自然人和实体的制裁力度受国际局势的深刻影响

美国经济制裁只是战争手段的替代或补充，服务于国家利益，美国经济制裁力度因国际局势、美国国家利益变化而变化，相应地，美国对我国自然人和实体的制裁力度也深受国际局势的影响。以美国对朝鲜制裁为例，2016年，朝鲜弹道导弹技术取得重大突破，美国认为其对美国本土安全构成了严重威胁。在此背景下，美国政府不断加大对朝鲜及与朝鲜开展业务的非美国人的制裁力度。从2016年2月1日至2020年7月28日，有44个我国自然人和实体因开展朝鲜业务而被OFAC纳入制裁名单。而2001—2015年，有4个我国自然人和企业被OFAC纳入制裁名单②。2017年8月2日，因认定俄罗斯干涉美国大选，美俄关系急剧恶化，美国将俄罗斯与伊朗、朝鲜相提并论，将其视为美国敌人，出台《以制裁反击美国敌人法》，加大对俄罗斯及与俄罗斯开展业务的非美国人的制裁力度。截至2020年7月28日，两个我国自然人和实体因俄罗斯制裁项目而被OFAC纳入制裁名单，制裁依据即为《以制裁反击美国敌人法》。

---

① 2016年1月16日，伊核协议正式执行后，上述3家企业被从NS-ISA名单中移除。
② 均为中国台湾地区的自然人和实体。

3. 防止大规模杀伤性武器扩散始终是美国对我国自然人和实体进行经济制裁的最主要原因

2001年以后，美国经济制裁有两大重心，一是打击恐怖主义，二是防止大规模杀伤性武器扩散，美国对伊朗、朝鲜、叙利亚、古巴进行全面制裁主要是因为其发展大规模杀伤性武器或认定其支持恐怖主义。其中，防止大规模杀伤性武器扩散主要与伊朗、朝鲜和叙利亚相关，伊朗、朝鲜和叙利亚发展大规模杀伤性武器，美国认为这对美国及其重要盟友的安全构成了重大威胁。被OFAC纳入制裁名单的我国自然人和实体主要与美国防止大规模杀伤性武器扩散制裁项目相关。自2001年至2020年7月28日，有51个我国自然人和实体因大规模杀伤性武器扩散制裁项目而被OFAC纳入制裁名单，占所有被OFAC制裁的我国自然人和实体总数的1/3左右。

（三）值得关注的问题

1.与被纳入制裁名单中的我国自然人和实体①开展业务可能面临美国制裁风险

如前所述，截至2020年7月28日，有59个自然人、94个企业、1个军事部门、1个公安部门被OFAC纳入制裁名单。根据美国经济制裁政策，未被OFAC纳入制裁名单的我国自然人和实体与上述被纳入制裁名单中的我国自然人和实体开展业务，可能存在经济制裁风险。一是初级制裁风险，即与上述自然人和实体开展业务时，如果交易有美国因素卷入，则未被OFAC纳入制裁名单的我国自然人和实体存在被美国政府处罚的风险；二是次级制裁风险，在上述自然人和实体中，有65个自然人和实体，如果未被OFAC纳入制裁名单的我国自然人和实体与其进行交易，交易为有意为之且构成重大，即使交易没有美国因素卷入，

---

① 包括其拥有和控制的企业，根据SDN50%规则，SDN名单上的个人和实体直接或间接、单独或合计拥有50%以上所有权的实体"被视为在SDN名单中"（但不在SDN上），美国人不得与其开展业务，且需冻结其资产。

也可能被美国政府纳入制裁名单。美国政府的上述行径是霸权主义和强权政治的集中表现，严重违反了国际法，但美国制裁风险客观存在，需要我们正视并积极应对。

2.被纳入制裁名单中的我国自然人和实体如何救济

自然人和实体如果被OFAC纳入制裁名单，特别是SDN名单，将会面临灾难性的后果。2018年4月6日，俄罗斯铝业被OFAC纳入SDN名单。2018年4月9日，被纳入SDN名单后的第一个交易日，俄罗斯铝业在香港联交所交易的股票出现断崖式的下跌，跌幅达50.43%。自被纳入SDN名单以后，俄罗斯铝业一直在展开自救，如积极与OFAC沟通，希望能够通过改组董事会、调整股权结构的方式，赢得美国财政部的认可。2019年1月27日，美国财政部将俄罗斯铝业从SDN名单中移除。可以预计，未来会有也来越多的我国自然人和实体被纳入制裁名单，在其被纳入制裁名单以后如何救济，将是我们面临的重大挑战。在第四章中，笔者将系统性的介绍美国经济制裁救济机制。

3.涉俄罗斯、伊朗业务面临的经济制裁风险

如前所述，美国对我国自然人和实体的制裁力度受国际局势的深刻影响。目前，美国和伊朗关系仍在恶化，美俄关系暂无好转的迹象。2018年11月5日，美国全面重启针对非美国人从伊朗进口原油的次级制裁，2019年5月2日，美国政府决定不给我国企业从伊朗进口原油的豁免。为震慑其他国家的企业，美国政府又一次拿我国企业"祭旗"，制裁从伊朗进口原油的珠海振戎、中国远洋的两家子公司[①]。涉俄罗斯业务也存在类似风险，同样是从俄罗斯进口S400防空导弹，截至2020年7月28日，印度和土耳其尚没有自然人或机构被美国纳入制裁名单。

---

① 2020年1月31日，其中的一家子公司被OFAC从SDN名单中移除。

三、2003—2017年OFAC经济制裁处罚分析[①]

作为美国经济制裁政策的主要执行机构，OFAC为维护美国国家安全和国家利益，对被认定违反美国经济制裁政策的美国人及非美国人进行民事处罚。从2003年1月1日至2017年12月31日，OFAC网站共公布处罚案例891起，处罚总金额43.475亿美元。2017年3月7日，OFAC首次对我国企业进行重罚。随着我国企业"走出去"的步伐不断加快，我国企业被OFAC处罚的可能性也在加大。笔者对OFAC网站上公布的2003—2017年所有处罚案例进行整理分析，旨在剖析OFAC处罚的内在规律。

（一）相关说明及基本情况

1.相关说明

OFAC网站上公布的2003—2008年处罚数据并不完整，各年份数据格式也不统一，处罚金额相对于2009—2017年过少，尤其是很少涉及非美国人，而我们的研究重心在OFAC对非美国人的处罚方面，因此，对于2003—2008年的数据，仅进行处罚数量和金额上的分析。对于OFAC网站上公布的2009—2017年处罚数据，将从处罚数量、处罚金额、被处罚企业所在国家、被处罚企业所处行业、所涉及的制裁项目、受罚原因以及是否进行主动披露等维度进行分析。

2.基本情况

（1）2003年至2017年处罚金额概况

从2003年1月1日至2017年12月31日，OFAC做出的处罚总金额为43.475亿美元，其中2012年和2014年均超过了10亿美元。2009年是一个分水岭，2003—2008年处罚总金额仅为0.563亿美元，仅有2006年处罚金额超过千万美元，2009—2017年处罚总金额为42.912亿美元，且每年处罚金额都超过千万美元。

[①] OFAC从2003年才开始公布处罚信息，本部分的处罚金额为OFAC做出的处罚金额，不包括其他美国政府机构，如司法部、美联储做出的处罚金额。

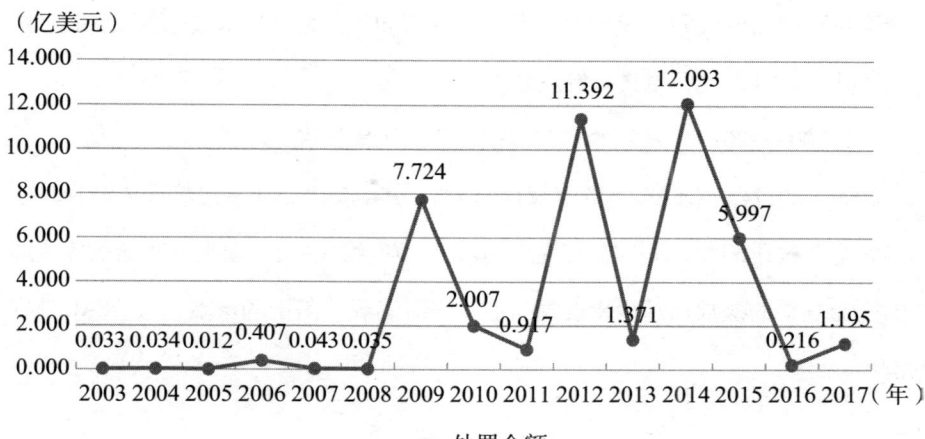

图6 2003—2017年历年处罚金额

资料来源：OFAC网站。

(2) 2003年至2017年处罚数量概况

从2003年1月1日至2017年12月31日，OFAC共做出了891起处罚，其中，2009年是一个分水岭，2003—2008年平均每年做出118次处罚，2009—2017年没有一年处罚数量超过30次，平均每年仅20次。

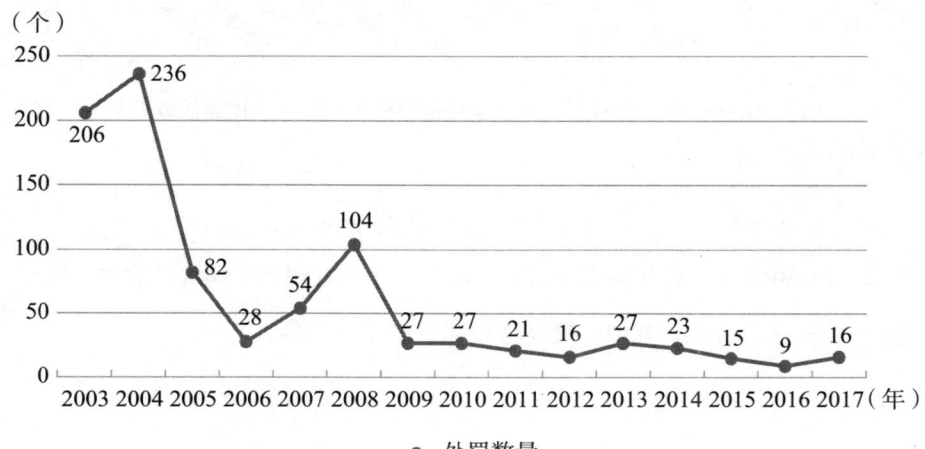

图7 2003—2017年历年处罚数量

资料来源：OFAC网站。

通过比较图6和图7，我们可以发现，从2009年开始，OFAC减少了处罚次数，加大了处罚力度，处罚更具有针对性。

(3) 2009—2017年被罚的非美国企业所在国家情况

2009—2017年，OFAC共做出181次处罚，其中美国企业及自然人被罚142次，非美国企业被罚39次，分布在英国、加拿大、荷兰、法国、瑞士等19个国家。非美国企业被罚的次数远远少于美国企业，没有出现非美国的自然人被OFAC处罚的情形。

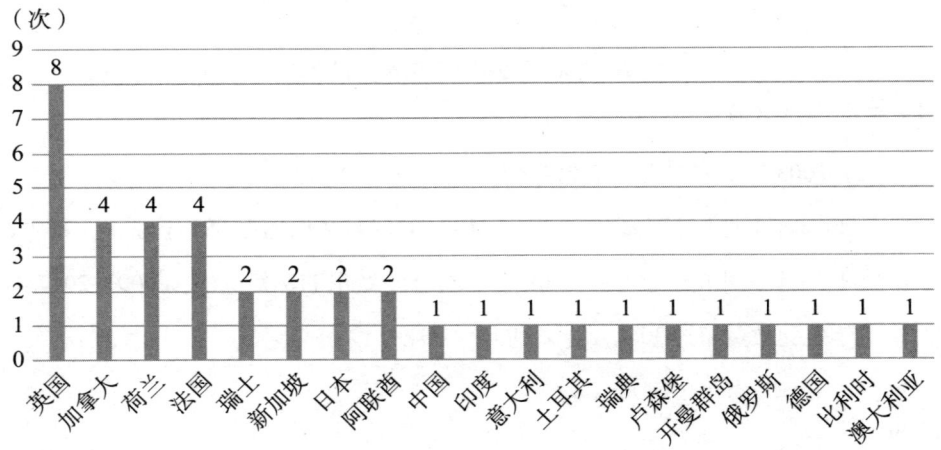

图8　2009—2017年被罚的非美国企业所在国家分布（按照数量排序）
资料来源：OFAC网站。

(4) 2009—2017年被罚的非美国企业所处行业情况

2009—2017年，有39家非美国企业被罚，分布在银行、能源、航空、通信、证券期货等14个行业，其中，银行有19家，占了近一半。

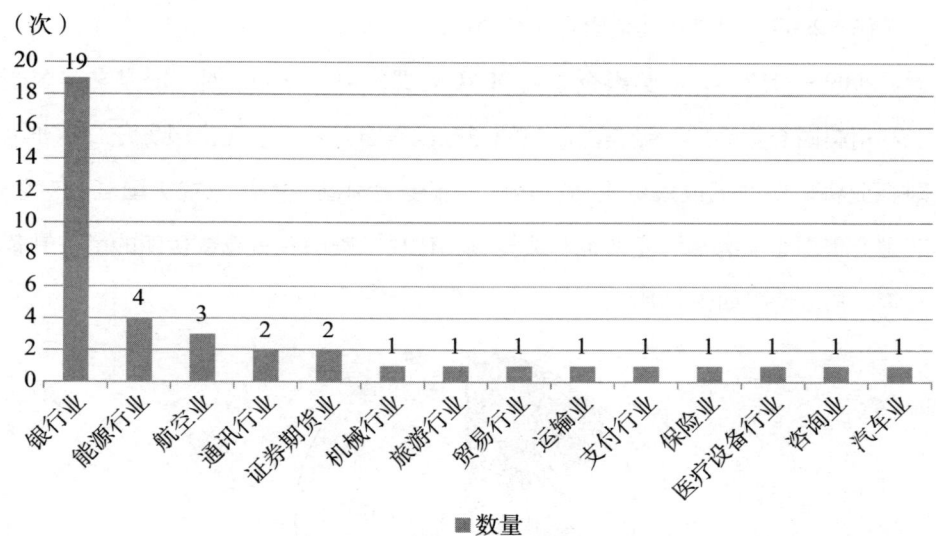

图9　2009—2017年被罚的非美国企业所处行业分布情况（按照数量排序）
资料来源：OFAC网站。

(5) 2009—2017年非美国企业被罚所涉及的制裁项目

2009—2017年，非美国企业被罚涉及伊朗、古巴、苏丹、缅甸、利比亚等10个制裁项目，主要集中在伊朗、古巴、苏丹、缅甸等4个制裁项目。

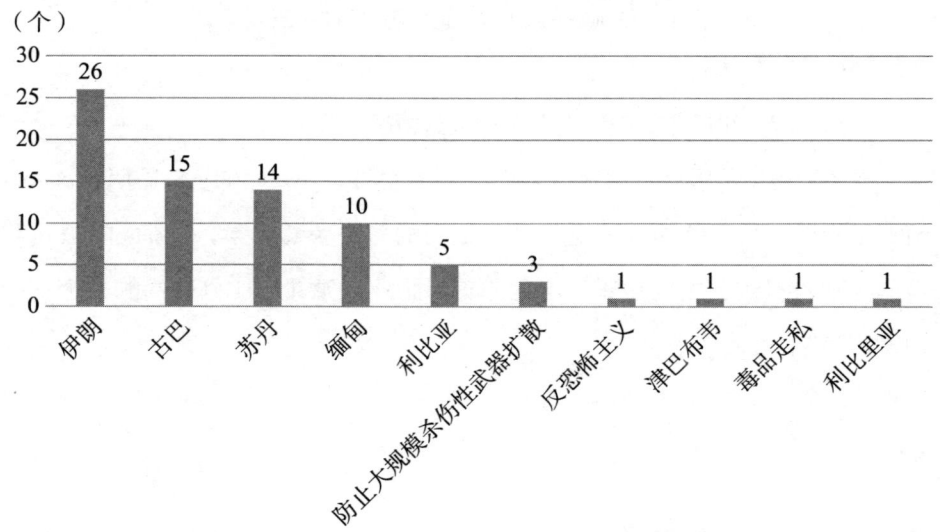

图10　2009—2017年非美国企业被罚涉及的制裁项目
资料来源：OFAC网站。

(6) 2009—2017年非美国企业被罚原因

2009—2017年，非美国企业被OFAC处罚的原因分为三种：一是非美国企业利用美国金融系统为受美国制裁的国家或美国制裁对象提供服务；二是非美国企业将美国产品或服务出口、转出口到受美国制裁的国家或美国制裁对象；三是非美国企业为美国企业拥有或控制，违反了美国对古巴或伊朗的经济制裁政策。具体情况如图11所示：

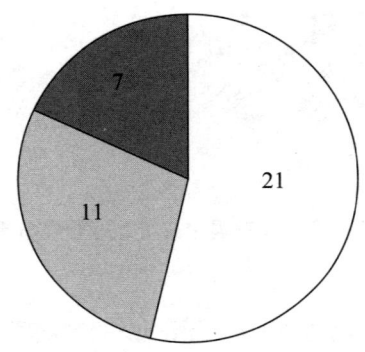

□ 非美国企业利用美国金融系统为受美国制裁的国家或美国制裁对象提供服务
▨ 非美国企业将美国产品或服务出口、转出口到受美国制裁的国家或美国制裁对象
■ 非美国企业为美国企业拥有或控制，违反了美国对古巴或伊朗的经济制裁政策

图11　2009—2017年非美国企业被罚原因

资料来源：OFAC网站。

(7) 2009—2017年非美国企业主动披露情况

被认定违反美国经济制裁政策的企业主动披露（Voluntary Self-Disclosure）情况是OFAC是否处罚以及是否减轻处罚的重要考量因素，近6成的被罚非美国企业没有进行主动披露，这是非美国企业被重罚的比例较高的一个重要因素。

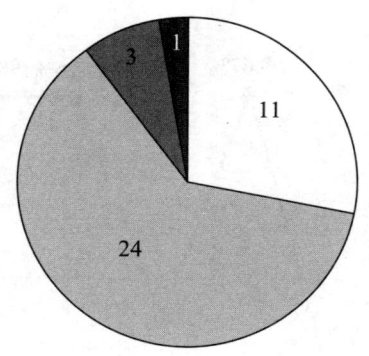

□ 是　　■ 否　　■ 部分是，部分否　　■ 未说明

图12　2009—2017年非美国企业主动披露情况

资料来源：OFAC网站。

3.相关分析

通过分析2009—2017年OFAC对非美国人的处罚数据，我们可以从中窥见一些有意思的规律或现象。

（1）非美国企业是OFAC主要处罚对象

2009—2017年，被罚的美国人（含企业）数量达到了142个，非美国企业仅有39个。然而，在处罚金额方面，被罚金额前10名的企业没有一家美国企业，被罚金额超过1000万美元的18家企业中，美国企业仅有3家。这九年中，非美国企业被罚了40.158亿美元，美国企业仅被罚了2.754亿美元，其中，有六年非美国企业被罚金额占比超过了95%。通过上述分析，可以看出，虽然有更多的美国企业被罚，但非美国企业被重罚可能性更大，如图13所示。

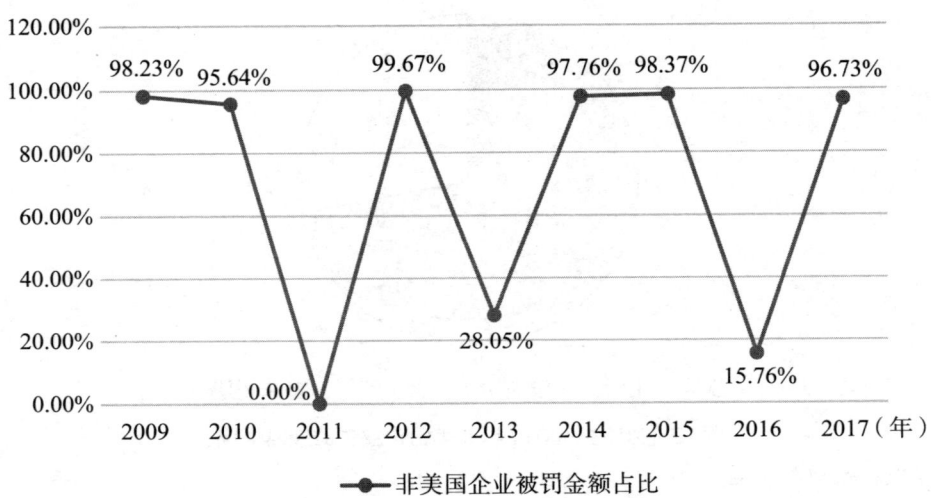

图13　2009—2017年非美国企业被罚金额占比

资料来源：OFAC网站。

（2）与受制裁国家之间的业务往来是非美国企业被罚的主要原因

如图10所示，2009—2017年，非美国企业被罚主要涉及伊朗、古巴、缅甸和苏丹等4个制裁项目，伊朗、古巴、缅甸和苏丹现在或曾经是美国全面制裁的国家。2009—2017年，非美国企业被罚尚未涉及朝鲜和俄罗斯，主要是因为OFAC处罚具有一定的滞后性，可以预见，未来几年会有非美国企业因朝鲜、俄罗斯业务而被OFAC处罚。

（3）银行业是OFAC处罚的重灾区

如图14所示，2009年-2017年，有19家非美国银行被OFAC处罚，占被罚的非美国企业的数量近一半，另有17家美国的银行被罚，包括花旗银行、富国银行、摩根大通银行和美国银行。从罚款金额上来看，被罚金额排名前十的企业均为银行，19家非美国银行被罚了38.23亿美元，占非美国企业被罚总金额的95.19%。

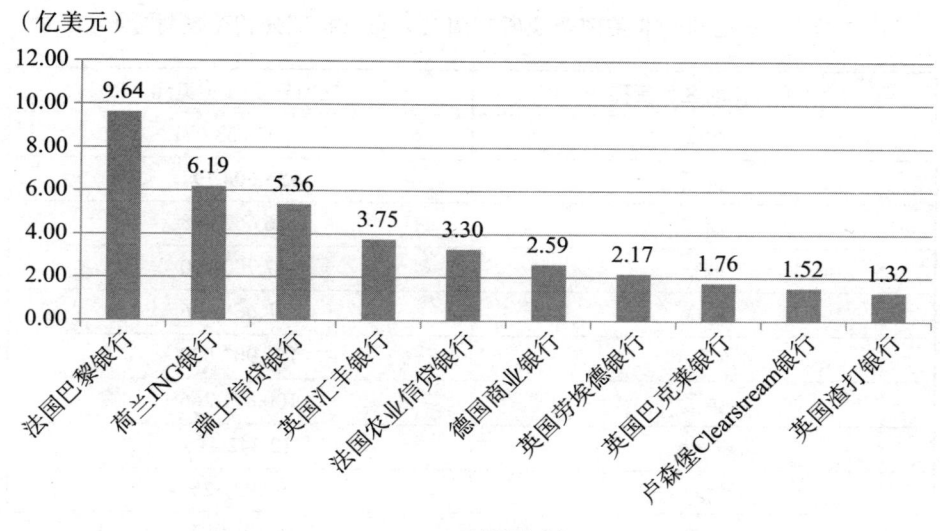

图14 2003—2017年被罚金额排名前十的企业

资料来源：OFAC网站。

（4）企业被罚可能性与其国际化程度正相关

如图8所示，被罚的非美国企业主要分布在英国、加拿大、荷兰、法国、瑞士、新加坡、日本、阿联酋、意大利、瑞典、卢森堡、德国、比利时等发达国家以及中国、印度、俄罗斯、土耳其等主要的发展中国家，这些国家对外开放程度相对较高，国际化的企业相对比较多，与美国的关联比较多，就比较容易触碰美国经济制裁政策。例如，众多国际性大行被重罚，我国唯一被OFAC处罚的企业中兴通讯[①]就是一家国际化程度非常高的企业。我们可以看到，很多美国盟国的企业被OFAC重罚，英国的企业被OFAC罚的数量最多，法国的企业被OFAC罚的金额最大，如表6所示。

---

① 烟台杰瑞被罚的时间为2018年12月。

表6 被处罚的非美国企业所在国家分布（按照处罚金额排序）

国家（地区）名称	处罚总金额（美元）
法国	1,293,833,071
英国	935,608,197
荷兰	676,662,698
瑞士	537,700,100
德国	258,660,796
卢森堡	151,902,000
中国	100,871,266
新加坡	12,442,416
俄罗斯	9,492,525
日本	8,801,014
意大利	2,949,030
阿联酋	2,355,000
加拿大	1,141,598
澳大利亚	855,000
土耳其	750,000
开曼群岛	304,706
比利时	204,277
瑞典	125,000
印度	17,500

资料来源：OFAC网站。

上述分析主要是基于数据的分析，可能并不全面，但是也能为我们了解、掌握OFAC处罚内在规律提供一定的帮助。

四、美国政府不断强化经济制裁情报收集

对美国政府而言，经济制裁情报收集对于经济制裁政策执行至关重要。美国经济制裁情报主要有五个来源：一是根据《报告、程序和处罚条例》要求需要报送冻结交易、拒绝交易、可疑交易等信息的美国金融机构以及在美国境内

的非美国金融机构；二是被处罚、接受美国政府监督的非美国企业，主要是为国际性大银行，如汇丰银行、渣打银行等；三是美国政府内的情报收集机构，如联邦调查局（FBI）；四是新闻媒体；五是内部人举报。美国政府通过上述来源收集、积攒经济制裁情报信息，在必要时予以运用，给制裁对象或竞争对手的企业予以精准打击。下面，将结合孟晚舟女士被加拿大警方逮捕事件，简要剖析美国经济制裁情报收集来源，希望能为我国走出去的企业理解美国经济制裁政策执行机制以及应对美国经济制裁风险提供一定的指导和帮助。

2018年12月1日，华为副董事长、首席财务官孟晚舟女士在加拿大转机时，被加拿大警方代表美国政府逮捕。美国检察机关指控孟晚舟女士与他人共谋，向一些银行做出错误陈述，致使这些银行为华为开展伊朗业务提供服务，美国检察机关指控孟晚舟涉嫌欺诈犯罪[①]。2018年12月12日，加拿大法院准许孟晚舟女士保释，但孟晚舟女士需接受相应的监控，并上交护照，不得离开加拿大。截至2020年5月1日，加拿大的法院仍在审理美国方面引渡孟晚舟女士的请求。孟晚舟女士被捕再次彰显了美国的霸权主义和强权政治，同时，也体现了美国非常强悍的经济制裁情报收集能力。

孟晚舟女士被捕很突然，但实际上，西方媒体很早就盯上了华为和孟晚舟女士。早在2012年末和2013年初，路透社就报道了香港一家公司Skycom在2010年末将价值至少130万欧元受管制的惠普电脑设备卖给伊朗最大的移动通信公司。路透社还称，Skycom与华为关系密切，华为副董事长、首席财务官孟晚舟于2008年2月至2009年4月间在Skycom董事会任职[②]。2018年12月，美国司法部向加拿大方面提供的逮捕孟晚舟的依据与路透社报道的信息重合度非常高。西方部分媒体热衷于报道中国或中国企业的负面新闻，华为在国际上的影响力日益扩大，华为的任何风吹草动都可能引起西方部分媒体的广泛关注。这些媒

---

① 相关链接：https://www.justice.gov/opa/pr/chinese-telecommunications-conglomerate-huawei-and-subsidiaries-charged-racketeering。

② 相关链接：https://www.reuters.com/article/us-huawei-iran-exclusive-idUSKCN1P21MH。

体的调查、报道也就成了美国经济制裁情报的重要来源之一。

据境外媒体报道,早在2016年,美国商务部就向华为发出了行政传票,2017年FBI和美国财政部对华为涉伊朗业务进行调查。美国政府上述举动,离不开国内某家企业的"神助攻"。在美国商务部2016年披露的国内某家企业内部绝密材料中,这家企业简要介绍了国内一家F7公司如何成功规避美国出口管制,并表示F7曾经收购美国3leaf公司失败[1]。2016年,10位美国律师给美国商务部写了一封信,这10位律师根据上述信息以及媒体的报道,认定F7就是华为公司。2017年,这10位律师再次写信给美国商务部长,要求美国商务部对华为进行全面调查。在当今社会,企业间的联系日益紧密,美国政府调查、处罚部分企业时,可能掌握了其他企业的相关信息,并根据这些信息,按图索骥,对其他企业进行调查。

据境外媒体报道,在孟晚舟事件中,美国司法部派驻汇丰银行的监督人员也扮演着重要角色,该监督人员向美国政府报告了与华为账户有关的可疑交易信息,为美国政府对华为进行调查提供了证据[2]。2012年,汇丰银行被认定违反美国经济制裁和反洗钱法律法规,向美国政府缴纳了19.2亿美元的罚款,并接受美国政府的监督,如美国司法部向汇丰银行派驻监督人员,对汇丰银行的相关交易进行监控[3]。在现代社会,金融是经济的"心脏",为经济社会发展提供"血液",而银行是金融体系的核心。对于美国而言,控制好银行,尤其是控制好国际性大银行,就能有效遏制制裁对象的发展。目前,国际性大银行,除美国和我国的大银行外,几乎均被美国政府重罚。这些被罚的银行需要接受美国政府的监督,向其提供需要的信息。这些被罚的银行,自然而然,也就成了美

---

[1] 相关链接:https://telecoms.com/494049/usa-declares-war-on-huawei-with-a-bit-of-help-from-zte/。
[2] 相关链接:https://www.cnbc.com/2019/02/26/hsbc-probe-helped-lead-to-us-charges-against-huawei-cfo.html。
[3] 相关链接:https://www.justice.gov/opa/pr/hsbc-holdings-plc-and-hsbc-bank-usa-na-admit-anti-money-laundering-and-sanctions-violations。

国政府监控非银行机构的重要工具。

内部人举报也是美国经济制裁的重要情报来源。2019年2月14日，德国企业AppliChem被认定违反了美国对古巴的经济制裁法律法规，被罚了5,512,564美元，其违规行为即为员工举报[①]。美国部分政府机构实行举报奖励机制，如美国司法部、证监会等，鼓励企业员工揭发企业的不法行为。另外，美籍员工或在美国境内的员工，如参与了与美国制裁对象有关的交易，会被认定违反美国制裁法律法规，面临民事甚至刑事处罚，因此，基于自身安全考虑，其可能也会举报所在企业的不法行为。还需要说明的是，美国政府自身也有专门的机构进行经济制裁情报收集，如FBI就是美国司法部下设机构，美国司法部负责经济制裁的刑事处罚。在美国政府对华为的调查中，FBI就扮演着非常重要的角色。

总而言之，美国政府可以通过多个渠道收集、积攒经济制裁情报信息，必要时，对其计划打击的企业"一击致命"。从另外一个角度来讲，美国强大的经济制裁情报收集能力也依赖于其独一无二的综合国力、金融实力和科技实力。美国运用经济制裁来维护国家利益已有一百年，积攒了丰富的经验，知道如何利用其优势地位。目前，美国运用经济制裁这一工具已经到了炉火纯青的地步。对此，力求走出去的我国企业，必须高度警惕，不能抱有侥幸心理，应踏实、认真、深入地研究美国经济制裁政策，审慎应对美国经济制裁风险。

[①] 相关链接：https://www.treasury.gov/resource-center/sanctions/CivPen/Documents/20190214_applichem.pdf。

第三章

美国主要经济制裁项目

截至 2020 年 7 月 25 日，OFAC 负责管理了 34 个制裁项目。这些制裁项目主要和区域相关，如巴尔干相关制裁项目、伊朗制裁项目、古巴制裁项目、叙利亚制裁项目等，还有部分制裁项目和特定事项相关，如反恐怖主义制裁项目、网络相关制裁项目、反大规模杀伤性武器扩散制裁项目等。在所有这些与区域相关的制裁项目中，美国对伊朗的制裁力度最大，对古巴的制裁遭受国际社会的批评和抵制最多，对俄罗斯和委内瑞拉的制裁项目体现了美国制裁的新趋势和灵活性。需要特别说明的是，很多与区域相关的制裁项目属于定向制裁，也就是说，只是制裁与这些区域相关的部分自然人或实体，而非完全禁止与这些区域相关的交易。比如白俄罗斯制裁项目，美国制裁法律法规并不是禁止美国人开展与白俄罗斯有关的任何业务，而只是禁止美国人开展与被纳入 SDN 名单中的白俄罗斯自然人和实体相关的业务。

第一节　美国对伊朗的经济制裁

在美国所有经济制裁项目中，美国对伊朗的经济制裁最为严厉，主要表现为：伊朗属于美国全面制裁的国家，未经许可或未有例外规定，美国人不得开展与伊朗有关的任何业务，且需要冻结与伊朗相关的款项；美国对开展部分伊朗业务的非美国人进行域外制裁，我国部分企业，如昆仑银行、珠海振戎等，因开展部分伊朗业务而被美国政府[①]纳入制裁名单；美国政府对非美国人开展部

[①] 本书中的美国政府均为狭义上的美国政府，即美国行政机关，不包括美国立法机关和司法机关。

分伊朗业务进行重罚，如法国巴黎银行、中兴通讯等。鉴于伊朗是"一带一路"沿线的重要国家，我国企业与伊朗存在广泛的经贸往来，特别是，我国每年从伊朗进口大量原油。因此，我们需要熟悉、理解美国对伊朗制裁项目，有效应对开展伊朗业务可能面临的美国经济制裁风险。

一、美国对伊朗经济制裁的缘起和演进

美国对伊朗经济制裁的源起、演进与伊朗人质危机、美国认定伊朗政府支持恐怖主义、认定伊朗政府破坏地区稳定和侵犯人权以及伊朗发展核武器和导弹紧密相关。

（一）20世纪七八十年代美国对伊朗的经济制裁

美国对伊朗的经济制裁源于1979年11月发生的伊朗人质危机。1979年11月4日，伊朗大学生闯入并占领美国驻伊朗大使馆，66名美国外交官和平民被扣留为人质。1979年11月14日，卡特总统根据《国际紧急经济权力法》和《国家紧急法》的授权，宣布美国进入紧急状态，并签发了12170号行政命令，要求冻结伊朗政府、伊朗中央银行及其所控制的企业处在美国司法管辖范围内的资产；同日，美国财政部OFAC出台《伊朗资产控制条例》，落实12170号行政命令。至此，已持续40年的美国对伊朗经济制裁拉开了序幕。1980年4月7日，美国和伊朗断绝外交关系，美国与伊朗关系持续恶化。1980年4月17日，卡特总统签发12205和12211号行政命令，对伊朗施行全面贸易禁运。1981年1月19日，美国和伊朗达成《阿尔及尔协议》，美国解冻伊朗政府的资产，取消对伊朗的全面贸易禁运，伊朗则释放美国全部人质。1981年1月23日，卡特总统签发12276至12282号等7项行政命令，落实《阿尔及尔协议》的约定。

1984年1月19日，美国国务院将伊朗纳入支持恐怖主义的国家名单[①]。根据

---

① 相关链接：https://www.state.gov/state-sponsors-of-terrorism/。

美国《出口管制法》《武器出口管制法》和《对外援助法》，美国政府针对支持恐怖主义的国家的制裁措施主要有：限制向其提供援助；禁止向其出口武器；限制向其提供军民两用物资；多种形式的金融制裁和其他限制，如阻挠世界银行以及其他国际金融组织向其提供贷款、支持恐怖主义受害者家庭在美国法院提起民事诉讼要求其政府赔偿、禁止美国公民参与与其政府相关的金融交易[①]等。1987年10月29日，因认定伊朗支持恐怖主义，里根总统根据《国际安全与发展合作法（1985）》的授权，签发12613号行政命令，限制从伊朗进口产品和服务，同日，美国财政部OFAC出台《伊朗交易条例》[②]，落实12613号行政命令的要求。

（二）20世纪90年代美国对伊朗的经济制裁

因认定伊朗支持恐怖主义和发展核武器，1995年3月5日、5月7日和8月20日，克林顿总统先后签发了12957、12959和13059号行政命令，逐步加大对伊朗的经济制裁力度。12957号行政命令限制美国人参与伊朗石油开发项目。12959号行政命令大幅度扩大对伊朗制裁范围：一是对伊朗进行全面贸易禁运；二是禁止美国企业的海外子公司为伊朗业务提供便利；三是禁止美国人将源自美国的产品和技术转出口到伊朗。13059号行政命令进一步澄清了前述两个行政命令的相关要求。

在美国政府不断加大对伊朗经济制裁力度的同时，美国国会开始直接参与对伊朗的经济制裁。1996年8月5日，克林顿总统签发《伊朗和利比亚制裁法（1996）》（Iran and Libya Sanctions Act of 1996）[③]。《伊朗和利比亚制裁法（1996）》适用于世界上的所有人，包括非美国人，开了美国经济制裁次级制裁的先河，引发了美国与其他国家的广泛冲突，如欧盟、法国与美国就法国道达尔石油公司投资伊朗油气资源而与美国发生的冲突。《伊朗和利比亚制裁法（1996）》禁止非美

---

① 相关链接：https://www.state.gov/state-sponsors-of-terrorism/。
② 《伊朗交易条例》是《伊朗交易与制裁条例》的前身。
③ 该法另一名称为《达马托法》，2006年，该法不再授权美国总统对利比亚进行制裁，名称相应调整为《伊朗制裁法（1996）》（Iran Sanctions Act of 1996）。

国人对伊朗和利比亚石油行业进行重大投资（超过4000万美元），否则，美国政府将对其进行次级制裁。虽然克林顿总统签发了《伊朗和利比亚制裁法（1996）》，但是其与美国国会在对伊朗经济制裁域外适用方面存在争议，其充分利用《伊朗和利比亚制裁法（1996）》给予美国总统的豁免权，豁免《伊朗和利比亚制裁法（1996）》对美国盟友的适用。在《伊朗和利比亚制裁法（1996）》签发后的14年内，美国政府从未依据《伊朗和利比亚制裁法（1996）》对非美国人进行制裁[1]。

（三）奥巴马担任总统时期美国对伊朗的经济制裁

奥巴马总统在上任伊始，对伊朗采取接触政策，希望改善与伊朗的外交关系。然而，因伊朗在发展核武器方面取得重大进展，在美国国内各种压力之下，奥巴马不得不调整对伊朗政策，于2010年7月1日签发了《伊朗全面制裁、责任和撤资法（2010）》。不同于《伊朗制裁法（1996）》，美国政府积极落实《伊朗全面制裁、责任和撤资法（2010）》的相关要求，OFAC于2010年8月16日，出台了《伊朗金融制裁条例》。该条例要求美国金融机构不得为参与特定可受制裁活动的非美国金融机构开立代理账户（Correspondent Account）或者通汇账户（Payable-through Account）。

随后，奥巴马总统签署了一系列伊朗制裁相关法律，包括2011年11月31日签署的《2012财年国防授权法》、2012年8月10日签署的《伊朗威胁消减及叙利亚人权法》、2013年1月2日签署的《伊朗自由和反扩散法》等，不断扩大对伊朗制裁力度和范围。值得关注的是，这些法律主要针对与伊朗开展业务的非美国人，前述法律授权美国总统可以对非美国人开展与伊朗有关的部分业务进行次级制裁。此外，美国政府还积极推动欧盟和联合国加大对伊朗的制裁力度，并对非美国人，而是非美国银行，开展与伊朗有关的业务进行重罚。

---

[1] MEREDITH RATHBONE, PETER JEYDEL and AMY LENTZ, Sanctions, Sanctions Everywhere: Forging a Path through Complex Transnational Sanctions Laws, Georgetown Journal of International Law, 2013, vol.44, p1055-1126.

在加大对伊朗制裁力度的同时，美国也在积极与伊朗就伊朗核问题进行谈判。2013年11月24日，美国、中国、俄罗斯、德国、法国、英国等六国就伊朗核项目与伊朗达成了《联合行动计划》(Joint Plan of Action, JPOA)，《联合行动计划》于2014年1月20日正式执行。根据《联合行动计划》的约定，伊朗政府暂时搁置伊朗核项目，美国政府暂时搁置针对非美国人的、与伊朗部分行业有关的次级制裁[①]，包括伊朗石化产品出口、汽车行业、黄金和贵金属行业、伊朗原油出口、伊朗民用航空行业等。

2015年7月14日，美国、中国、俄罗斯、德国、法国、英国与伊朗达成了《联合全面行动计划》(Joint Comprehensive Plan of Action, JCPOA)。在JCPOA正式执行（2016年1月16日）后，美国政府将搁置并寻求努力最终取消针对非美国人的、与伊朗核相关的次级制裁，并将200多个伊朗自然人和实体从SDN名单中移除。需要说明的是，奥巴马总统只是利用涉伊朗制裁法律授予其的豁免权，暂时搁置了与伊朗核相关的次级制裁，美国国会并没有废止针对伊朗的制裁法律，因此，如果新上任的美国总统对JCPOA不满，则可以不使用总统的豁免权，根据美国对伊朗制裁法律的规定，美国将重启针对非美国人的、与伊朗核相关的次级制裁。另外，JCPOA只是搁置与伊朗核相关的次级制裁，未经许可或未有例外规定，美国人仍不得开展与伊朗有关的任何业务，同时，美国仍保留针对伊朗政府侵犯人权和发展导弹的制裁措施。

（四）特朗普担任总统时期美国对伊朗经济制裁

在奥巴马总统的第二个任期，美伊关系得到极大改善，奥巴马总统将伊核协议视为其任期内最重要的"外交遗产"。然而，如前所述，因美国对伊朗的制裁法律没有废止，新上任的特朗普总统可以随时重启针对非美国人的、与伊朗

[①] 鉴于针对非美国人的初级制裁仍然存在，在《联合行动计划》搁置次级制裁期间，非美国人开展与上述行业有关的业务，仍不能有任何美国因素卷入，如不能使用美元、美国人不得参与等。

核相关的次级制裁。

1. 特朗普政府重启与伊朗核相关的次级制裁

2018年5月8日，在联合国安理会证实伊朗已完全履行伊核协议的情况下，美国总统特朗普完全不顾中国、俄罗斯、英国、法国、德国等国的反对，宣布美国退出伊核协议。并要求美国国务院、财政部等机构重启与伊朗核相关的次级制裁。根据特朗普总统的要求，美国财政部OFAC针对伊朗不同行业分两次重启与伊朗核相关的次级制裁，一次是90天后，即2018年8月6日后，另一次是180天后，即2018年11月4日后；在重启次级制裁之前，非美国人有一定的宽限期（2018年5月8日至8月6日以及5月8日至11月4日）了结（Wind Down）在次级制裁搁置期间开展的、此时仍未了结的业务。另外，OFAC不晚于2018年11月5日将13599名单中的伊朗自然人和实体转移至SDN名单。特朗普总统执意退出伊核协议，体现了其"美国优先"（American first）的主张，损害了美国作为谈判对手、合作伙伴的可信度。另外，美国政府要求非美国人在宽限期内（90或180天）退出伊朗市场，否则，将对非美国人进行次级制裁，再次彰显美国霸权主义和强权政治的本色。美国政府重启对与伊朗核相关的次级制裁，对我国企业已开展的、未了结的伊朗业务造成极大困扰，同时也使我国企业之后开展伊朗业务面临严峻的经济制裁风险。

2018年8月6日，美国政府于2018年5月8日给予非美国人开展伊朗业务的第一个阶段的豁免到期，美国总统特朗普签发重新对伊朗进行经济制裁的13846号行政令。根据13846号行政命令，美国政府重启的与伊朗核相关的第一轮次级制裁于2018年8月7日凌晨正式生效。此外，13846号行政命令还进一步明确了将于2018年11月5日生效的第二轮次级制裁措施，并扩大了对针对非美国人的、开展与伊朗有关业务的次级制裁领域。13846号行政命令扩大的次级制裁领域主要包括：（1）对与因开展伊朗业务被纳入SDN名单的第三国企业进行业务往来的其他第三国企业进行次级制裁。为进一步遏制第三国（非美国、非伊朗的其他国家）与伊朗的经贸往来，13846号行政命令不但针对直接与伊朗企业进行业务往来的第三国企业，还针对与因开展伊朗业务被纳入SDN名单的第三国企业进行业务往来的其他第三国企业。也就是说，如果第三国企业甲因开展伊朗业务被纳入SDN名单，第三国企业乙与甲进行业务往来，美国政府都可能对乙进行冻结制裁或账户制裁。(2)对参与伊朗石油、石化行业相关的特定重大交易的第三国企业的高管进行制裁。为进一步限制第三国企业开展与伊朗石油、石化行业相关的业务，13846号行政命令将矛头指向了参与伊朗石油、石化行业相关的特定重大交易的第三国企业的高管，授权美国国务院对上述高管进行菜单式制裁，包括签证限制、资产冻结等。此外，13846号行政命令还明确，如果第三国企业参与伊朗石油、石化行业相关的特定重大交易，美国政府将限制美国人购买该企业的股票和债券。

2.特朗普政府通过经济制裁对伊朗进行极限施压

2019年和2020年上半年，特朗普政府动作频频，通过经济制裁对伊朗进行极限施压，主要表现为：2019年4月15日，美国国务院将伊朗伊斯兰革命卫队列为外国恐怖组织（Foreign Terrorist Organization），这是美国首次将一国的国家武装力量列为外国恐怖组织；2019年5月8日，特朗普总统签发13871号行政命令，对伊朗除石油外的最重要外汇来源——金属行业施加新的制裁；2019年6月24日，特朗普总统签发13876号行政命令，对伊朗最高领袖哈梅内伊及其办公室进行制裁，将伊朗最高领袖哈梅内伊纳入SDN名单；2019年9月20日，因认定伊朗中央银行、伊朗主权财富基金为伊朗革命卫队及黎巴嫩真主党提供巨额的资金支持，美国财政部将其纳入SDN名单；2020年1月10日，特朗普总统签发13902号行政命令，13902号行政命令针对的是伊朗建筑、采矿、制造和纺织行业。除了直接针对伊朗关键行业和高级官员，2019年和2020年上半年，特朗普政府还将很多开展伊朗业务的第三国企业纳入SDN名单，包括中国远洋的两家子公司[①]、珠海振戎等中国企业。另外，2019年5月2日后，特朗普政府不再给予

---

① 2020年1月31日，美国财政部将其中一家子公司从SDN名单中移除。

中国大陆、中国台湾、印度、意大利、日本、韩国、希腊和土耳其等8个国家和地区从伊朗进口原油的豁免。

二、美国针对非美国人的、与伊朗相关的主要制裁措施

为实现对伊朗的全方面围剿，美国不但全面禁止美国人开展与伊朗相关的业务，还限制非美国人开展与伊朗有关的部分业务，主要表现在伊朗相关的初级制裁和次级制裁。

（一）与伊朗相关的初级制裁

美国对伊朗进行全面贸易禁运，未经许可或未有例外规定，美国人不得开展与伊朗有关的任何业务。对于非美国人而言，如开展伊朗业务，则不能有任何美国因素卷入，否则，可能面临美国的初级制裁。在一般情况下，美国因素主要表现为美元、美国技术、美国产品、美国人等。近些年来，很多国际性大企业因伊朗业务遭受美国的初级制裁。初级制裁的主要方式是民事和刑事处罚，这在《国际紧急经济权力法》中有明确规定。非美国企业因开展伊朗业务而被美国政府进行初级制裁主要分为以下两种情形：

一是因进行与伊朗有关的美元汇款而被OFAC重罚。因进行与伊朗有关的美元汇款是非美国企业被OFAC处罚的最主要原因，很多国际性大行，如渣打银行、汇丰银行、法国巴黎银行、瑞士信贷银行等，均因此而遭受巨额罚款。在2017年之前，没有非金融企业因此而被OFAC罚款。2017年7月27日，一家新加坡公司CSE TransTel（主要业务是为石油天然气行业提供通信设备）通过其在银行的美元账户（隐藏与伊朗有关的信息）向伊朗相关方进行104笔美元汇款而被OFAC处以12,027,066美元的罚款。CSE TransTel是第一个因使用美元向美国制裁对象进行汇款而被OFAC处罚的非金融企业，这对非金融企业是一个重大警示，这也意味着非金融企业向美国制裁对象进行美元汇款，不仅仅存在款项被冻结的风险，还存在被美国政府重罚的风险。

二是因将美国产品、技术、服务转出口到伊朗而被OFAC重罚。2014年6月5日，一家荷兰航空服务公司Fokker Services B.V未经许可，将产自美国或在美国维修过的飞机零部件转运至伊朗和苏丹，被OFAC处以50,922,208美元的罚款，另被美国商务部处以1050万美元的罚款。将美国的产品、技术转出口至美国制裁对象，通常也会被认定违反美国的出口管制政策，被美国商务部重罚。

在开展伊朗业务时，如何确保没有美国因素卷入，对于非美国企业，特别是跨国企业而言，是一项重大挑战。因此，部分非美国企业基于审慎考虑，或基于成本收益权衡，完全退出伊朗市场。

（二）与伊朗相关的次级制裁范围

美国针对非美国人的、与伊朗相关的次级制裁可以分为两个部分：一部分为与伊朗核相关的次级制裁，另一部分为与伊朗核不相关的次级制裁。其中，美国认定伊朗发展核武器严重影响到美国国家利益，伊朗核能力是美国的眼中钉、肉中刺，所以，与伊朗相关的次级制裁主要是与伊朗核相关的。

1. 与伊朗核相关的次级制裁范围[①]

截至2020年5月1日，非美国人在与美国没有连接点的情况下开展与以下活动相关的业务，可能会遭受美国次级制裁：

（1）伊朗政府购买美元现钞；

（2）伊朗黄金或贵金属贸易；

（3）伊朗石墨、金属原材料或半成品（如铝、钢、煤炭）以及工业软件交易；

（4）买卖伊朗货币里亚尔；

（5）购买、发售伊朗主权债券或为发售提供便利；

（6）伊朗汽车行业；

（7）伊朗港口运营、船运、造船等行业；

---

① 对于次级制裁范围中的伊朗各行业的界定，需要查阅相关制裁法律法规和行政命令。

(8) 伊朗石化行业;

(9) 伊朗中央银行及因《2012财年国防授权法》而被纳入制裁名单的伊朗金融机构;

(10) 伊朗能源行业;

(11) 伊朗钢铁、铝和铜业;

(12) 伊朗建筑业、采矿业、制造业和纺织业。

2.与伊朗核无关的次级制裁范围

截至2020年5月1日,非美国人开展与以下活动相关的业务,可能遭受美国次级制裁:

(1) 交易涉及伊朗革命卫队及其官员、代理人和附属公司;

(2) 交易涉及SDN名单中的伊朗人和实体;

(3) 为伊朗军事、导弹项目提供物资;

(4) 交易与伊朗大规模杀伤性武器扩散相关。

美国针对非美国人、与伊朗相关的次级制裁分布在多个法律和行政命令中,美国总统可以根据需要使用制裁法律给予其的豁免权,也可以新增或废止行政命令,以调整对非美国人的次级制裁,因此,不同时间节点的次级制裁会有很大不同。在工作中,需要结合当时的经济制裁政策,评估所面临的经济制裁风险。

(三) 与伊朗相关的次级制裁措施

美国政府针对非美国人的、与伊朗相关的次级制裁措施主要包括:资产冻结制裁(Blocking Sanctions)、菜单式制裁和账户制裁。

1.资产冻结制裁

资产冻结制裁的方式就是将非美国人纳入SDN名单。在美国政府所有制裁措施中,纳入SDN名单是最严重的惩罚措施。考虑到被纳入SDN名单后果非常严重,美国政府将第三国企业纳入SDN名单时,相对会比较慎重,但是,仍有很多中国自然人和企业因开展伊朗业务而被纳入SDN名单,根据我们的统计,自2001年至

2018年12月31日,我国有37个自然人和企业因开展伊朗业务而被纳入SDN名单。

2.菜单式制裁

《伊朗制裁法》Sec.6授权美国总统可以对非美国人违反美国对伊朗部分制裁政策采取一系列制裁举措,主要包括:(1)禁止美国进出口银行为其提供与出口相关的担保、保险、信贷支持;(2)对其进行出口管制;(3)禁止美国金融机构为其提供任意12个月内超过1000万美元的信贷;(4)禁止其被指定为美国政府债务的一级交易商;(5)禁止其作为美国政府资金的存储机构;(6)禁止美国政府向其采购商品或服务;(7)禁止其进行与美国相关的外汇交易;(8)禁止其开展与美国相关的信贷转移或支付;(9)禁止其开展与美国相关的财产交易;(10)禁止美国人投资于制裁对象,或购买大量制裁对象的股票或债券等;(11)对被制裁企业的高管进行签证限制。美国总统可以依据相关法律,根据需要选取上述举措中的一项或多项制裁措施,对非美国人进行制裁,也就是所谓菜单式制裁[①]。2012年,珠海振戎曾因向伊朗出口成品油而被美国政府进行菜单式制裁。珠海振戎被纳入Non-SDN Iranian Sanctions Act (NS-ISA) List后,美国政府禁止美国金融机构为其提供任意12个月内超过1000万美元的信贷[②]。在2016年1月16日之前,NS-ISA名单中仅有三家企业,一家阿联酋石油公司、一家新加坡石油公司和珠海振戎。关于伊朗核问题的JCPOA正式执行(2016年1月16日)后,这三家公司均被从NS-ISA名单中移除。

3.账户制裁

账户制裁是美国政府针对非美国金融机构而采取的一种制裁手段,即美国财政部将非美国金融机构纳入561名单,严格限制或禁止美国金融机构为561名单中的非美国金融机构开立或维持代理账户或通汇账户(Correspondent or Payable-Through Account)。561名单主要是针对非美国的银行,其中,Correspondent Account是指一家银行在另一家银行开立的代理账户。另外,Payable-Through Ac-

---

① 美国可以根据需要通过修订法律对菜单式制裁中的选项进行增减,这意味着菜单式制裁中的制裁措施选项经常发生改变。

② 相关链接:https://www.treasury.gov/resource-center/sanctions/Programs/Documents/nsisanew12.pdf。

count 也是美国金融市场中特有的一种账户类型。2019年3月14日，OFAC将561名单修改为Correspondent Account or Payable-Through Account Sanctions List。截至2020年5月1日，账户制裁名单中仅有一个主体，即我国的昆仑银行[①]。

三、与伊朗原油进口相关的经济制裁

原油是伊朗最主要的出口产品，原油出口收入是伊朗主要的外汇收入来源，因此，原油出口是美国对伊朗经济制裁的重点关注领域。伊朗是中国最重要的原油进口来源地之一，我国有很多企业从事与伊朗原油进口相关的业务。美国对第三国从伊朗进口原油进行制裁，对我国企业影响非常大，需要予以特别关注。

1. 与伊朗原油进口相关的经济制裁政策

2012年7月30日，奥巴马总统签发《伊朗威胁消减及叙利亚人权法》。《伊朗威胁消减及叙利亚人权法》第202章规定，在《伊朗威胁消减及叙利亚人权法》施行90天后，如果一艘船舶从伊朗运输原油到其他国家，美国总统可以对该船的受益所有人、船东、船舶运营商以及为该船提供保险服务的非美国保险公司进行次级制裁。

2. 从伊朗进口原油的例外安排

《伊朗威胁消减及叙利亚人权法》第202章还规定，如果一个国家符合《2012财年国防授权法》1245章设定的条件，即一个国家在《伊朗威胁消减及叙利亚人权法》施行后180天内大幅度减少从伊朗的原油进口，则美国总统可以给予该国从伊朗进口原油的次级制裁豁免。2012年6月，中国、法国、德国、印度、日本等20个国家获得美国总统的豁免。

3. 从伊朗进口原油的制裁搁置

2016年1月16日，JCPOA正式执行后，奥巴马总统行使涉伊朗制裁相关法律，如《伊朗威胁消减及叙利亚人权法》《2012财年国防授权法》《伊朗自由和反扩

---

① 相关链接：https://www.treasury.gov/resource-center/sanctions/SDN-List/Pages/capta_list.aspx。

散法》《伊朗制裁法（1996）》等，给予其的豁免权，搁置针对非美国人的、与伊朗核相关的次级制裁，其中，就包括搁置了《伊朗威胁消减及叙利亚人权法》中针对非美国人从伊朗进口原油的次级制裁。

4.从伊朗进口原油的制裁重启

2018年5月8日，美国总统特朗普宣布美国退出伊核协议，不再行使涉伊朗制裁相关法律给予美国总统的豁免权，重启针对非美国人的、与伊朗核相关的次级制裁。美国政府表示，如伊朗原油进口国希望在2018年11月4日后获得从伊朗进口原油的豁免，需要在180天的缓冲期（2018年5月8日至2018年11月4日）内减少伊朗原油进口，美国相关政府部门将评估各伊朗原油进口国在缓冲期为减少伊朗原油进口所做出的努力，并根据评估结果考虑是否给予相关国家豁免。

5.美国政府给予中国大陆等八个国家和地区从伊朗进口原油6个月的豁免

2018年11月5日，美国国务卿蓬佩奥在美国国务院和财政部举办的联合新闻发布会上宣布，美国政府给予中国大陆、印度、日本、韩国、中国台湾、意大利、希腊和土耳其等8个国家和地区从伊朗进口原油的豁免。美国政府允许上述国家和地区在6个月内继续从伊朗购买一定数量的原油，具体数量没有公布。

6.美国政府不再给予中国大陆等八个国家和地区进口伊朗原油的豁免

2019年4月22日，美国白宫发表声明称，2019年5月2日后特朗普总统将不再给予中国大陆、中国台湾、印度、意大利、日本、韩国、希腊和土耳其等8个国家和地区从伊朗进口原油的豁免。2018年11月5日，在全面重启伊朗核相关的次级制裁的同时，特朗普政府给予上述8个国家和地区从伊朗进口原油的豁免，豁免期限为180天。根据美国经济制裁法律法规，2019年5月2日后，如果一国继续从伊朗进口原油，则该国的进口商，以及为该进口业务提供服务的其他企业，如银行、保险、船运企业等，将可能遭受美国的次级制裁。

7.美国政府制裁从伊朗运输原油的第三国企业

2019年5月2日后，有多个企业因从伊朗进口原油而被美国政府制裁，包括中国企业。2019年7月22日，珠海振戎因被认定从伊朗进口原油，而被美国财政部纳入SDN名单①。2019年9月25日，美国财政部将5家中国企业和1家注册在英属维京群岛的企业以及上述6家企业的5位高管纳入SDN名单，因其参与或知晓从伊朗进口原油②。2020年1月23日，美国财政部将4家石化和石油企业纳入SDN名单，原因是这4家企业为伊朗石化产品和石油出口提供便利③。这4家企业包括两家位于中国香港的企业、一家位于中国上海的企业和一家位于阿联酋迪拜的企业。2020年3月19日，美国财政部将5家位于阿联酋迪拜的企业纳入SDN名单，原因也是这5家企业为伊朗石化产品和石油出口提供便利④。美国财政部长姆努钦表示，伊朗石油和石化行业是伊朗政府主要的资金来源，美国政府将继续打击和孤立那些支持伊朗政府的人。

第二节 美国对古巴的经济制裁

美国对古巴的经济制裁是持续最久的制裁项目之一，仅次于美国对朝鲜的制裁项目。美国对古巴进行全面贸易禁运，且美国对古巴的经济制裁也是执行力度最大的制裁项目之一，适用于美国人在境外拥有和控制的企业。很多美国企业以及非美国的跨国企业因美国对古巴的经济制裁而遭受处罚，如摩根大通银行、美国国际集团（AIG）、法国兴业银行、瑞士信贷等。在特朗普总统重启《赫尔姆斯-伯顿法》（*Helms-Burton Act*）第三条之后，在美国出现了相当数量的美国人针对"非法交易"（Trafficked）被古巴政府没收的（Confiscated）财产的非美国人的诉讼，对于和古巴有比较密切的贸易往来的中国企业而言，上述诉讼风险需要予以高度重视。

---

① 相关链接：https://www.state.gov/the-united-states-to-impose-sanctions-on-chinese-firm-zhuhai-zhenrong-company-limited-for-purchasing-oil-from-iran/。
② 相关链接：https://www.treasury.gov/resource-center/sanctions/OFAC-Enforcement/Pages/20190925.aspx。
③ 相关链接：https://home.treasury.gov/news/press-releases/sm885。
④ 相关链接：https://home.treasury.gov/news/press-releases/sm949。

一、美国对古巴经济制裁的缘起和演进

在 1959 年古巴革命之前，美国与古巴间的关系非常紧密，美国是古巴最大的贸易伙伴和投资来源地，美国人在古巴持有大量的资产。古巴革命后，美国与古巴间的关系急剧恶化，特别是卡斯特罗政府没收美国人在古巴的资产、古巴倒向苏联后，美国政府开始对古巴进行经济制裁。1996 年，美国总统克林顿签发《古巴自由民主巩固法》（*Cuban Liberty and Democratic Solidarity Act*），也称《赫尔姆斯 – 伯顿法》，将美国对古巴的经济制裁推向高潮。奥巴马总统在其执政的晚期，改善了与古巴的关系，在其权限内放松了对古巴的经济制裁。特朗普总统上台后，重新强化了对古巴的经济制裁。

（一）奥巴马政府之前的美国对古巴制裁政策

1960 年，卡斯特罗政府开始没收美国人在古巴的资产，美古关系日趋紧张。1962 年 2 月，肯尼迪总统依据《外国援助法（1961）》，发布了 3447 号公告，宣布美国对古巴进行全面贸易禁运。1963 年 7 月 8 日，依据《与敌国贸易法》《外国援助法（1961）》和 3447 号公告，OFAC 编撰了《古巴资产控制条例》。从 1963 年至今，《古巴资产控制条例》一直是美国对古巴最主要的经济制裁法律法规，在此期间，因美国政府多次调整对古巴政策，相应地，OFAC 对《古巴资产控制条例》也进行了多次修改。《古巴资产控制条例》要求冻结古巴政府的资产，未经许可或有例外规定，美国人不得开展与古巴有关的任何业务。需要特别注意的是，《古巴资产控制条例》适用于美国人在境外拥有和控制的企业[①]。1982 年，美国政府将古巴纳入支持恐怖主义的国家（State Sponsors of Terrorism）名单，纳入的主要原因是美国政府认定古巴政府支持拉丁美洲和非洲的社会主义革命活动。1992 年，美国国会通过了《古巴民主法（1992）》（*Cuban Democracy Act of 1992*），该法明确禁止美国财政部通过签发许可的方式授权美国人在境外拥

---

① 相关链接：https://www.law.cornell.edu/cfr/text/31/515.329。

有和控制的企业与古巴开展业务，对进入过古巴港口的船只进入美国进行限制，并对美国人向古巴汇款进行了限制。1993年7月4日，克林顿总统签发12854号行政命令，执行《古巴民主法（1992）》。1996年3月12日，克林顿总统签署了《赫尔姆斯－伯顿法》，授权美国总统对第三国企业投资古巴进行制裁，授予美国人对被古巴政府没收的资产进行追偿的权利。

（二）奥巴马政府和特朗普政府对古巴制裁政策的调整

在奥巴马总统任期的最后两年，奥巴马政府调整对古巴的外交政策，推动美国和古巴关系的正常化，如重新恢复外交关系，重开大使馆，奥巴马总统访问古巴等，并在总统权限范围内，搁置或取消了对古巴的部分制裁措施，但受限于美国对古巴的经济制裁法律，奥巴马政府对古巴经济制裁政策的调整幅度非常有限。奥巴马政府对古巴制裁政策的调整，主要体现在以下两个方面：一是2015年5月29日美国政府将古巴从"支持恐怖主义的国家"名单中移除；二是美国政府对《古巴资产控制条例》进行了多次修改，放松了美国人到古巴旅游以及美国保险公司提供相关旅游保险服务的限制，放松了美国人向古巴汇款的限制以及提供部分金融服务的限制等。不过，特朗普总统上台后，完全抛弃了奥巴马总统对古巴的外交遗产，重新收紧了美国对古巴的经济制裁，并在一定程度上强化对古巴的经济制裁，主要表现为重启《赫尔姆斯－伯顿法》第三条。

二、特朗普政府重启《赫尔姆斯－伯顿法》第三条

2019年5月2日，特朗普政府重启了搁置23年的《赫尔姆斯－伯顿法》第三条。《赫尔姆斯－伯顿法》第三条授权美国人[①]对"非法交易"被古巴政府没收的财产的任何人（含企业）提起诉讼、进行追偿。自2019年5月2日至今，美国人

---

① 此处的美国人特指1959年古巴革命后被卡斯特罗政府没收财产的美国人，包括逃到美国的古巴人以及上述人员的后裔、承继企业。

已在美国法院提起多起与《赫尔姆斯－伯顿法》第三条相关的诉讼，诉讼对象包括法国兴业银行、嘉年华邮轮公司、VISA、万事达等国际知名企业，给企业开展古巴业务带来严重威胁。

（一）《赫尔姆斯－伯顿法》出台背景、主要内容以及生效情况

苏联解体之后，古巴获得的外部援助大为减少，经济急剧衰退。在此情况下，卡斯特罗政府进行了一系列市场化改革，鼓励境外企业对古巴进行投资。到了1995年，除了国防、公共卫生和教育等行业，古巴其他行业均向境外企业开放。本来，美国政府寄希望于苏联解体后的经济困境导致卡斯特罗政府的倒台，然而，卡斯特罗政府的上述举措在一定程度缓解了古巴的经济困境，使美国希望落空。另外，卡斯特罗政府向境外企业出售古巴的资源，也损害了被卡斯特罗政府没收资产的美国人的利益。在此背景下，1996年3月12日，克林顿总统签署了《赫尔姆斯－伯顿法》，《赫尔姆斯－伯顿法》于1996年8月1日生效。

《赫尔姆斯－伯顿法》主要是通过经济手段孤立古巴。其中核心条款为第三条和第四条。第三条授予美国人对被卡斯特罗政府没收的资产进行追偿的权利，也就是说，如企业"非法交易"这些被没收的古巴资产，而这些古巴资产为1959年1月1日后被卡斯特罗政权没收的美国人的资产，则该美国人可以在美国法院对该企业提起诉讼，要求该企业赔偿损失。第四条授权美国政府不给购买、交易上述被没收资产的企业的高管、控股股东发放美国签证。不过，《赫尔姆斯－伯顿法》给予美国总统豁免权，美国总统可以基于国家利益考虑，搁置《赫尔姆斯－伯顿法》对企业的适用。

《赫尔姆斯－伯顿法》自其发布之日起，就遭到国际上的强烈谴责，甚至遭到欧盟的强烈抵制，欧盟制定了专门的阻却法，对抗《赫尔姆斯－伯顿法》的域外适用，并将美国告到了WTO。在此情况下，克林顿总统搁置了《赫尔姆斯－伯顿法》第三条、第四条对企业的适用，克林顿之后的美国总统也一再行使豁免权。虽然如此，《赫尔姆斯－伯顿法》对第三国企业投资古巴还是起到了震慑

作用，在其生效后，古巴吸引的外资大幅度减少。

（二）《赫尔姆斯–伯顿法》第三条的核心内容

《赫尔姆斯–伯顿法》第三条适用于其生效3个月后"非法交易"被没收财产的任何人（Any Person），包括中国企业。如果中国企业在《赫尔姆斯–伯顿法》第三条生效3个月后被认定"非法交易"了被没收财产，则美国人有权在美国法院提起诉讼，要求中国企业赔偿其损失。《赫尔姆斯–伯顿法》于1996年8月1日生效，对于《赫尔姆斯–伯顿法》第三条何时生效，下面提到的部分诉讼双方有不同的理解，有的原告主张1996年8月1日生效，有的被告主张2019年5月2日生效。被没收财产是指1959年1月1日后被卡斯特罗政府没收的美国人的财产。针对的"非法交易"是指《赫尔姆斯–伯顿法》第三条生效3个月后的交易行为。如果被美国法院认定"非法交易"了被没收财产，将需要承担最高可达被没收财产价值3倍的赔偿。

其中，《赫尔姆斯–伯顿法》第三条界定的非法交易的范围非常广，如果任何人在明知和有意的情况下，存在下述行为，将会被认定为非法交易：1.出售、转让、分发、分配、经纪、管理或以其他方式处置被没收财产，以及通过购买、租赁、接收、持有、获得控制、管理、使用或以其他方式获取或持有被没收财产的权益；2.参与和使用或其他受益于被没收财产有关的商业活动；3.导致、指导、参与或获益于他人非法交易被没收财产，或通过他人参与非法交易被没收财产。《赫尔姆斯–伯顿法》第三条规定了非法交易的例外行为，包括为古巴提供国际通信信号、合法的古巴旅游等。

（三）美国人依据《赫尔姆斯–伯顿法》第三条提起的诉讼情况

特朗普总统重启《赫尔姆斯–伯顿法》第三条，打开了潘多拉盒子，导致美国人对在古巴有经济利益的企业的诉讼急剧增多。其中比较典型的有哈瓦那码头公司（现为美国企业）和Garcia-Bengochea分别起诉嘉年华邮轮公司，埃克森美孚起诉古巴国有石油公司 Cimexand Unión Cuba-Petróleo，以及 Banco Nuñez 起诉法国兴业银行等案件。这些诉讼的被告，既有古巴的国有企业，又有美国的邮轮公司、法国的银行，还有德国的旅游服务公司、西班牙的连锁酒店等。诉讼所涉及的被没收财产包括被古巴政府没收的港口、银行、酒店、能源资产等。在这些诉讼中，非法交易包括使用古巴的港口、与古巴的银行进行业务往来、收购古巴的酒店等。以哈瓦那码头公司起诉嘉年华邮轮公司为例，诉由是嘉年华邮轮公司使用了哈瓦那邮轮码头（Havana Cruise Port Terminal）。1920年，哈瓦那码头公司建设了该码头，古巴革命后该码头被古巴政府没收。在奥巴马总统任期的后期，奥巴马政府放松了对古巴的旅行限制，嘉年华邮轮公司开始将该码头作为去古巴邮轮旅游的停靠港。

如前所述，《赫尔姆斯－伯顿法》第三条适用于任何人，包括中国企业，截至2020年5月1日，尚未出现美国人依据《赫尔姆斯－伯顿法》第三条起诉中国企业的案例。但考虑到中国与古巴之间的经贸往来非常密切，自2017年起，中国已成为古巴第一大贸易伙伴，而《赫尔姆斯－伯顿法》第三条非法交易的范围非常广，我们不能完全排除美国人依据《赫尔姆斯－伯顿法》第三条对开展古巴业务的中国企业提起诉讼的可能。对此，开展古巴业务的中国企业，特别是在美国设有分支机构、拥有资产的、计划在古巴投资的中国企业，必须予以足够警惕和重视。

第三节　美国对俄罗斯的经济制裁

美国对俄罗斯的经济制裁既不同于对伊朗、古巴、朝鲜等国的全面制裁，又不同于美国政府一般性的制裁项目，如对津巴布韦、白俄罗斯等国特定主体的制裁。美国对俄罗斯的经济制裁力度比全面制裁要小，但比一般性的制裁项目要大。经济制裁是战争手段的重要替代，美国对于经济制裁手段的运用已到了炉火纯青的地步，这在俄罗斯经济制裁项目中表现得尤为明显。

一、美国对俄罗斯经济制裁的缘起和演进

美国对俄罗斯的经济制裁可以分成两个阶段，分界点为2017年8月2日特朗普签署《以制裁反击美国敌人法》。《以制裁反击美国敌人法》由三部法律组成，分别为，针对俄罗斯的《反击俄罗斯在欧洲和欧亚扩大影响法》(Countering Russian Influence in Europe and Eurasia Act, CRIEE)、针对伊朗的《反击伊朗破坏地区稳定法》(Countering Iran's Destabilizing Activities Act)和针对朝鲜的《封锁朝鲜和制裁现代化法》(Korean Interdiction and Modernization of Sanctions Act)。在《以制裁反击美国敌人法》之前，美国对俄罗斯的经济制裁相对比较克制，主要限制美国人开展俄罗斯业务[①]。《以制裁反击美国敌人法》首次将俄罗斯与伊朗、朝鲜相提并论，视为美国的敌人，大幅度扩大了对俄罗斯的经济制裁力度，尤其是强化对非美国人开展涉俄罗斯业务的次级制裁。

(一)《以制裁反击美国敌人法》签署前美国对俄罗斯的经济制裁政策

美国对俄罗斯的经济制裁源于2014年初，克里米亚地区公投并寻求并入俄罗斯这一事件。2014年3月6日，奥巴马总统签署13660号行政命令，开始对俄罗斯进行经济制裁。随着克里米亚地区并入俄罗斯、乌克兰东部地区动乱不断加剧，奥巴马总统先后签发13661、13662和13685号行政命令，并签发《支持乌克兰主权、领土完整、民主、经济稳定法》(Support for the Sovereignty, Integrity, Democracy, and Economic Stability of Ukraine Act of 2014, SSIDES)和《乌克兰自由支持法（2014）》(Ukraine Freedom Support Act of 2014, UFSA)，加大对俄罗斯的制裁力度。除了在乌克兰东部叛乱和克里米亚并入俄罗斯这两个事件上存在冲突外，美国与俄罗斯在叙利亚内战、网络攻击、侵犯人权、俄罗斯

[①] 奥巴马总统在2014年签发了《支持乌克兰主权、领土完整、民主、经济稳定法》和《乌克兰自由支持法（2014）》，这两部法律授权或要求奥巴马总统对非美国人开展部分俄罗斯业务进行次级制裁，但奥巴马总统从未行使上述权力。

涉嫌干涉美国大选等方面也存在严重的冲突。为此，美国政府针对网络攻击、侵犯人权、干涉美国大选设定了 Cyber-related Sanctions 项目、Magnitsky Sanctions 项目和 Foreign Interference in a United States Election Sanctions 项目。在《以制裁反击美国敌人法》签署前，美国对俄罗斯的经济制裁措施主要包括：

1.将俄罗斯部分自然人和实体纳入 SDN 名单；

2.将俄罗斯金融、能源、国防和相关部门部分实体纳入 SSI 名单，包括俄罗斯天然气工业公司、俄罗斯储蓄银行、俄罗斯石油公司等；

3.未经许可或法律法规未有例外规定，美国人不得为俄罗斯境内的且13662号行政命令中指令4所列名的俄罗斯能源企业（在 SSI 名单中）参与的深海、北极近海以及页岩石油开采项目提供产品、技术和服务（金融服务除外）；

4.对克里米亚地区进行全面贸易制裁，未经许可或法律法规未有例外规定，美国人不得开展与克里米亚有关的任何业务。

上述经济制裁措施的适用对象是美国人以及在美国境内的非美国人，SSIDES 和 UFSA 曾授权美国总统可以或要求美国总统对非美国人开展与俄罗斯相关的部分业务进行次级制裁，奥巴马总统暂时搁置了上述授权，也未履行上述要求。

（二）《以制裁反击美国敌人法》的签署及其落实

《以制裁反击美国敌人法》之前的经济制裁措施并没有使俄罗斯按照美国的意愿改变行为，克里米亚地区至今仍为俄罗斯所控制，乌克兰东部叛乱并无平息的迹象。随着俄罗斯2015年9月直接出兵叙利亚，美国认为俄罗斯涉嫌干涉2016年美国总统大选，美俄关系进一步恶化。特朗普总统上台后，美国国会担心特朗普总统因与普京总统关系密切而会放松对俄罗斯的经济制裁。为此，美国国会一直在积极推动制定新的针对俄罗斯的经济制裁法律，一方面对俄罗斯施加新的经济制裁措施，特别是要求美国总统对非美国人开展与俄罗斯有关的部分业务进行次级制裁；另一方面防止特朗普政府减轻、搁置或豁免对俄罗斯现有经济制裁措施。虽然特朗普总统认为《以制裁反击美国敌人法》存在严重缺陷，限制了美国宪法赋予总统在外交上的权力，但因《以制裁反击美国敌人法》在美国参议院和众议院均获得压倒性的支持，特朗普总统不得不签署《以制裁反击美国敌人法》。《以制裁反击美国敌人法》大幅度扩大对俄罗斯制裁力度，主要表现在：1.要求或授权美国政府对非美国人开展与俄罗斯有关的部分业务进行次级制裁；2.扩大对俄罗斯行业制裁范围；3.限制美国总统减轻、搁置、豁免涉俄罗斯经济制裁的权力。

在特朗普总统签署《以制裁反击美国敌人法》后，美国政府部门更多的是在落实《以制裁反击美国敌人法》的具体要求。主要表现为：1.美国国务院、财政部等部门发布《以制裁反击美国敌人法》Section 231（d）List，修改指令，针对《以制裁反击美国敌人法》Section 223、226、228和233出台FAQs，针对《以制裁反击美国敌人法》Section225、231、232出台指引；2.2018年1月29日，美国财政部根据《以制裁反击美国敌人》Section 241的要求，向美国国会提交241报告，241报告列名了114位俄罗斯高官、96位净资产超过10亿美元的俄罗斯寡头，列名的标准包括与俄罗斯现行体制的关联程度、职位高低以及净资产数量；3.2018年4月6日，美国OFAC将17位俄罗斯政府高官、1家国有军火贸易公司及其控制的1家银行、7位寡头及其控制的12家企业纳入SDN名单，并再次重申美国政府可以对与SDN名单中的俄罗斯自然人或实体开展业务的非美国人进行次级制裁。

二、《以制裁反击美国敌人法》涉俄罗斯主要内容

（一）要求或授权美国政府对非美国人开展与俄罗斯有关的部分业务进行次级制裁

1.将SSIDES和UFSA中对次级制裁的任意性授权（Discretionary Authority）调整为强制性（Mandatory）要求

《以制裁反击美国敌人法》限制了美国总统在执行SSIDES和UFSA时的自由

裁量权，要求美国总统对下列非美国人进行次级制裁：

（1）对俄罗斯境内的深海、北极近海以及页岩石油开采项目进行重大投资（Significant Investment）的非美国人以及为上述项目提供便利的非美国金融机构；

（2）为向叙利亚、乌克兰、格鲁吉亚、摩尔多瓦以及美国总统关注的其他国家转让俄罗斯武器的重大交易提供便利的非美国金融机构；

（3）为因参与或支持乌克兰东部叛乱而受制裁的个人和实体相关的重大交易提供便利的非美国金融机构；

（4）为发生在俄罗斯境内的重大腐败行为提供重大资金、技术和物资支持的非美国人。

2.新增部分强制性次级制裁要求和任意性次级制裁授权

《以制裁反击美国敌人法》要求美国政府对非美国人在知晓或应当知晓美国经济制裁政策的情况下的下述行为进行次级制裁：

（1）为因代表俄罗斯政府从事破坏网络安全的重大活动提供重大支持或帮助（包括金融服务）；

（2）严重违反、企图违反、共谋违反或致使违反美国对俄罗斯的制裁法律法规；

（3）为被美国制裁的俄罗斯实体和自然人（包括SDN和SSI名单）及其直系亲属开展重大交易（包括欺骗性或结构性交易）提供便利；

（4）在俄罗斯强行占领或以其他方式控制的领土上从事严重侵犯人权行为，以及为从事上述行为的非美国人和实体提供重大支持和帮助，或为其拥有或控制，或代表其行事；

（5）对被不公正（俄罗斯政府官员或其亲属获取不公正好处）私有化的俄罗斯国有资产进行重大投资（单笔或一年内多笔累计超过1000万美元）。

《以制裁反击美国敌人法》同时还授权，美国总统在与盟国协商后可以对非美国人投资或服务于俄罗斯能源出口管道建设的行为进行次级制裁。

（二）扩大对俄罗斯行业制裁范围

《以制裁反击美国敌人法》要求美国财政部在60天内修改13662号行政命令中的指令1、指令2，在90天内修改指令4，以扩大对俄罗斯行业制裁范围，具体如下：

1.将针对被纳入SSI名单中的俄罗斯金融企业的债务融资期限要求由不超过30天减少为不超过14天，即美国人不得交易被纳入SSI名单中的俄罗斯金融企业新发行的期限超过14天的债务融资工具，且不得为上述交易行为提供融资；

2.将针对被纳入SSI名单中的俄罗斯能源企业债务融资期限要求由不超过90天减少为不超过60天；

3.将对深海、北极近海以及页岩石油开采项目提供产品、技术和服务的限制由俄罗斯境内扩展到世界范围，前提是指令4所列名的俄罗斯能源企业（在SSI名单中）持有俄罗斯境外的上述项目的利益不少于33%，且上述项目有可能生产石油。

（三）限制美国总统减轻、搁置、豁免涉俄罗斯经济制裁的权力

《以制裁反击美国敌人法》主要通过以下三种方式限制美国总统在涉俄罗斯经济制裁中的权力：

1.将奥巴马总统签发的关于乌克兰局势的13660、13661、13662、13685号行政命令以及关于网络攻击的13694、13757号行政命令中的经济制裁措施纳入《以制裁反击美国敌人法》，《以制裁反击美国敌人法》的任何修改必须经过美国国会的同意；

2.美国总统任何减少、终止、搁置或豁免涉俄罗斯经济制裁法律（包括《以制裁反击美国敌人法》、UFSA和SSIDES）中的经济制裁措施的行为（包括删除制裁名单中的自然人和实体）都必须经过美国国会的审查和同意；

3.美国总统及相关政府部门在决定是否针对俄罗斯施加部分新的经济制裁措

施前必须向美国国会提交报告。

除了上述调整外,《以制裁反击美国敌人法》要求美国总统对存在严重腐败行为的俄罗斯政府官员及其亲朋好友,进行经济制裁;授权美国财政部对俄罗斯铁路、金属、采矿等行业的国有企业进行行业制裁。

三、《以制裁反击美国敌人法》的具体落实

(一)美国国务院、财政部发布指导性文件

1.美国国务院发布《以制裁反击美国敌人法》Section 231(d)List

(1)相关背景

在《以制裁反击美国敌人法》正式施行(2019年8月2日)后,任何人在知晓或应当知晓的情况下,与代表俄罗斯防务部门和情报部门的人进行重大交易,美国总统应当对其进行制裁。2017年9月29日,特朗普总统将执行Section 231的权力授予美国国务卿,美国国务卿在执行时需要和美国财政部长磋商。Section 231的规定在具体执行时需要澄清两个问题:一是如何判断是否与代表俄罗斯防务部门和情报部门的自然人或实体进行了交易;二是如何判断是否构成了重大交易。2017年10月27日,美国国务院发布《以制裁反击美国敌人法》Section 231(d)List和相关指引,对上述问题予以一定程度的澄清。

(2)CAATSA Section 231(d)List中的俄罗斯实体以及限制性措施

《以制裁反击美国敌人法》Section 231(d)List包含39家俄罗斯实体,其中防务部门33家,情报部门6家,包括俄罗斯最大的军火出口商Rosoboronexport JSC、世界闻名的苏霍伊航空集团等。据Debevoise & Plimpton律师事务所统计,这些实体中,有19个已经被纳入SDN名单中,有9个已经被纳入SSI名单中,另有11个既不在SDN名单中又不在SSI名单中。对于《以制裁反击美国敌人法》Section 231(d)List中的俄罗斯实体,如果既不在SDN名单中又不在SSI名单中,美国国务院和财政部并无资产冻结或融资限制要求。美国国务院和财政部制裁

的是在知晓或应当知晓的情况下与《以制裁反击美国敌人法》Section 231（d）List中实体开展重大交易的其他自然人或实体，如与俄罗斯军工企业业务往来比较频繁的印度、越南、委内瑞拉等国的军工企业。

（3）被认定违反CAATSA Section 231的条件以及可能面临的不利后果

被认定违反CAATSA Section 231需要满足三个条件：一是交易对手在CAATSA Section 231（d）List（美国国务院没有明确是否包括名单中的实体拥有或控制的企业）；二是在知晓或应当知晓的情况下从事的交易；三是从事的是重大交易。在问答中，美国国务院对于何为"重大"进行了说明。美国国务院并没有为"重大交易"设定数量上的门槛，而是强调要综合考虑交易的总体情况，并进行个案分析。美国国务院在决定是否制裁时会考虑以下因素（包括但不限于）：交易对美国国家安全和外交政策利益的重要性；交易的性质和规模；交易与俄罗斯防务或情报部门的关联性以及对其重要性。美国国务院还特别强调，在执行初期，重点关注具有防务或情报性质的交易。CAATSA Section 231要求美国总统在2018年1月29日（含）后对被认定违反CAATSA Section 231的自然人或实体进行制裁，主要包括：出口许可限制、美国进出口银行融资限制、美国政府采购限制、交易（如外汇交易、资金支付）限制以及对其高管的出入境限制等。

（4）我国企业需要审慎评估与CAATSA Section 231（d）List中俄罗斯实体开展业务的风险

在评估时，将面临两方面的困难：一是限制开展业务的时间是2017年8月2日，而美国国务院公布CAATSA Section 231（d）List是2017年10月27日，如果在2017年8月2日至10月27日期间与CAATSA Section 231（d）List中的实体开展"重大交易"，是否会被认定违反CAATSA Section 231？如果在此期间订立的合同需要继续履行该如何处理？二是现在的制裁黑名单数据库供应商将如何处理CAATSA Section 231（d）List，因为名单中的实体有的在SDN名单中，有的在SSI名单中，有的既不在SDN名单中又不在SSI名单中，如处理不好，将会给使用者造成严重不便①。2018年9月20日，OFAC依据CAATSA Section 231将我国某军事部门及其负责人纳入SDN名单，理由是从俄罗斯进口战斗机和防空导弹②。

2. 美国财政部OFAC修改13662号行政命令的指令1、2、4

根据《以制裁反击美国敌人法》要求，美国财政部OFAC于2017年9月29日和10月31日分别对13662号行政命令的指令1、2和4进行了修改，修改后的指令，进一步收紧对俄罗斯金融企业、能源企业以及深海、北极近海以及页岩石油开采项目的融资限制。虽然上述指令的修改对俄罗斯企业获得美国资金造成了不利影响，但是，上述指令并不适用于非美国人，不具有域外效应。

3. 美国国务院、财政部出台指引和FAQs③

美国国务院针对《以制裁反击美国敌人法》Section 225、231和232出台指引。其中，关于Section 231指引的内容前后均已提到，在此不做赘述。Section 225指引对Section 225中涉及的关键性词汇，如Special Russian Crude Oil Project、Knowingly、Foreign Person、Investment，进行了解释④。Section 232指引强调，Section 232中的制裁措施是任意性的制裁，美国政府部门对Section 232的执行，将避免损害美国盟友的能源安全，并表示美国将继续与美国盟友合作，帮助美国盟友实现能源来源的多样化，减少对俄罗斯能源的依赖。Section 232指引还对Section 232中的Energy Export Pipelines以及可受制裁的行为（Sanctionable Conduct）进行了解释说明。

另外，《以制裁反击美国敌人法》中包含大量针对非美国人开展与俄罗斯部分业务进行次级制裁的条款，如Section 225、226、228、231、232、233等。

---

① 部分制裁筛查数据库，可以自定义名单，将CAATSA Section 231（d）List纳入其中进行筛查。
② 相关链接：https://www.treasury.gov/resource-center/sanctions/OFAC-Enforcement/Pages/20180920_33.aspx。
③ 美国对俄罗斯的制裁政策非常复杂，不但需要熟悉法律法规，还需要熟悉相关指引和FAQs，将其结合起来看，才有可能真正理解相关要求。
④ 后面我们看到，美国财政部也对一些重要词汇，如knowingly、foreign person、Investment，进行了解释。

在这些章节中，有很多的概念需要美国政府部门在具体执行时进行澄清，如"Investment""Facilitates""Unjustly Benefits""Significant Transaction"等。为便于执行，2017年10月31日，美国财政部OFAC针对Section 226、228、233发布FAQs，对上述关键词汇予以解释。如前所述，美国国务院针对Section 231也发布了FAQs，并就其中的"Significant Transaction"进行了解释。美国政府部门澄清上述关键词汇，有助于《以制裁反击美国敌人法》适用对象更好地理解《以制裁反击美国敌人法》，进而减少被认定违反《以制裁反击美国敌人法》的风险。

（二）美国财政部提交241报告

241报告并非制裁名单，但美国财政部可以将241报告作为执行经济制裁政策的参考，可以随时根据需要从报告中挑选俄罗斯寡头和高官进行制裁，将制裁矛头直指俄罗斯政商界精英。从某种意义上讲，241报告是悬在俄罗斯精英头上的达摩克利斯之剑，随时都可以落下。2018年4月6日，新被纳入SDN名单的17名俄罗斯高官、7位寡头中，有15人出自241报告。241报告中的高官包括以下人员：1.俄罗斯总统府高级成员；2.俄罗斯内阁成员；3.俄罗斯议会高级领导人，俄罗斯安全理事会其他成员以及俄罗斯国有企业高管。241报告中的寡头的门槛为净资产超过10亿美元。

（三）美国财政部制裁俄罗斯政府高官、国有企业、寡头及其控制的企业

1.将矛头直指俄罗斯政界、商界精英

如前所述，2018年4月6日被纳入SDN名单的俄罗斯政府高官和寡头大部分来自241报告。对此，美国财政部表示，从俄罗斯现行体制获益的俄罗斯政界、商界精英必须为俄罗斯现行体制敌对美国的行为承担责任。鉴于当下美俄关系没有好转的迹象，未来可能会有更多的俄罗斯政府高官、寡头被纳入SDN等名单。

2. 影响到俄罗斯经济发展①

一是有相当多的俄罗斯企业被视为在SDN名单中。根据OFAC50%规则，对于一家企业，如单独或合计持有其股份超过50%的股东在SDN名单中，则该企业被视为在SDN名单中，而此次被纳入SDN名单中的俄罗斯自然人和实体在俄罗斯控制了大量企业，可以预计，有相当多的俄罗斯企业被视为在SDN名单中。二是2018年4月6日被纳入SDN名单中的7位寡头及其控制的12家企业以及被视为在SDN名单中的俄罗斯企业在俄罗斯境内外有很多业务和投资，严重依赖国际市场。例如俄罗斯铝业在香港上市，2017年俄罗斯铝业有约14%的营业收入来自美国市场；EN+Group在英国伦敦上市。三是美国政府进一步限制非美国人与俄罗斯企业间的业务往来。

四、需要高度关注俄罗斯业务面临的美国经济制裁风险

因美国对俄罗斯的经济制裁起步较晚，且因美国对俄罗斯制裁而被纳入制裁名单的非美国人非常少，因此，与伊朗业务面临的美国经济制裁风险相比，我国企业对俄罗斯业务面临的经济制裁风险缺乏足够的警惕。但是，中俄之间经贸往来日益密切，彼此依赖度日益提高，主要表现为：1.中俄是彼此重要的贸易伙伴。2019年中俄贸易额达到了1107.57亿美元，远远高于我国与伊朗、朝鲜、古巴、叙利亚等受美国全面制裁国家间的贸易额，另外需要注意的是俄罗斯出口到我国的主要是能源、军工等产品，而这些是美国对俄罗斯制裁的重要领域。2.俄罗斯是"一带一路"沿线重要国家。2000年—2016年，在"一带一路"沿线的63个国家中，我国对俄罗斯的并购金额位居第二，达到85.45亿美元，仅次于对哈萨克斯坦的并购金额，且对俄罗斯的并购集中在能源行业，如前所述，美国政府可以对非美国人重大投资于俄罗斯特定行业、领域（包括能源行业）

---

① 根据世界银行的统计数据，2014年至2018年，俄罗斯的GDP增长率分别为0.6%、-2.3%、1.6%和2.3%。我们无法准确衡量美国经济制裁对俄罗斯经济的影响，但是，不能否认的是，因受制裁而导致的经贸往来限制，必然对俄罗斯经济造成一定的负面影响。

的行为进行次级制裁。3.俄罗斯企业希望从我国获取更多的融资。不同于伊朗、朝鲜等国,俄罗斯企业严重依赖国际金融市场,例如2018年4月6日被纳入SDN名单的俄罗斯铝业在香港联交所上市、在上交所发行熊猫债券,EN+Group在英国伦敦上市。美国政府注意到俄罗斯企业对国际金融市场的依赖,针对俄罗斯企业新设了SSI名单,禁止美国人为被纳入SSI名单中的俄罗斯企业提供超过一定期限的融资。除了美国之外,欧盟、日本等也对俄罗斯进行经济制裁,在此背景下,俄罗斯企业境外资金来源非常有限,我国可能成为其最好的选择。

需要特别强调的是,很多投资机构可能认为,自己不投资于俄罗斯金融市场,不会有什么经济制裁风险。然而,因很多俄罗斯企业在俄罗斯以外的发达金融市场进行融资,如前述的俄罗斯铝业和EN+Group,我国投资机构存在购买俄罗斯企业发行的股票和债券的可能。如果我国投资机构在2018年4月6日之前在香港市场购买了俄罗斯铝业的股票,将会遭受重大损失。因此,我国企业在投资时,如涉及俄罗斯企业,需要考虑经济制裁因素。另外,需要特别说明的是,尽管《以制裁反击美国敌人法》有很多次级制裁授权或要求,但是,因该法而被纳入制裁名单的非美国人非常少,这与特朗普总统对该法的不认可态度有关。目前,美国已在进行2020年总统大选,如果民主党人当选美国总统,我们不能排除其广泛使用《以制裁反击美国敌人法》给予的授权或积极履行《以制裁反击美国敌人法》要求、加大对非美国人的次级制裁力度的可能性。

第四节 美国对委内瑞拉的经济制裁

马杜罗总统再度当选后,美国政府与委内瑞拉马杜罗政府间的关系急剧恶化。美国政府承认委内瑞拉反对派领导人瓜伊多为临时总统,称马杜罗政权为非法政权,称马杜罗总统为前总统,并通过经济制裁等方式使委内瑞拉经济雪上加霜,如2019年4月17日将委内瑞拉中央银行纳入SDN名单,进而迫使马杜罗政府倒台。美国政府的上述行径是对一国主权的严重侵犯,是美国霸权主义和强权政治的集中表现。鉴于美国对委内瑞拉经济制裁力度在不断加大，现阶段我国企业开展委内瑞拉业务面临非常严峻的美国经济制裁风险，对此需要予以足够重视，审慎应对。

一、美国对委内瑞拉制裁的背景

（一）美国政府力求通过经济制裁等方式迫使马杜罗政府倒台

美国对委内瑞拉的经济制裁始于2014年12月18日美国总统奥巴马签发《委内瑞拉人权和民间社会保护法（2014）》（*Venezuela Defense of Human Rights and Civil Society Act of 2014*），该法要求美国总统对参与马杜罗政府侵犯人权、破坏民主行为的人进行制裁。随着美国与马杜罗政府间的关系持续恶化，截至2020年5月1日，美国政府先后出台了七个行政命令，不断加大对委内瑞拉的经济制裁力度。特别是2018年5月马杜罗总统再次当选后，美国政府力求通过经济制裁等方式迫使马杜罗政府倒台，对委内瑞拉的支柱行业如能源行业、采矿业和金融业等进行经济制裁，将马杜罗总统及部分委内瑞拉高层官员和企业高管以及委内瑞拉中央银行、委内瑞拉国家石油公司（Petróleos de Venezuela, S.A., PDVSA）纳入SDN名单。PDVSA是委内瑞拉最大的企业，同时也是委内瑞拉最主要的外汇来源。美国政府甚至对开展特定委内瑞拉业务的非美国人进行次级制裁。2019年3月11日，美国财政部将为PDVSA提供重大支持的俄罗斯Evrofinance Mosnar Bank（以下简称EM银行）纳入SDN名单。2019年3月19日，时任美国国家安全事务助理博尔顿表示，美国的目标是实现委内瑞拉政府权力从马杜罗向瓜伊多的和平过渡，为实现这一目标，美国政府可以采取任何手段。

（二）美国政府试图通过取消制裁的方式诱使委内瑞拉精英阶层反对马杜罗政府

经济制裁从来都只是手段，而非目的。美国政府已将大量委内瑞拉精英阶层人员纳入SDN名单,如政府高官、企业家、军队将领等,并告知这些精英可以在继续支持马杜罗政府和被从SDN名单中移除之间做出选择。在将PDVSA纳入SDN名单的新闻发布会上,美国财政部长姆努钦指出了将PDVSA从SDN名单中移除的条件,即迅速将PDVSA控制权移交给临时总统或随后的民选政府。美国财政部表示,美国的制裁不是永久性的,美国的制裁旨在改变行为,美国政府已经明确表示,如果制裁对象采取具体的、有意义和可以核实的行动支持委内瑞拉民主秩序和打击腐败,美国政府将考虑取消对制裁对象的制裁措施,包括对PDVSA的制裁。2020年3月31日,美国国务院发布《委内瑞拉民主过渡框架》,该框架包括13项要求和2项保证。其中13项要求主要包括:国民议会全体成员重返议会;国民议会核准国务委员会法律并建立由执政党和反对党组成的国务委员会;国务委员会任命新内阁,并在6至12个月内同时举行总统和国民议会选举;释放政治犯;成立真相与和解委员会;撤离外国安全部队等。2项保证为:高级军官如国防部长、国防部副部长、各军种负责人等在过渡期仍担任原职;州及以下地方政府在过渡期内维持原状。美国国务院表示,如果委内瑞拉政府接受该框架的内容,美国将会撤销此前的一系列制裁措施。

二、美国对委内瑞拉的经济制裁措施

美国对委内瑞拉的经济制裁和对俄罗斯的经济制裁类似,美国对委内瑞拉的经济制裁措施主要包括三种方式:定向制裁、行业制裁和融资限制。另外,还需要特别注意的是,美国开始对非美国人开展特定委内瑞拉业务进行次级制裁。具体情况如下:

(一)定向制裁

美国财政部将大量委内瑞拉自然人和实体纳入SDN名单,包括委内瑞拉中央银行、政府官员、军队将领、法官、检察官、企业高管及其部分近亲属,以及委内瑞拉部分企业，如PDVSA、委内瑞拉国有矿业公司Minerven以及委内瑞拉经济与社会发展银行（Venezuelan Economic and Social Development Bank）等。

（二）行业制裁

特朗普总统于2018年11月1日签发了13850号行政命令，13850号行政命令的Section 1（a）(i) 授权美国财政部长在与美国国务卿沟通后，可以对在委内瑞拉黄金行业以及美国财政部长决定的其他任何行业开展经营活动的任何自然人和实体（Any Person）进行资产冻结。上述授权给予了美国财政部长充分的自由度，使其可以根据需要对委内瑞拉任何一个行业进行制裁。2019年1月28日、3月22日和5月9日，美国财政部长姆努钦依据13850号行政命令，先后签发了三个决定（Determinations），分别将委内瑞拉石油行业、金融行业以及国防和安全行业纳入制裁范畴。2019年1月28日、3月19日和3月22日，美国财政部依据13850号行政命令，分别将PDVSA、Minerven以及委内瑞拉经济与社会发展银行纳入SDN名单，理由是这三家企业分别在委内瑞拉石油行业、黄金行业和金融行业开展经营活动。

（三）融资限制

美国政府先后出台3个行政命令（13808、13827和13835号行政命令）限制委内瑞拉政府和PDVSA从美国金融市场获得融资，即限制美国人购买委内瑞拉政府和PDVSA的股票、债券和数字货币等，上述限制与美国针对俄罗斯制裁发布的SSI名单非常相似。

因美国与委内瑞拉经贸往来非常密切，委内瑞拉是美国主要的石油供应国之一，截至2020年5月1日，OFAC针对委内瑞拉签发的、现行有效的一般许可有27个，授权美国人处理与制裁对象有关的业务往来，如交易PDVSA发行的债券等。

（四）次级制裁

13850号行政命令的Section 1（a）(iii) 规定，任何自然人或实体（Any Person）如果被认定为因13850号行政命令而被纳入SDN名单的自然人或实体（如PDVSA）以及委内瑞拉政府管理的工程项目中的腐败活动提供重大金融、物资、技术支持和服务，美国财政部可以将其纳入SDN名单。13850号行政命令的Section 1（a）(iii) 给予了美国财政部对非美国人进行次级制裁的授权。2019年3月11日，美国财政部依据13850号行政命令，将俄罗斯EM银行纳入SDN名单，理由是EM银行为PDVSA提供重大支持[①]。美国财政部长姆努钦表示，美国财政部将俄罗斯EM银行纳入SDN名单的行动表明，美国将对支持非法的马杜罗政权、助长委内瑞拉经济崩溃和人道主义危机的非美国金融机构采取行动。美国财政部的上述行为是典型的次级制裁。不可否认的是，EM银行虽然是一家俄罗斯银行，但委内瑞拉政府持有了EM银行49%的股份，这在一定程度上弱化了次级制裁的色彩。

三、美国对委内瑞拉制裁的主要法律法规

美国针对委内瑞拉的制裁出台了《委内瑞拉人权和民间社会保护法（2014）》和13692、13808、13827、13835、13850、13857、13884号等7个行政命令，另外，OFAC还依据上述法律法规编撰了《委内瑞拉制裁条例》（*Venezuela Sanctions Regulations*）。

如前所述，《委内瑞拉人权和民间社会保护法（2014）》要求美国总统冻结对委内瑞拉境内的重大暴力行为或严重侵犯人权行为或侵犯委内瑞拉人民言论和集会自由的行为负责的人的资产，并对其采取签证限制。2015年3月，为执行《委内瑞拉人权和民间社会保护法（2014）》，奥巴马总统签发了13692号行政命令，随之OFAC编撰了《委内瑞拉制裁条例》。OFAC依据13692号行政命令，将大量任职于委内瑞拉中央政府、地方政府、军队、最高法院、情报机构等机构

---

① 相关链接：https://home.treasury.gov/news/press-releases/sm622。

的高层纳入 SDN 名单，包括委内瑞拉总统马杜罗。2019 年 5 月 7 日，在委内瑞拉国家情报局局长曼努埃尔·克里斯托弗（Manuel Cristopher）脱离马杜罗政权并宣布支持委内瑞拉反对派后，OFAC 将其从 SDN 名单中移除。

2017 年 8 月 24 日，特朗普总统签发了 13808 号行政命令，限制委内瑞拉政府及 PDVSA 进入美国金融市场。2018 年 3 月 19 日，特朗普总统签发 13827 号行政命令，禁止美国人交易委内瑞拉政府发行的数字货币。2018 年 5 月 21 日，特朗普总统签发 13835 号行政命令，禁止美国人从事与购买委内瑞拉政府债务相关的交易。2018 年 11 月 1 日，特朗普总统签发了 13850 号行政命令，授权美国财政部长冻结在委内瑞拉黄金行业以及被美国国务院和财政部联合认定的其他行业运营或与马杜罗进行腐败交易的人的资产。截至 2020 年 2 月 15 日，美国国务院和财政部认定了委内瑞拉石油行业、金融行业以及国防和安全行业。2019 年 8 月 5 日，特朗普总统签发了 13884 号行政命令，对前述 5 个行政命令中委内瑞拉政府的范围进行调整。2019 年 8 月 5 日，特朗普总统签发了 13883 号行政命令，要求美国人冻结委内瑞拉政府的资产，并授权美国财政部对支持马杜罗政府的非美国人进行次级制裁。

四、美国对委内瑞拉采取接近全面禁运的制裁措施

2019 年 8 月 5 日，特朗普总统签发 13884 号行政命令后，很多专业人士认为美国对委内瑞拉进行了全面禁运（Embargo）[①]。美国对委内瑞拉是全面禁运吗？显然不是，但接近全面禁运。目前，美国对委内瑞拉的经济制裁和对古巴、伊朗、朝鲜、叙利亚以及克里米亚地区的全面禁运是有一定差别的。

（一）全面禁运的界定

全面禁运，业界一般也将其称之为全面制裁（Comprehensive Sanctions），是美国针对特定国家和地区采取的全方位的贸易禁止措施，未经许可或未有例

---

① 美国出口管制法律法规对于受禁运的国家有规定，此处主要介绍的是经济制裁。

外规定，美国人（含实体）不得开展与受制裁国有关的任何业务。前述的古巴、伊朗、朝鲜、叙利亚以及克里米亚地区即被美国全面制裁。

（二）判定一国或地区是否被美国全面制裁的标准

在美国财政部网站上，有关"全面制裁"的表述非常少。OFAC在其网站上表示，OFAC管理一系列不同的制裁项目，制裁可以是全面的，也可以是选择性的。直接使用"全面制裁"这一表述的是OFAC在关于叙利亚制裁项目的指引中，OFAC表示，叙利亚制裁项目是OFAC目前实施的最全面的制裁项目之一。另外，美国针对伊朗专门出台了《伊朗全面制裁、责任和撤资法（2010）》(Comprehensive Iran Sanctions, Accountability, and Divestment Act of 2010)。既然美国财政部和OFAC很少使用"全面制裁"来描述美国对古巴、伊朗、朝鲜、叙利亚以及克里米亚地区的经济制裁，那我们依据什么做出美国对上述国家和地区是全面制裁的判断呢？这可能需要我们从相关经济制裁法律法规中找。

在美国关于上述国家的制裁法律法规中，如《伊朗交易与制裁条例》，我们可以看到这样的表述，即禁止直接或间接从美国或由美国人（无论位于何处）向伊朗出口、再出口、销售或供应任何货物、技术或服务，禁止任何原产伊朗或者伊朗政府控制的商品或服务进口到美国。上述类似表述同样存在于《古巴资产控制条例》《朝鲜制裁条例》《叙利亚制裁条例》以及13685号行政命令中。正是因为上述法规存在这样的表述，所以，我们才认定美国对上述国家和地区的经济制裁是全面制裁。

（三）13884号行政命令相关规定及美国政府机构的相关解释

我们再来看看13884号行政命令，13884号行政命令要求冻结委内瑞拉政府的资产，包括冻结委内瑞拉政府拥有和控制的企业（委内瑞拉国有企业）的资产，禁止美国人开展与委内瑞拉政府及国有企业有关的业务，13884号行政命令并没有禁止美国人开展与不在SDN名单中的委内瑞拉私人企业相关的业务。对此，OFAC在其FAQs665中明确说明，如果交易没有受制裁的自然人或实体参与，也不属于可受制裁的活动，美国人可以参与涉委内瑞拉出口、再出口业务。另外，美国国务院在2019年8月6日的声明中明确表示，这不是一个禁运。

（四）美国对委内瑞拉的制裁接近全面制裁

很多人之所以产生美国对委内瑞拉是全面制裁的错觉，主要是因为此次美国对委内瑞拉政府的制裁力度非常大，特别是要求财政部冻结委内瑞拉政府及国有企业的资产。一般情况下，美国很少冻结一国政府的资产，除非与该国政府关系完全破裂。另外，非常重要的一点是，自查韦斯总统大力推行国有化以后，委内瑞拉经济国有化程度非常高，且委内瑞拉进出口业务主要依靠的是国有企业。因此，13884号行政命令对委内瑞拉的经济制裁接近全面制裁，但不是全面制裁。

第五节 美国定向制裁

定向制裁（Targeted Sanctions），也称灵活制裁（Smart Sanctions），直接将矛头指向损害制裁发起国国家利益的特定的自然人或实体，具体做法就是将其纳入各种制裁名单中，以实现精准打击，避免误伤。定向制裁是美国经济制裁政策制定、执行越来越具有针对性的一种集中体现[①]。定向制裁的出现晚于全面制裁，是全面制裁的重要补充，美国政府对主要的制裁对象，如伊朗、古巴、朝鲜等，会综合使用全面制裁和定向制裁。另外，美国取消了对部分国家的全面制裁后，也会对其进行定向制裁，如对伊拉克、缅甸和苏丹。

一、定向制裁出现的原因

定向制裁的出现与联合国、美国对伊拉克全面制裁所造成的人道主义灾难

---

① 不仅仅是美国，联合国、欧盟等也越来越多地采用定向制裁的方式。

紧密相关。1990年8月2日，伊拉克入侵科威特。4天后，联合国安理会通过了第661号决议，对伊拉克进行全面制裁，除了食品和人道主义援助，联合国成员国不得与伊拉克进行任何贸易。联合国对伊拉克的全面制裁严重阻碍了伊拉克的经济发展，并造成其百姓生活水平急剧下降，甚至酿成了严重的人道主义灾难。如此严厉的制裁，也没有达到预期的效果。在2003年美国入侵伊拉克之前，萨达姆政权并没有倒台，伊拉克时任总统萨达姆及其家族仍过着奢靡的生活。

既然全面制裁有如此多的副作用，有没有更好的选择来替代全面制裁？定向制裁逐渐浮出水面。一些学者认为，定向制裁直接针对独裁政权的精英阶层，对这些精英阶层进行资产冻结或旅行限制，在不影响普通民众的情况下，给予精英阶层以精准打击。在联合国层面，相对于全面制裁，各常任理事国也容易就定向制裁达成一致。在美国国内，定向制裁也容易赢得两党的支持。另外，定向制裁的核心是金融制裁，而美国牢牢占据世界金融体系的核心地位，定向制裁可以充分发挥美国的优势。因此，定向制裁可以在一定程度上减轻美国国内的压力以及国际上的政治批评，特别是来自一些持有不同意见的大国的批评，对于正常贸易往来的影响相对较少。在奥巴马政府内担任财政部长的雅各布·卢表示，旧的全面贸易禁运缺乏弹性，新的经济制裁模式发生重大调整，由金融情报部门负责报告，公共部门和私营部门一起设计和执行制裁措施，将制裁压力集中在"坏人"（Bad Actors）身上，在采取激励措施终止恶意行为的同时，限制其负面影响[1]。

二、美国定向制裁措施

在操作层面，定向制裁就是将制裁对象纳入各种制裁名单中，制裁名单只是一个载体，用于记录制裁对象，便于美国相关政府机构，如美国国务院、

---

[1] 相关链接：https://www.treasury.gov/press-center/press-releases/Pages/jl0398.aspx。

OFAC，以及相关企业执行。美国政府可以根据需要创设各种制裁名单，比方说，针对俄罗斯创设了SSI名单，针对伊朗创设了561名单和Non-SDN Iranian Sanctions Act（NS-ISA）名单。因此，美国制裁名单是不断发生调整的，有增有减，美国经济制裁政策执行机构会及时予以更新并发布。

目前，美国经济制裁政策的主要执行机构美国国务院和财政部，两个机构均发布了制裁名单，其中美国国务院发布违反防止大规模杀伤性武器扩散政策的自然人和实体名单，美国财政部发布SDN名单和Consolidated Sanctions List（包括FSE、SSI、NS-PLC、561、13599和NS-ISA List）。对于上述名单中的自然人或实体，美国政府采取不同的制裁措施。例如，对于SDN名单中的自然人或实体，未经许可，美国人不得与其开展任何业务，且必须冻结其资产，美国政府对非美国人开展与SDN名单中的伊朗和朝鲜自然人或实体相关的业务进行次级制裁；对于FSE名单中的自然人或实体，未经许可，美国人同样不得与其开展任何业务，但并不需要冻结其资产；对于13599名单中的伊朗自然人或实体，未经许可，美国人不得与其开展任何业务，且必须冻结其资产，但是，美国政府并不会对非美国人开展与13599名单中的伊朗自然人或实体有关的业务进行次级制裁。下面重点介绍影响比较大的、所涵盖实体和自然人数量比较多的、OFAC管理的SDN名单和SSI名单。

表1　OFAC管理的各种制裁名单

名单名称	首次发布时间	废止时间	制裁措施
Specially Designated Nationals And Blocked Persons List (SDN) Human Readable Lists	1993年12月7日	暂未废止	资产冻结、禁止交易
Sectoral Sanctions Identifications (SSI) List	2014年7月16日	暂未废止	禁止提供中长期融资或特定产品、技术或服务

续表

名单名称	首次发布时间	废止时间	制裁措施
561 List/Correspondent Account or Payable-Through Account Sanctions List	2012年7月31日	2019年3月14日修改为Correspondent Account or Payable-Through Account Sanctions List	禁止开立或维持美元账户
Foreign Sanctions Evaders (FSE) List	2014年6月2日	暂未废止	不进行资产冻结，但禁止交易
Non-SDN Iranian Sanctions Act (NS-ISA) List	2011年5月24日	暂未废除	Iranian Sanctions Act第六节设定的除资产冻结外的其他制裁措施，如禁止提供出口信贷、禁止美国政府向名单中的实体采购物品或服务等
Non-SDN Palestinian Legislative Council (NS-PLC) List	2016年9月16日	暂未废止	拒绝交易
List of Persons Identified as Blocked Solely Pursuant to Executive Order 13599 (13599) List	2016年1月16日	已废止	资产冻结、禁止交易，但无次级制裁风险

（一）SDN名单

在美国执行机构所发布的所有制裁名单中，影响最大的制裁名单为SDN名单。在OFAC发布的所有制裁名单中，SDN名单出现最早，被纳入SDN名单中的自然人、团体和实体最多，对非美国人影响最大。根据美国制裁法律法规，对于SDN名单中的自然人和实体，美国人必须冻结SDN名单中自然人或实体的资产，未经许可或有例外规定，美国人不得与之开展任何业务。另外，对于SDN

名单中的部分伊朗、朝鲜和俄罗斯自然人或实体,以及部分因美国对伊朗、朝鲜制裁而被纳入SDN名单中的非伊朗、朝鲜自然人或实体,未经许可或有例外规定,美国人不得与之开展任何构成大额交易标准的业务。对于这些与其交易存在次级制裁风险的SDN名单中的自然人或实体,OFAC在发布制裁名单时,会予以提示,即增加"Subject to Secondary Sanctions"或"Secondary sanctions risk"表述。

如前所述,SDN名单首次出现于1993年12月,我们可以将其视为美国定向制裁的开端。我们可以在OFAC网站上下载或在线查询SDN名单。除了SDN名单,其他制裁名单主要与单个法律法规直接相关,13599名单直接因13599号行政命令而起,而SDN名单是与绝大部分美国制裁法律法规直接相关的,也就是说,绝大部分美国制裁法律法规都有资产冻结和拒绝交易的要求。从某种意义上讲,SDN名单最能体现美国金融制裁的特点,即充分利用美国的金融优势、市场、科技优势,通过资产冻结和断绝与美国市场、科技联系的方式,对制裁对象予以直接重击。

(二)行业制裁名单(Sectoral Sanctions Identifications List)

SSI名单是专门针对俄罗斯制裁的,是OFAC依据13662号行政命令所附的4个指令发布的,用于识别在俄罗斯金融、能源、国防和相关物资部门运营的实体。对于被纳入SSI名单中的实体,美国政府并没有完全禁止美国人和SSI名单中的实体开展业务,主要是禁止美国人为其提供超过一定期限的融资(13662号行政命令的指令1、2和3)或禁止美国人为其提供特定产品、技术或服务(13662号行政命令的指令4)。需要特别注意的是,OFAC50%规则适用于SSI名单。另外,在特定情况下,非美国人与SSI名单中的实体开展交易存在次级制裁风险,需要特别注意。

三、款项冻结风险

对于非美国企业而言,与定向制裁相关的款项冻结风险是必须高度关注的风险。根据美国经济法律法规，美国人必须冻结SDN名单中的自然人和实体的资产，美元结算通常需要经过美国金融系统，这意味着，在使用美元进行结算时，如果相关方在或被视为在SDN名单中，则存在款项被冻结的风险。在实践中，因跨国资金收付涉及的相关方很多，如付款人、收款人、付款行、收款行、中间行等，而部分银行采取非常保守的风险防范政策，其内部政策甚至要严于美国经济制裁法律法规的要求，如何确保资金收付的安全是很多跨境业务面临的难题。2019年8月出现的一起诉讼案件，使业界对于款项冻结风险有了新的认识。

2019年8月30日，瑞士一家铝业公司ASMP在美国纽约南区联邦地区法院起诉德意志银行美国控股公司和德意志银行美国信托公司（统称为德意志银行美国机构），指控其非法扣押ASMP21.2万美元的汇款[①]。在此次款项被冻结事件中，付款人ASMP、付款行ING日内瓦、收款行俄罗斯Metcombank和收款人俄罗斯KUMZ均不在SDN名单中。德意志银行美国机构表示，基于其独有信息（Proprietary Information），在汇款时，被纳入SDN名单的俄罗斯寡头Vekselberg拥有Metcombank的多数股权。对此，ASMP表示，在汇款时，俄罗斯寡头Vekselberg持有Metcombank的股权仅有9.9%，远低于50%，因此，根据OFAC50%规则，Metcombank不应被视为在SDN名单中，上述款项不应被冻结。

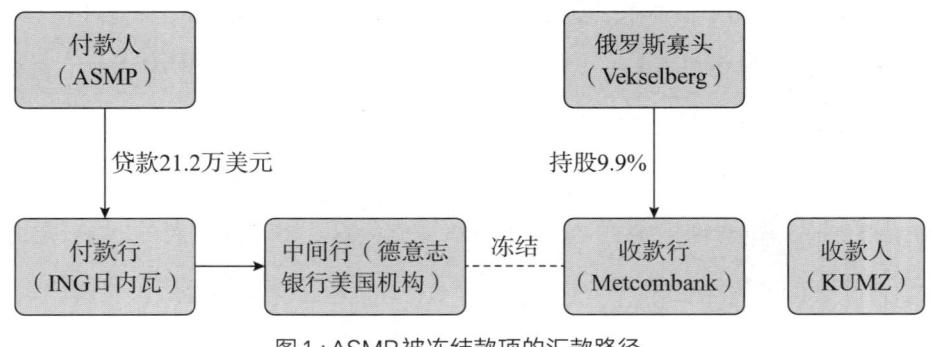

图1：ASMP被冻结款项的汇款路径

---

① 相关链接：https://judicialcaselaw.com/courts/nysd/cases/1_19-cv-08132-LLS/127125936536?page=2。

在起诉书中，ASMP表示，德意志银行美国机构上述非法扣押行为，构成了非法侵占他人财产，严重影响了ASMP的合同义务履行和业务关系，构成重大过失，德意志银行美国机构应赔偿ASMP的损失，包括惩罚性损害赔偿（Punitive Damages），即惩罚德意志银行美国机构的肆意、鲁莽和恶意行为，以保护社会免受类似行为之害。

截至2020年5月1日，案件还在审理过程中。对于此案，有三点值得关注：一是对于进行跨境美元汇付的企业而言，如何确保汇付安全至关重要，特别是部分银行采取非常保守的制裁风险防范政策，如文中的德意志银行美国机构；二是高度关注涉俄罗斯的美元汇付风险，很多俄罗斯企业，特别是部分俄罗斯银行被美国政府纳入SDN名单，或被视为在SDN名单中，或者其受益所有人在SDN名单中；三是对于部分采取保守立场的银行而言，如内部政策严于美国经济制裁法律法规的要求，则可能产生法律纠纷，甚至可能需要赔偿相关损失。

四、制裁名单筛查存在的问题

应对美国经济制裁风险基础性的工作是对制裁名单进行筛查，如果企业涉外业务规模较小，可以直接在美国执行机构网站上进行，如果涉外业务规模较大，则需要专门数据库予以支持。在实践中，因语言差异、系统以及人为操作失误等原因，很多企业可能没有及时准确查询到相关的信息，从而导致不经意间开展了部分违规业务，而向美国执行机构支付一定金额的罚款。下面，我们结合相关处罚案例予以分析。

2018年11月27日，Cobham控股因其子公司扫描软件缺陷导致开展了违规业务而向OFAC缴纳了87,507美元的罚款[①]。Cobham控股是一家美国企业，开展违规业务的是其前子公司Metelics。2014年7月31日至2015年1月15日间，Metelics通过其在加拿大的分销商，将部分电子产品卖给了根据OFAC 50%规则被视

---

① 相关链接：https://www.treasury.gov/resource-center/sanctions/CivPen/Documents/20181127_metelics.pdf。

为在SDN名单中的俄罗斯企业。Metelics并非有意为之，而是其制裁扫描软件存在一定的瑕疵。Metelics做了两笔违规业务，就其中一笔违规业务予以简单分析。具体情况如图2所示：

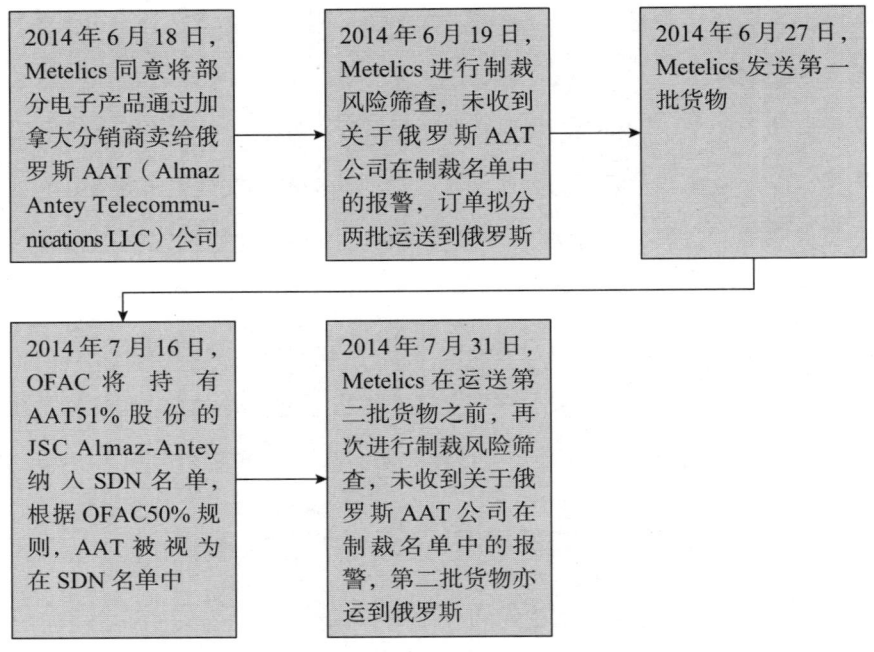

图2　Metelics违规业务图示

Metelics在2014年7月31日未能筛查出AAT在制裁名单上，主要是因为Metelics使用的制裁扫描数据库是All Word Watch Criteria，也就是说，只有制裁对象的名称完全匹配才能报警。Metelics使用"Almaz Antey Telecom"这一名称对JSC Almaz-Antey进行查询，因多了一个单词"Telecom"，制裁扫描数据库没有报警。另外，我们可能还看到，Metelics的业务开展决定是在对制裁风险筛查之前作出的，这存在一定的程序问题，可能会产生法律合规风险。

除了扫描问题和程序问题，此案还有非常值得关注的地方是，违规业务是Metelics的并购方在对Metelics进行并购前的尽职调查时发现的。这就提醒了在进行国际并购的中国企业，在并购时需要做好以下工作：一是在签订协议前对并购对象可能的制裁违规行为进行全面、深入的尽职调查；二是需要在并购协议中明确并购对象在并购前的制裁违规责任由谁承担。Metelics 在 2015 年 12 月 14 日之前是 Cobham 控股的子公司,而 Cobham 控股与 OFAC 签订清偿协议的时间是 2018 年 11 月 28 日,可见,Cobham 控股与 Metelics 的并购方应明确了 Metelics 的违规责任由 Cobham 控股承担。

五、沃尔夫斯堡集团制裁筛查指引

对于定向制裁,最重要、最有效的风险管理方式是进行制裁筛查。2019 年 1 月,沃尔夫斯堡集团(Wolfsberg Group)出台了《沃尔夫斯堡集团制裁筛查指引》,为金融机构识别、防范制裁风险制定框架和提供指导。沃尔夫斯堡集团是全球 13 家大银行组成的一个组织,包括花旗、汇丰、美国银行、摩根大通、高盛等,旨在为金融犯罪风险的管理制定框架和提供指导,特别是在了解客户、反洗钱和打击恐怖分子融资政策方面为金融机构制定框架和指导。沃尔夫斯堡集团认为,制裁筛查是金融机构所采用的一种控制措施,用于监测、预防和管理制裁风险;金融机构应将制裁筛查纳入金融犯罪合规项目,以帮助识别受制裁的自然人和实体以及非法交易;制裁筛查有助于确定可能存在制裁风险的领域,并帮助金融机构作出适当的决定。

《沃尔夫斯堡集团制裁筛查指引》旨在为金融机构评估其制裁筛查控制措施的有效性提供指导,无论是通过系统进行自动筛查还是人工筛查。该指引主要包括以下内容:制裁筛查是什么,核实参考数据和筛查的交易数据,筛查的时机选择,技术和自动化系统的使用,警报调查的标准以及测试和质量保证等。该指引明确,目前,绝大部分金融机构采用两种筛查控制措施:一种是交易筛查(Transaction Screening),另一种是客户筛查(Customer Screening)。交易筛查用于识别涉及制裁对象的交易;客户筛查或者姓名筛查用于识别新老客户是否为制裁对象,交易筛查和客户筛查结合起来适用,可以更好地管控制裁风险。

该指引还明确,金融机构首先需要识别、评估其所面临的制裁风险,并执行与其业务性质、规模和复杂程度相匹配的制裁筛查机制,金融机构在评估所面临的制裁风险时，需要从以下四个维度来考虑：一是金融机构所在地所属的司法管辖区，以及其与受制裁国家的接近程度，包括地理、文化和历史上的接近程度；二是金融机构的客户情况，包括国内的客户和国外的客户，这些客户位于哪些国家和地区，开展哪些业务；三是交易的规模和分销渠道；四是金融机构提供的产品和服务情况，这些产品是否具有比较高的制裁风险，例如，跨境交易，境外代理账户，贸易相关产品或者通汇账户。

第四章

美国经济制裁救济机制

第四章　美国经济制裁救济机制

美国经济制裁执行机构主要通过将自然人和实体纳入制裁名单以及追究自然人和实体民事甚至刑事责任的方式确保美国经济制裁法律法规得到执行。美国经济制裁执行机构在执行时有一套非常严格的程序要求，如果程序上存在纰漏，被制裁或被处罚的自然人和实体可以对执行机构的决定发起挑战。本章梳理了部分挑战美国经济制裁执行机构处罚决定的案例，对我们研究美国经济制裁救济机制有一定的参考价值。另外，美国经济制裁是只服务于美国国家利益和外交政策目标的工具，主要是为了改变制裁对象的行为，这就意味着被美国政府纳入制裁名单的自然人和企业存在被从制裁名单中移除的可能。美国财政部建立了制裁名单移除机制，实践中也有很多制裁名单中的自然人和企业经过持续努力后被移除。

第一节　埃克森美孚挑战OFAC处罚决定实现制裁罚款的取消

2017年7月20日，OFAC认定埃克森美孚违反了《乌克兰相关制裁条例》，对其处以200万美元的罚款[1]。同一天，埃克森美孚在美国得克萨斯北区联邦地区法院达拉斯分院起诉美国财政部长、OFAC及其负责人，认为OFAC的处罚决定违反了美国宪法关于正当程序的规定和美国行政程序法[2]。2019年12月31日，美

---

[1] 相关链接：https://www.treasury.gov/resource-center/sanctions/CivPen/Documents/20170720_exxonmobil.pdf。

[2] 相关链接：https://corporate.exxonmobil.com/News/Newsroom/News-releases/2017/0720_ExxonMobil-to-challenge-retroactive-changes-to-guidance-on-Russian-sanctions。

国得克萨斯北区联邦地区法院达拉斯分院做出判决,由于埃克森美孚没有收到公正的通知(Fair Notice)以告知其行为违规,美国得克萨斯北区联邦地区法院达拉斯分院支持埃克森美孚的动议,否决了OFAC的交叉动议(Cross-Motion),取消了OFAC的处罚决定[①]。

一、OFAC处罚决定相关内容

(一)埃克森美孚概况

埃克森美孚是一家石油和天然气巨头,注册地在美国新泽西州,主要营业地在美国得克萨斯州。数十年来,埃克森美孚一直在俄罗斯能源行业开展业务,自20世纪80年代后期以来,埃克森美孚就与俄罗斯石油公司(Rosneft)及其子公司和分支机构建立了合作关系。

(二)违规行为

约在2014年5月14日至23日,埃克森美孚美国子公司与俄罗斯石油公司签署8份合同,其中,俄罗斯石油公司的签字人为总裁Igor Sechin,Igor Sechin在签署合同时已被纳入SDN名单。2014年7月22日,OFAC针对埃克森美孚的上述行为发出了行政传票;2014年6月29日,OFAC向埃克森美孚发出处罚预通知;2017年7月20日,OFAC发出处罚通知,OFAC认定,埃克森美孚美国子公司接受了被纳入SDN名单中的自然人的服务,违反了《乌克兰相关制裁条例》。OFAC还认定埃克森美孚没有进行主动披露,其违规行为构成恶意违规。

(三)相关规定

2014年3月16日,奥巴马总统签发13661号行政命令,13661号行政命令授

---

① 相关链接:https://globalinvestigationsreview.com/digital_assets/b148d744-061d-4b7a-819e-4f0dffc1b1ee/Exxon-Mobil-ruling.pdf。

权美国财政部将部分俄罗斯政府官员纳入 SDN 名单,禁止美国人接受因 13661 号行政命令而被纳入 SDN 名单的自然人和实体提供的服务。2014 年 4 月 28 日,OFAC 根据 13661 号行政命令将俄罗斯国家石油公司总裁 Igor Sechin 纳入 SDN 名单,根据相关规定,未经许可或未有例外规定,美国人不得与 Igor Sechin 开展任何交易。

2014 年 3 月至 4 月间,白宫在回应多家媒体询问时发布的新闻指导以及美国高级政府官员在媒体电话会议的声明,均表示对俄罗斯政府官员的制裁重点是确认其个人身份并针对他们的资产,而不是其管理的公司。

在埃克森美孚签署前述 8 份合同之前,在美国白宫发布前述声明之后,2014 年 5 月 8 日,OFAC 签发了《乌克兰相关制裁条例》,《乌克兰相关制裁条例》对"资产"及"资产收益"进行了界定,明确美国人不得与因 13661 号行政命令而被纳入 SDN 名单的自然人和实体开展业务,不得接受其服务。

2014 年 8 月 13 日,在埃克森美孚签署前述 8 份合同之后,OFAC 发布 FAQ398 和 FAQ400。FAQ398 明确,一个实体 A 如果由被进行资产冻结的自然人或实体(Blocked Person)B 控制,则 A 并不会自动被冻结,但是 OFAC 仍可能选择将 A 纳入制裁名单;美国人在和 A 开展业务时,应非常谨慎,应确保没有和代表 A 的 B 进行交易,比方说,与 B 签署一份合同。FAQ400 重申,OFAC 一般禁止美国人直接或间接与被冻结的自然人或实体 B 开展业务,尽管 B 只是代表 A 行事,例如,如果 B 是合同的签字人,则美国人不得签署该合同。

(四)OFAC 对埃克森美孚的驳斥

埃克森美孚在与 OFAC 就签署合同的行为是否违规进行沟通时,埃克森美孚提到了 2014 年 4 月的一篇新闻。这篇新闻引用了美国财政部代表的声明,声明称美国人并不被禁止参加俄罗斯国家石油公司董事会会议。据此,埃克森美孚表示,上述声明区分了 Igor Sechin 的履职行为和个人行为。OFAC 没有认可埃克森美孚的观点。OFAC 表示,无论是 13661 号行政命令还是《乌克兰相关制裁条例》，都没有区分履职行为和个人行为，OFAC 也没有以这种方式解释《乌克兰相关制裁条例》，也没有支持这种区分。

OFAC 还表示，2013 年在其网站发布的针对缅甸制裁项目的 FAQ285 特别提到了与 SDN 名单中的自然人和实体签署合同的行为。FAQ285 明确，美国人在和不在 SDN 名单中的实体进行交易时应保持谨慎，以确保没有向 SDN 名单中的自然人和实体提供资金、货物或服务，例如，应确保合同的签字人不在 SDN 名单中。据此，OFAC 认为，其已明确禁止不得与 SDN 名单中的自然人签署合同，尽管该自然人代表的实体并不在 SDN 名单中。对此，埃克森美孚表示，不同的制裁项目有不同的解释，FAQ285 不应适用于乌克兰相关制裁项目。

二、埃克森美孚起诉 OFAC

（一）埃克森美孚对 OFAC 的指控

埃克森美孚指控，OFAC 对 13661 号行政命令以及其在 2014 年 4 月 28 日将 Igor Sechin 纳入 SDN 名单的事后解释是武断的，反复无常的，滥用自由裁量权的，违反了美国行政程序法；OFAC 在没有给出公正的通知的情况下对埃克森美孚处以罚款，剥夺了美国宪法赋予埃克森美孚的正当程序的权利，违反了美国宪法。

埃克森美孚认为，OFAC 追溯性处罚主要依据 2014 年 5 月埃克森美孚与俄罗斯石油公司签署的 8 份合同，但在签署这些合同时，俄罗斯石油公司并没有受到任何制裁，且合同约定的事项并不属于制裁范畴，OFAC 处罚埃克森美孚的唯一依据是这些文件是由 Igor Sechin 代表俄罗斯石油公司签署的，而此时，Igor Sechin 以个人身份受到了制裁。

埃克森美孚认为，OFAC 仅仅依据合同的一方签字人 Igor Sechin 在 SDN 名单中就认定埃克森美孚的行为违规，OFAC 这一立场是错误的；这一立场依赖于 OFAC 在埃克森美孚受质疑行为（签署合同的行为）发生时尚未宣布的新解释，违背了相关行政命令的规定,且直接与美国白宫和财政部的同期权威性指南相抵触,美国白宫和财政部一再表示,在Igor Sechin受到制裁时,受质疑行为是合法的。

埃克森美孚认为,直到埃克森美孚执行上述8份合同后数月,OFAC才依据新解释对埃克森美孚进行处罚;OFAC在给埃克森美孚发出传票后还坦率承认,对于受质疑行为应适用的法律标准未形成自己的观点;显然,埃克森美孚公司无法以必要的可确定的确定性(Necessary Ascertainable Certainty)来确定OFAC期望其遵循的标准。

(二)埃克森美孚的主要证据

埃克森美孚在诉状中主要论证OFAC的新解释与美国白宫和财政部发布的指引及发言不一致,而后者与13661号行政命令是一致的,为此,埃克森美孚引用了大量美国政府文件和政府官员的发言支持其立场,主要包括:

1.在13661号行政命令签发后的第2天,也即2014年3月17日,美国白宫发布指引,明确相关制裁仅仅针对受制裁自然人的个人资产,并不限制与这些受制裁自然人管理的企业开展业务;

2.当2014年4月28日Igor Sechin被纳入SDN名单时,美国白宫和财政部又澄清,只是Igor Sechin作为个人被制裁。

3.2014年4月28日,美国财政部官员在《纽约时报》上进一步澄清,只是针对Igor Sechin个人的制裁,美国人并不被禁止与俄罗斯石油公司开展业务,包括可以参加有Igor Sechin参与的俄罗斯石油公司的董事会会议;

4.2014年5月16日,美国财政部官员还表示,如果Igor Sechin以俄罗斯石油公司代表的身份进行活动,则美国人与Igor Sechin进行互动并不属于禁止的范畴。也就是说关键在于所开展的业务是属于俄罗斯石油公司的业务,还是Igor Sechin的个人业务。

埃克森美孚论证,前述8份合同涉及的是俄罗斯石油公司的业务,而不是

Igor Sechin 的个人业务，依据美国白宫和财政部上述观点和立场，受质疑行为是明确允许的，而美国白宫和财政部的上述观点和立场同 13661 号行政命令是一致的。根据 13661 号行政命令，Igor Sechin 的财产和财产收益被冻结，不能转让或以其他方式处理，埃克森美孚并没有被禁止从俄罗斯国家石油公司获得或向其提供资金、产品或服务，因此，不管 Igor Sechin 在为俄罗斯国家石油公司签署这些合同时扮演什么角色，埃克森美孚完全有权与俄罗斯石油公司签署合同。

埃克森美孚进一步论证，这些合同是俄罗斯国家石油公司的资产，并不是 Igor Sechin 的个人资产，当 Igor Sechin 以总裁的身份代表俄罗斯石油公司签署这些合同时，Igor Sechin 并没有向埃克森美孚或任何其他美国人提供他的服务或任何其他形式的财产。如果说 Igor Sechin 提供了服务，也只能是服务提供给了俄罗斯石油公司，而不是埃克森美孚。

（三）埃克森美孚的诉讼请求

埃克森美孚请求美国得克萨斯北区联邦地区法院达拉斯分院做出以下判决：判决 OFAC 认定埃克森美孚违规的决定违法，并取消该决定；判决 OFAC 对埃克森美孚处以 200 万美元罚款的决定违法，并取消该决定；宣布埃克森美孚的行为没有违反《乌克兰相关制裁条例》；永久禁止 OFAC 收取与处罚决定相关的民事罚款；给予法院认为公正和适当的其他救济。

三、美国得克萨斯北区联邦地区法院达拉斯分院的判决

（一）埃克森美孚挑战 OFAC 决定的理由

美国得克萨斯北区联邦地区法院达拉斯分院认为，埃克森美孚基于以下三个理由挑战 OFAC 的决定：一是《乌克兰相关制裁条例》并未禁止埃克森美孚受质疑的行为，OFAC 对《乌克兰相关制裁条例》的解释无权得到尊重（Entitled to Deference）；二是 OFAC 的处罚行为是任意的、反复无常的；三是 OFAC 没有就

其对《乌克兰相关制裁条例》的解释提供公正的通知，违反正当程序。美国得克萨斯北区联邦地区法院达拉斯分院支持埃克森美孚的第三个理由，即OFAC没有就其对《乌克兰相关制裁条例》的解释提供公正的通知，美国得克萨斯北区联邦地区法院达拉斯分院没有就前两个理由的是非曲直做出判决。

（二）美国得克萨斯北区联邦地区法院达拉斯分院支持埃克森美孚的理由

美国得克萨斯北区联邦地区法院达拉斯分院需要作出决定，是否如埃克森美孚指控的那样，因为OFAC没有就其对《乌克兰相关制裁条例》的解释提供可确定的确定性（Ascertainable Certainty），故OFAC的处罚决定是在没有提供公正的通知的情况下剥夺了埃克森美孚的资产。

美国得克萨斯北区联邦地区法院达拉斯分院认为，根据美国宪法第五修正案的正当程序条款，规范自然人或实体的法律必须就禁止或要求的行为发出公正的通知；如果政府机构未发出公正的通知，则"有理由撤销被指控违反规定的罚款"；从政府的角度来看，公正的通知要求政府机构以可确定的确定性来明确陈述其确定的标准的含义。

美国得克萨斯北区联邦地区法院达拉斯分院首先需要判断的是，《乌克兰相关制裁条例》是否提供了公正的通知。美国得克萨斯北区联邦地区法院达拉斯分院认为，《乌克兰相关制裁条例》没有提供公正的通知，美国得克萨斯北区联邦地区法院达拉斯分院然后审查了其他因素是否支持公正通知的裁定，具体而言，法院着重考虑了以下内容：1.OFAC声称其解释存在内部不确定性；2.埃克森美孚未能在签署合同之前寻求政府机构的指导；3.OFAC和行政部门发布的公开声明。鉴于《乌克兰相关制裁条例》和相关公开声明均缺乏明确性，美国得克萨斯北区联邦地区法院达拉斯分院得出结论，OFAC未就其对《乌克兰相关制裁条例》的解释提供公正的通知。

四、相关分析

OFAC的处罚决定很少被美国联邦法院进行司法审查，美国联邦法院取消OFAC的处罚决定的判决更是少之又少。可以说，埃克森美孚的起诉成功是一个重要的案例。然而，需要特别注意的是，截至2020年5月1日，OFAC仍没有根据美国得克萨斯北区联邦地区法院达拉斯分院的判决取消对埃克森美孚的处罚决定，这意味着，OFAC可能会提起上诉。

在实践中，经常出现美国制裁法律法规不清晰、不明确的情况，对于企业而言，最好的办法还是向执行机构（如OFAC）寻求指导，而非凭着自己的主观臆测做出业务决策，毕竟，根据美国行政程序法，法院在一般情况下尊重政府机构的决定，特别是在政府机构的决定涉及国家安全的情况下。除非政府机构的决定是独断的、任性的、滥用自由裁量权的，或违法的，否则法院不会轻易判决取消政府机构的决定。

另外，需要注意的是，OFAC是在埃克森美孚与俄罗斯石油公司签署合同之后才签发的FAQ398和FAQ400，如果合同签署时间晚于OFAC发布FAQ398和FAQ400的时间，法院的判决可能会有所不同。

第二节　Epsilon挑战OFAC处罚决定实现处罚金额的减少

2014年7月25日，OFAC认定Epsilon Electronics Inc.（以下简称Epsilon）违反了《伊朗交易与制裁条例》，对其处以4,073,000美元的罚款[①]。对于OFAC的决定，Epsilon提出了挑战，将OFAC起诉到了美国哥伦比亚特区联邦地区法院（以下简称地区法院），地区法院支持了OFAC的决定。随后，Epsilon上诉到了美国哥伦比亚特区巡回上诉法院（以下简称上诉法院）。2017年5月26日，上诉法院

---

① 相关链接：https://www.treasury.gov/resource-center/sanctions/CivPen/Documents/20140725_epsilon.pdf。

做出裁定，将此案发回地区法院，指示地区法院要求OFAC按照裁定的要求，重新审查违规业务的规模并重新计算处罚金额[1]。2018年9月13日，OFAC重新对Epsilon做出处罚，处罚金额调整为150万美元[2]。Epsilon起诉OFAC并成功实现处罚金额的减少，引起了广泛的关注，值得我们去分析研究。

一、基本情况

（一）OFAC对Epsilon的调查

OFAC在2011年就开始调查Epsilon，当时，OFAC知道在2008年有一批货物从Epsilon总部运到了伊朗德黑兰。对于OFAC发来的行政传票，Epsilon的总裁否认知晓这批货物，并表示这批货物是公司一位级别较低的员工在公司不知情的情况下将其发送到了伊朗。2011年下半年，OFAC还获悉，Epsilon已从一家代表Asra International Corporation（以下简称Asra）的迪拜银行收到多笔电汇。为此，OFAC查看了Asra的网站，该网站宣传了Asra在伊朗市场上的成功，列出了位于伊朗的经销商目录，并展示了在伊朗各个城市贸易展览的照片，其中一些照片也出现在Epsilon的网站上。据此，OFAC怀疑Epsilon销售给Asra的货物最终运往伊朗，于2011年12月对Epsilon进行了第二次调查。

2012年1月，OFAC给Epsilon发了警示信，解释说这批货物似乎违反了OFAC的规定，OFAC不会因这批货物对Epsilon进行处罚，但可以在以后的任何案例中考虑到这种明显的违规行为。OFAC结束了对这批货物的调查，但没有结束对Epsilon与Asra之间商业往来的调查。2012年5月，OFAC再次向Epsilon发出行政传票，要求Epsilon提供有关其与Asra以及伊朗间的交易的更多信息。Epsilon回应称，其与伊朗没有任何交易，运往Asra的货物都不是运往伊朗。Ep-

---

[1] 相关链接：https://www.cadc.uscourts.gov/internet/opinions.nsf/866BFABA6593F5D68525812C0050A696/$file/16-5118-1676917.pdf。

[2] 相关链接：https://www.treasury.gov/resource-center/sanctions/CivPen/Documents/20180913_epsilon.pdf。

silon提交了一些发票，这些发票记录了向Asra发送的34批次的货运信息。

2012年2月至2012年5月间，在OFAC继续进行调查的同时，Epsilon又向Asra发送了批货物。在此期间，Asra的一位管理人员通过邮件，向Epsilon管理人员描述了其以Asra的名义在迪拜设立零售店销售Epsilon产品的计划。

（二）OFAC对Epsilon的初次处罚

2014年5月，OFAC向Epsilon发出处罚预通知，告知Epsilon将被处以4,073,000美元的罚款。OFAC认为，Epsilon没有主动披露任何违规行为，并且在收到OFAC 2012年1月的警示信后发出的最后5批货物属于恶意违规。对此，Epsilon回复否认知晓或有理由知晓销售给Asra的货物最终被销售到伊朗，Epsilon的回复并未说服OFAC。

2014年7月，OFAC向Epsilon发出了处罚通知，对Epsilon处以4,073,000美元的罚款。OFAC认为，大约从2008年8月26日到2012年5月22日，Epsilon将39批次、总额3,407,491美元的汽车音响设备卖给了Asra，Asra在德黑兰有代表处，且Asra的绝大部分商品都转运到了伊朗；Epsilon知晓或有理由知晓这些货物专门用于直接或间接向伊朗供应、转运或再出口到伊朗；Epsilon的行为违反了《伊朗交易与制裁条例》。

（三）Epsilon在地区法院对OFAC的决定提出挑战

2014年12月，Epsilon在地区法院起诉OFAC，指控OFAC的处罚决定是非法的、过重的，并就OFAC的处罚决定向地区法院寻求宣告性和禁令性救济，寻求地区法院取消或减少处罚金额。在起诉书中，Epsilon对OFAC的处罚决定提出了三个挑战，一是Epsilon认为其运送到Asra的39批次货物都没有违反《伊朗交易与制裁条例》；二是Epsilon认为，OFAC所评定的罚款金额不仅是独断的、任性的，而且是美国宪法第八修正案所禁止的"过高罚款"；三是Epsilon辩称其正当程序权利被侵犯，因为OFAC没有向其提供处罚的充分证据。2016年3月7日，地区法院做出有利于OFAC的简易判决。随之，Epsilon向上诉法院提起了上诉，请求上诉法院重新审查地区法院有利于OFAC的简易判决。

（四）上诉法院的审理

根据美国《行政程序法》的要求，上诉法院审查政府机构的决定时，应高度尊重政府机构的决定，也就是说，除非OFAC的行动是独断的、任性的、滥用自由裁量权的，或违法的，否则，上诉法院应支持OFAC的决定。根据这一标准，上诉法院将支持OFAC的决定。

Epsilon第一个挑战涉及一个问题，要证明Epsilon违反《伊朗交易与制裁条例》，OFAC必须证明Epsilon运送给Asra的货物确实到了伊朗境内，还是说OFAC仅仅需要证实Epsilon在有理由知晓Asra打算将货物专门再出口到伊朗的情况下将货物运送给Asra。Epsilon坚持前一个立场，表示没有实质性证据表明有争议的39批次货物曾经进入过伊朗，因此，其并未违反《伊朗交易与制裁条例》。OFAC则认为，根据《伊朗交易与制裁条例》，要证明Epsilon违规，并不需要证明Asra实际上将这些货物运送到了伊朗。上诉法院支持了OFAC的立场，如果出口商将货物从美国运往第三国，并有理由知晓这些货物是专门用于再出口到伊朗的，即使货物从未到达伊朗，根据《伊朗交易与制裁条例》，出口商可能被判负有责任。

对Epsilon的第二个挑战，上诉法院需要判断OFAC的处罚决定是否有充足的事实依据。Epsilon和OFAC对39批次的货物被运往了迪拜没有争议，争议的焦点在于Epsilon是否知晓或有理由知晓Asra专门打算将这些货物再出口到伊朗。对此，上诉法院将这39批次货物分成两部分，第一部分为2008年至2011年间发到迪拜的34批次货物，第二部分为2012年发到迪拜的5批次货物。上诉法院认为，OFAC关于第一部分货物的调查结果是有充分的证据支持的，OFAC关于第二部分货物的调查结果的证据并不充分。上诉法院认为，通过前述Asra的一位管理人员和Epsilon管理人员的邮件，Epsilon很可能认为第二部分货物是为在迪拜的零售商店准备的，Epsilon没有理由知晓第二部分的货物是打算被运到伊朗的。上诉法院认为OFAC不应要求Epsilon对第二部分货物承担责任，OFAC关于第二部分货物责任的认定是独断的、任性的。上诉法院表示，其不会对OFAC计算处罚金额是否是独断的、任性的以及是否违反宪法第八修正案进行判定。

对第三个挑战，Epsilon抗辩称，在收到OFAC的处罚预通知之前，其并没有获知OFAC证实其违规的证据，OFAC剥夺了其驳斥上述证据的机会，违反了美国宪法第五修正案。上诉法院认为，Epsilon并没有承担起责任来证明其因这一所谓错误受到负面影响。

2017年5月26日，上诉法院做出了裁定，裁定支持了OFAC关于前34批次货物违反《伊朗交易与制裁条例》的决定，同时推翻了后5批次货物违反《伊朗交易与制裁条例》的决定。

二、相关述评

此案在两个方面有非常重要的意义：一是被罚对象可以请求联邦法院对OFAC的决定进行司法审查，这在一定程度上可以促使OFAC提高制裁处罚的透明度和准确性；二是为贸易制裁合规提供了重要先例，也就是说OFAC并不需要证明货物确实运送到了伊朗就可以对违规者进行处罚。

第三节 部分企业通过行政复议实现从SDN名单中移除

一、俄罗斯铝业被从SDN名单中移除

企业的经济制裁风险容忍度和企业是否上市以及国际化程度紧密相关。对于上市企业，特别是对于在国际主要金融市场（如伦敦、纽约、香港、新加坡等）上市的企业而言，经济制裁风险是不能承受之重。SDN名单中的上市企业不多，有重大国际影响力的上市企业更是少之又少。2018年4月6日，俄罗斯

铝业联合公司（以下简称俄罗斯铝业）及其母公司EN+能源和关联企业ESE被OFAC纳入SDN名单[①]。俄罗斯铝业被纳入SDN名单后的不幸遭遇，值得每一家上市企业警醒。2019年1月27日，OFAC正式将上述三家俄罗斯企业从SDN名单中移除[②]。

（一）俄罗斯铝业被纳入SDN名单

俄罗斯铝业被纳入SDN名单，并非因其从事了美国政府认定的敌对行为，而是因为其实际控制人俄罗斯寡头Oleg Deripaska被纳入SDN名单，Oleg Deripaska拥有或控制了EN+能源，EN+能源则是俄罗斯铝业的最大股东。2018年1月29日，美国财政部根据《以制裁反击美国敌人法》第241节的要求，向美国国会递交了一份报告——241报告，241报告列名了114位俄罗斯高官、96位净资产超过10亿美元的俄罗斯寡头，列名的标准包括与俄罗斯现行体制的关联程度、职位高低以及净资产数量。在向国会递交241报告时，美国财政部表示，241报告并非制裁名单，但可以作为其执行经济制裁政策的参考。Oleg Deripaska就是其中一位被列名的寡头。2018年4月6日，Oleg Deripaska被美国财政部纳入SDN名单，其被纳入SDN名单主要是因为美国政府认定其曾是俄罗斯一名高官的代理人，且其拥有的企业属于俄罗斯能源行业[③]。同日，Oleg Deripaska直接或间接拥有或控制的EN+能源及俄罗斯铝业和ESE也被纳入SDN名单。在俄罗斯铝业被纳入SDN名单以后，考虑到可能会引发市场混乱和投资者恐慌，美国财政部先后签发了多个一般许可，给予俄罗斯铝业的相关方（包括美国人）一定的期限处理掉手中持有的俄罗斯铝业的股票和债券、逐步减少甚至停止与俄罗斯铝业间的业务往来。

---

① 相关链接：https://home.treasury.gov/news/press-releases/sm0338。
② 相关链接：https://home.treasury.gov/news/press-releases/sm592。
③ 相关链接：https://home.treasury.gov/news/press-releases/sm0338。

(二) 纳入 SDN 名单对俄罗斯铝业的影响

俄罗斯铝业被纳入 SDN 名单后，引发了一系列连锁反应，主要表现为：股价大跌、评级机构撤销评级、合作伙伴暂停交易等。一是股价大跌，俄罗斯铝业在香港联交所和莫斯科交易所上市，其全球存托凭证在泛欧交易所交易，其金属产品在伦敦金属交易所交易。2018 年 4 月 9 日，被纳入 SDN 名单后的第一个交易日，俄罗斯铝业在香港联交所交易的股票出现断崖式的下跌，跌幅达 50.43%。二是评级机构撤销评级，2018 年 4 月 12 日，俄罗斯铝业发布公告称，穆迪公司因自身业务原因撤销对俄罗斯铝业的评级，惠誉公司因美国制裁的限制而撤销评级。三是合作伙伴暂停交易，根据美国对俄罗斯的经济制裁政策，非美国人与因 13661 和 13662 号行政命令而被纳入 SDN 名单的俄罗斯企业开展重大交易，可能会遭受美国的次级制裁。俄罗斯铝业就是因美国财政部基于 13661 号行政命令授权而被纳入 SDN 名单的。2018 年 4 月 11 日，伦敦金属交易所发布公告称，除非俄罗斯铝业产品的所有者能够证明，交易俄罗斯铝业金属产品不违反美国的经济制裁政策，否则不得在伦敦金属交易所交易任何以俄罗斯铝业为品牌的原铝。2018 年 5 月 24 日，俄罗斯铝业发布公告称，在俄罗斯铝业被纳入 SDN 名单后，大量交易对手包括国际金融机构就其与俄罗斯铝业及其旗下公司签订的合约表示担忧，除非俄罗斯铝业被从 SDN 名单中移除，或者获得 OFAC 新的许可，否则，在 2018 年 10 月 23 日之后，将中止与俄罗斯铝业的业务往来。

(三) 俄罗斯铝业采取的救济措施

2018 年 12 月 19 日，美国财政部表示在 30 天内会将 EN+ 能源及其子公司俄罗斯铝业和 ESE 等三家俄罗斯企业从 SDN 名单中移除。自 2018 年 4 月 6 日被 OFAC 纳入 SDN 名单到 2018 年 12 月 19 日美国财政部公告拟将其移除，俄罗斯铝业的母公司 EN+ 能源及其利益相关者一直在与美国财政部沟通，并做出各种努力，希望上述三家企业能从 SDN 名单中移除。美国财政部表示，其制裁 EN+ 能源及其两家子公司的目的是使 Oleg Deripaska 丧失对 EN+ 能源及其两家子公司的所有权。如果 Oleg Deripaska 不再拥有 EN+ 能源，则美国财政部将 EN+ 能源及其两家子公司纳入 SDN 名单的理由不复存在，EN+ 能源及其两家子公司就有可能被从 SDN 名单中移除。

最终，EN+ 能源及其两家子公司与美国财政部达成了协议，EN+ 能源承诺进行公司重组和董事会改组，将 Oleg Deripaska 在 EN+ 能源的持股比例由 70% 降至 44.95%，将 Oleg Deripaska 在 EN+ 股东大会上的投票权限制在 35% 以下，增加 EN+ 能源董事会中独立董事的人数，确保半数及以上董事为美国人或英国人，按照要求及时向 OFAC 提供相关信息等，确保 Oleg Deripaska 不再拥有 EN+ 能源及其两家子公司[①]。除此之外，俄罗斯铝业及 ESE 同样需要进行相应的重组，并履行报告义务。2019 年 1 月 27 日，OFAC 正式将上述三家企业从 SDN 名单中移除。

二、意大利船运公司 PB Tankers 被从 SDN 名单中移除

2019 年 7 月 3 日，美国财政部 OFAC 将意大利船运公司 PB Tankers 及其拥有的 6 艘油轮从 SDN 名单中移除[②]。从 2019 年 4 月 12 日被纳入到 2019 年 7 月 3 日被移除，PB Tankers 成为 OFAC 历史上被移除速度最快的企业之一。

（一）PB Tankers 因承租人使用其船只从委内瑞拉运输石油而被制裁

2019 年 4 月 12 日，因认定 PB Tankers 在委内瑞拉石油部门运营，OFAC 依据 13850 号行政命令，将 PB Tankers 及其拥有的 6 艘油轮纳入 SDN 名单[③]。OFAC 之所以认定 PB Tankers 在委内瑞拉石油部门运营，是因为 PB Tankers 将其部分油轮租借给古巴石油公司 Cubametales，Cubametales 使用其中的一艘油轮 Silver Point 从委内瑞拉向古巴运输原油。2019 年 4 月 15 日，PB Tankers 发表声明称，PB Tank-

---

① 相关链接：https://home.treasury.gov/news/press-releases/sm576。
② 相关链接：https://home.treasury.gov/news/press-releases/sm722。
③ 相关链接：https://home.treasury.gov/news/press-releases/sm653。

ers 对 OFAC 的举动感到震惊和极度失望，OFAC 事先既没有告知 PB Tankers，也没有与 PB Tankers 沟通，PB Tankers 采取了所有可能的措施确保不违反美国经济制裁法律法规，PB Tankers 在委内瑞拉境内没有油轮，也没有下属油轮进出委内瑞拉。

（二）PB Tankers 采取的救济措施

在被纳入 SDN 名单以后，PB Tankers 终止了与 Cubametales 的租船协议，并采取措施加强对业务运营的审查，以防止未来出现可能受制裁的活动。另外，PB Tankers 还聘用了两家律所为其提供支持和帮助，一家律所在船运行业有着广泛的声誉，另一家律所擅长处理经济制裁相关事宜，这两家律所统筹协调除名申请相关事宜。在被从 SDN 名单移除的声明中，PB Tankers 提到了意大利政府的支持，特别感谢了意大利驻美国大使馆和上述两家律所的专业律师。

三、德国企业 Deutsche Forfait AG 被从 SDN 名单中移除

2014 年 10 月 16 日，德国企业 Deutsche Forfait AG（以下简称 DF）被从 SDN 名单中移除[1]。从 2014 年 2 月 6 日被纳入 SDN 名单到 2014 年 10 月 16 日被从 SDN 名单中移除，DF 被从 SDN 名单移除的速度远远超过约为两年的平均速度[2]。

（一）DF 为德国及其他国家的出口商开展伊朗业务提供贸易金融服务

DF 是一家德国的贸易金融公司，成立于 2000 年。DF 从全球各地的进出口贸易中购买应收账款，并为新兴国家特别是中东国家的商品交付提供套期保值服务。DF 的大部分业务都是使用美元进行结算的，需要美国的银行进行美元支

---

[1] 相关链接：https://www.treasury.gov/resource-center/sanctions/OFAC-Enforcement/Pages/20141016.aspx。
[2] 此为 DF 自己做出的评价。

付。DF的股票在德国证券交易所上市交易。需要注意的是，DF的运营重心在中东地区，在伊朗德黑兰设立了办公室，为德国及其他国家的出口商开展伊朗业务（尤其是与伊朗食品和药品有关的业务）提供贸易金融服务。

（二）DF及其一位监事和一家子公司被纳入SDN名单

2014年2月6日，DF及DF的一位监事Ulrich Wippermann以及DF的美国子公司DF Americas Inc.因被认定为伊朗国家石油公司的原油交易提供便利而被纳入SDN名单[1]。被纳入SDN名单后，DF无法开展任何业务，遭受重大损失。截至2014年8月底，DF损失了一半的股本，所有的利益相关者都认为公司已接近破产的边缘。Ulrich Wippermann在2014年2月24日辞去监事职位，并离开公司。

（三）DF采取的补救措施

在被纳入SDN名单后，DF积极采取了补救措施，配合美国财政部调查开展了大量的工作，并在外部顾问的帮助下调整了公司合规管理机制，主要包括：任命一名合规官，直接向管理委员会报告；完善IT系统，使之能够每天对客户（包括新客户和存量客户）进行制裁黑名单排查。在DF与美国政府谈判期间，德国外交部、联邦财政部、联邦经济事务部，甚至德国总理默克尔都参与其中，给予了DF有力支持。

四、长城工业和长城航空被从SDN名单中移除

在实践中，也存在中国企业通过行政复议的方式实现从美国制裁名单中移除的案例[2]。2006年6月13日，美国财政部认定中国长城工业参与和伊朗相关的大规模杀伤性武器扩散活动，依据13382号行政命令将中国长城工业纳入SDN

---

[1] 相关链接：https://www.treasury.gov/press-center/press-releases/Pages/jl2287.aspx。
[2] 除了中国长城工业，2020年1月31日，大连中远海运油品运输有限公司及其总经理徐亚洲被美国财政部从SDN名单中移除。

名单①。2008年6月19日，美国财政部将中国长城工业从SDN名单中移除②。美国国务院在其网站上表示，美国政府注意到了中国长城工业与美国方面进行积极合作并采取了补救措施，包括强化内部控制程序，加强培训和沟通，制定内部政策确保不参与国际社会确定为扩散风险的某些国家的任何交易③。从上述信息中，我们可以推断出中国长城工业通过行政复议的方式实现了从制裁名单中移除。

另外，中国长城工业的子公司长城航空的相关经历也值得我们关注。根据国内媒体的报道，2006年8月，中国长城工业持股51%的子公司长城航空因被视为在SDN名单中，被迫停止所有航线的运营④。在停飞期间，长城航空向美国财政部申诉，获得成功，并于2007年2月恢复飞行。在恢复飞行时，长城航空的股东有所变化，大股东中国长城工业退出，时任长城航空总裁的陈凯平表示，长城航空从未在任何时候涉及过任何与制裁内容相关的业务⑤。从上述报道中，我们可以得出，长城航空通过行政复议以及股权结构调整避免了美国制裁的影响；很多企业，特别是没有直接参与可受制裁业务的企业，存在从制裁名单中移除的可能。

第四节　俄罗斯前首富直接起诉美国财政部及OFAC

2019年3月15日，在走投无路之后，俄罗斯前首富Oleg Deripaska拿起了法律武器，在美国哥伦比亚特区联邦地区法院对美国财政部及其部长、OFAC及其负责人提起诉讼，指控被告滥用美国法律法规授予其执行经济制裁的权力，请

---

① 相关链接：https://www.treasury.gov/resource-center/sanctions/OFAC-Enforcement/Pages/20060613.aspx。
② 相关链接：https://www.treasury.gov/resource-center/sanctions/OFAC-Enforcement/pages/20080619.aspx。
③ 相关链接：https://2001-2009.state.gov/r/pa/prs/ps/2008/jun/106102.htm。
④ 相关链接：http://www.dzwww.com/caijing/gsqy/200608/t20060822_1714854.htm。
⑤ 相关链接：http://news.carnoc.com/list/78/78785.html。

求法院禁止被告滥用权力的行为,并将原告从SDN名单和241报告中移除①。在Oleg Deripaska之前,很少有被纳入SDN名单的非美国人在美国法院针对美国财政部和OFAC提起诉讼。

一、OFAC将Oleg Deripaska纳入SDN名单

(一) Oleg Deripaska其人

根据OFAC披露的信息,Oleg Deripaska于1968年出生于俄罗斯伏尔加地区,在20世纪90年代初,开展铝业贸易业务,并开始收购俄罗斯一些冶炼公司的股份。在1997年,Oleg Deripaska将其铝业资产进行合并,成立了西伯利亚铝业,2000年,西伯利亚铝业和另一个俄罗斯寡头阿布拉莫维奇的铝业资产合并,成立了俄罗斯铝业。在2001年,Oleg Deripaska与前俄罗斯总统办公厅主任Valentin Yumashev的女儿结婚,不久,Valentin Yumashev与俄罗斯前总统叶利钦的女儿结婚,Oleg Deripaska就成了叶利钦总统的外孙女婿,从此进入俄罗斯的政治核心圈。

Oleg Deripaska的资产主要包括其在EN+能源和GAZ集团持有的股份。根据OFAC披露的信息,在2018年4月6日Oleg Deripaska被纳入SDN名单时,Oleg Deripaska家族持有EN+能源76.8%的股份,EN+能源的股票在伦敦上市交易;EN+能源持有世界第二大铝业公司——俄罗斯铝业48%的股份,俄罗斯铝业在香港联交所上市;EN+能源控股了JSC EuroSibEnergo,后者是俄罗斯最大的民营电力公司;Oleg Deripaska持有GAZ集团83%的股份,GAZ集团是俄罗斯最大的汽车公司。

(二) OFAC将Oleg Deripaska纳入SDN名单

2018年4月6日,OFAC依据13661号行政命令将Oleg Deripaska纳入SDN名单,

---

① 相关链接: https://www.cnbc.com/2019/03/15/putin-ally-deripaska-sues-treasury-to-block-sanctions-says-hes-lost-billions.html。

理由是 Oleg Deripaska 曾为或声称曾为一名俄罗斯政府高级官员办事以及 Oleg Deripaska 拥有和控制的企业在俄罗斯能源部门运营。2019 年 5 月 29 日，Oleg Deripaska 在其个人网站对上述理由进行了驳斥，认为 OFAC 披露的、支持上述理由的证据不足，是对公司网站和媒体上公开信息的歪曲。

在将 Oleg Deripaska 纳入 SDN 名单的同时，OFAC 也将 Oleg Deripaska 拥有和控制的俄罗斯铝业、EuroSibEnergo 和 EN+ 能源纳入 SDN 名单。

二、Oleg Deripaska 的控诉和反击

（一）Oleg Deripaska 的控诉

在起诉书中，Oleg Deripaska 表示，美国财政部和 OFAC 的非法行为摧毁了他的财富和声誉，具体表现为：一是净资产急剧减少，从 2018 年 4 月 6 日被纳入 SDN 名单至 2019 年 3 月 15 日，其净资产减少了 81%，即减少了 75 亿美元；二是 Oleg Deripaska 完全被国际商界拒之门外，Oleg Deripaska 拥有或控制的企业业务发展举步维艰，美国财政部和 OFAC 在世界各地游说，警告非美国企业不要和 Oleg Deripaska 及其拥有或控制的企业开展业务，因担心美国经济制裁，塞浦路斯的银行关闭了 Oleg Deripaska 拥有的企业在该银行的账户，德国大众汽车搁置了购买 GAZ 汽车股份的计划；三是 Oleg Deripaska 丧失对其拥有的部分企业的控制权，为从 SDN 名单中移除，Oleg Deripaska 拥有或控制的部分企业，如俄罗斯铝业、EuroSibEnergo 和 EN+ 能源，进行重大重组和公司治理重构，与其进行隔离，Oleg Deripaska 在这些企业中的股东分红被冻结，其无法使用；四是 Oleg Deripaska 无法享受很多基本服务，因担心美国经济制裁，Oleg Deripaska 联系的绝大部分非美国律师拒绝为其提供法律服务，非美国金融机构拒绝为 Oleg Deripaska 提供向律师支付服务费的汇款服务。可以说，在被纳入 SDN 名单之后，Oleg Deripaska 举步维艰。

(二) Oleg Deripaska 的反击

2019年1月27日，OFAC将俄罗斯铝业、EuroSibEnergo和EN+能源从SDN名单中移除，但Oleg Deripaska仍在SDN名单中。无奈之下，Oleg Deripaska只好将美国财政部及其部长、OFAC及其负责人告到了美国的法院。在起诉书中，Oleg Deripaska提出了九项指控，这九项指控可以归纳为：美国财政部、OFAC将其纳入SDN名单、241名单的行为属于美国行政程序法下的任意和反复无常的行为，将其纳入SDN名单、241名单的证据不足，且没有提前告知，滥用美国法律法规授予其执行美国经济制裁的巨大权力，违反了美国宪法第五修正案关于正当程序的相关规定和美国行政程序法。

Oleg Deripaska还表示：美国财政部和OFAC，甚至美国国会，对其存在敌意和偏见，这导致其无法通过OFAC的行政复议程序得到公正的对待；美国财政部和OFAC将其纳入SDN名单的证据主要依赖Oleg Deripaska的竞争对手散布的谣言和诽谤；Oleg Deripaska只不过是美国民主党和共和党内斗以及美国指控俄罗斯干涉美国大选的牺牲品。Oleg Deripaska因与特朗普总统的竞选主席马纳福特关系密切，给予马纳福特1000万美元的借款，曾受到"特朗普总统通俄案"中的特别检察官穆勒的调查，马纳福特被美国检察机关指控与俄罗斯有不正当接触，最终被判入狱7年半。

在起诉书中，Oleg Deripaska主要提出以下诉讼请求：一是请求法院签发命令废止被告将Oleg Deripaska纳入SDN名单的决定，并将Oleg Deripaska从SDN名单中移除；二是宣布或命令被告披露将Oleg Deripaska纳入SDN名单的证据备忘录及行政记录；三是命令被告撤回任何针对Oleg Deripaska的、但与Oleg Deripaska被纳入SDN无关的公开声明，并禁止被告在将来做出此类陈述；四是宣布或命令被告撤销其认定Oleg Deripaska符合241报告中"寡头"定义的决定，并将Oleg Deripaska从241报告中删除；五是宣布或命令被告公布支持其将Oleg Deripaska列入241报告的所有记录。2019年5月29日，美国财政部公布了经修改的、将Oleg Deripaska纳入SDN名单的证据备忘录。

三、小结

一般情况下，在被纳入SDN名单之后，企业和自然人都选择通过行政复议的方式寻求从SDN名单中移除。Oleg Deripaska跳过行政复议程序，直接诉诸法院实属无奈之举。在实践中，存在美国联邦地区法院判定OFAC决定违宪的成功案例，但数量少之又少。在起诉美国财政部和OFAC时，被纳入SDN名单中的企业和自然人通常会指控美国财政部和OFAC违反了美国行政程序法以及美国宪法第四修正案关于禁止无理扣押资产、第五修正案关于正当程序的相关规定。然而，Oleg Deripaska并非美国公民，也没有在美国工作，其权益是否受美国宪法保护值得关注。截至2020年5月1日，该案仍在审理过程中。

第五节 美国制裁名单移除机制解析

一、被美国政府纳入制裁名单的自然人和实体存在被移除的可能性

虽然被美国政府从制裁名单中移除比较困难，但并非不可能。美国财政部每年都会将很多自然人和企业从制裁名单中移除，这主要是因为美国经济制裁只是实现国家利益和外交政策目标的一种工具，是未来导向的，不仅仅是为了惩罚制裁对象，更是为了促使制裁对象改变行为。为促使制裁对象改变行为，美国政府给予被纳入制裁名单的自然人和企业从名单中移除的机会。为迫使委内瑞拉马杜罗政府倒台，美国财政部采取"胡萝卜加大棒"的方式，一方面将马杜罗政府的核心成员及支持者纳入SDN名单，如2019年2月15日将委内瑞拉国家情报局局长曼努埃尔·克里斯托弗纳入SDN名单；另一方面，又一再表示，如果上述人员放弃支持马杜罗政府，美国财政部将会把他们从SDN名单中移除，在曼努埃尔·克里斯托弗脱离马杜罗政权并支持委内瑞拉反对派后，2019年5月

7日美国财政部将其从SDN名单中移除[①]。总而言之,被美国政府纳入制裁名单的自然人和企业存在被从名单中移除的可能性。

二、美国制裁名单移除路径

制裁名单移除路径大体可以分为两种,一种是行政复议,另一种是司法救济。我们将以美国财政部负责的制裁项目为例,结合实际发生的相关案例,深入剖析实现从制裁名单移除的相关途径。

(一)行政复议是从美国制裁名单中移除的主要途径

美国财政部明确,被其纳入制裁名单中的自然人和企业可以通过行政复议的方式申请从制裁名单中移除,并明确行政复议的程序要求[②]。申请人如希望从制裁名单中移除,需要提供足够的证据证明:美国财政部将其纳入制裁名单的依据是不充分的,或者美国财政部将其纳入制裁名单的事实基础已经不存在了。简而言之,申请人要么证明美国财政部一开始就错了,或者情况有变,原来的被列入制裁名单的理由已经不复存在。

在实践中,要证明美国财政部一开始就错了是一个巨大的挑战,但并不是没有成功的案例。DF在针对制裁解除发布的公告中表示,调查显示DF遵守了美国和欧盟的经济制裁法律法规,被从SDN名单中移除表明DF没有违反美国的经济制裁法律法规。这从另外一个角度说明了美国财政部将DF纳入SDN名单的行为是错误的。尽管每年美国财政部将大量自然人和企业从SDN名单中移除,但美国财政部从未公开承认过其将部分自然人和企业纳入SDN名单是错误的决定。虽然DF认为自己没有违反美国经济制裁法律法规,但还是根据美国财政部的要求,采取了很多改进措施。

---

① 相关链接:https://home.treasury.gov/news/press-releases/sm684。
② 相关链接:https://www.treasury.gov/resource-center/sanctions/SDN-List/Pages/petitions.aspx。

如果美国财政部的决定并没有错,被纳入制裁名单中的自然人和企业就需要等待或者证明制裁所依据的事实基础已经不存在了。这又包括两种情况:一种是等待外在环境发生变化导致制裁依据的事实基础不存在,如伊核协议正式执行后,珠海振戎被美国财政部从NS-ISA名单中移除;二是被制裁的自然人和企业积极主动做出改变,以证明制裁所依据的事实基础已经不存在,这也是被制裁的自然人和企业最主要的救济途径。如前所述,EN+能源及其子公司俄罗斯铝业和ESE于2018年4月6日被OFAC纳入SDN名单,仅仅是因为这三家企业被Oleg Deripaska拥有和控制,而后者在SDN名单中。这意味着,如果Oleg Deripaska丧失了对这三家企业的控制权,美国财政部制裁这三家企业的事实基础将不复存在。于是,这三家企业进行重组,使Oleg Deripaska失去了对这三家企业的控制权,OFAC相应地将其从制裁名单中移除。

(二) 司法救济是从美国制裁名单中移除的最后手段

如果被制裁的自然人和企业无法通过行政复议的方式解除制裁,且无法承受被纳入制裁名单所带来的负面影响,那么,唯有在美国联邦地区法院起诉美国财政部这一救济途径了。司法救济对于被制裁的自然人和企业的财力和耐心都将是极大的挑战。提起诉讼可能需要耗费很多人力和物力,且即使被制裁的自然人和企业有足够的资源,挑战美国财政部的诉讼仍然面临极大的不确定性。在实践中,很少有非美国的自然人和企业在美国联邦地区法院起诉美国财政部。如前所述,2019年3月15日,在走投无路之后,Oleg Deripaska在美国哥伦比亚特区联邦地区法院对美国财政部及其部长提起诉讼,指控被告滥用美国法律法规授予其执行经济制裁的权力,请求法院禁止被告滥用权力,并将其从SDN名单中移除。

美国人通过司法救济的方式寻求从制裁名单中移除比较常见,也存在美国联邦地区法院判定美国财政部指定SDN的决定违宪或者违反美国行政程序法的案例,但数量极少。2006年2月19日,美国财政部在仍对美国慈善机构Kind-

Hearts进行反恐调查的情况下，冻结了KindHearts的资产①。2007年5月25日，美国财政部有条件地将KindHearts纳入了SDN名单。在此情况下，KindHearts不得不将美国财政部告到了法院。2009年8月19日，美国俄亥俄州西区联邦地区法院认定美国财政部侵犯了美国宪法第四、五修正案赋予KindHearts的正当权利，并签发临时命令，暂时禁止美国财政部继续将KindHearts纳入SDN名单。2012年5月1日，KindHearts的律师与美国财政部达成了和解协议，美国财政部将KindHearts从SDN名单中移除，解冻KindHearts的资产，并支付诉讼费用。非常不幸的是，在2012年初，KindHearts已正式解散，其被解冻的资产只能用于偿还债务。自始至终，美国财政部没有承认其存在过错。

在起诉美国财政部时，被纳入制裁名单的自然人和企业通常会指控美国财政部违反了美国行政程序法相关规定或宪法第四修正案关于禁止无理扣押资产以及第五修正案关于正当程序的相关规定。美国联邦地区法院在判决美国财政部的决定是否违法时慎之又慎，主要是因为美国财政部指定SDN名单中自然人和企业的决定往往与美国对外政策和国家安全息息相关。

三、关于从美国制裁名单中移除的建议

自然人和企业层面，一是要查找病因，也就是要深入分析被美国财政部纳入制裁名单的原因。美国财政部在公布自然人和企业被纳入制裁名单时，会或多或少说明依据。在部分情况下，甚至会通过新闻发布的方式，详细说明理由。如美国财政部披露的信息不全，自然人和企业可以向美国财政部申请行政复议，要求其提供详细的指定理由。找到指定的依据后，再确定应对举措。二是要不卑不亢，敢于向美国财政部发起挑战。如认为美国财政部指定的理由不充分、出现了偏差或因形势变化导致指定的理由不复存在，应及时向美国财政部提起

---

① 相关链接：https://www.treasury.gov/resource-center/sanctions/OFAC-Enforcement/Pages/20060219.aspx。

行政复议，甚至在美国联邦地区法院提起诉讼，请求法院签发命令废止美国财政部的指定决定，并将其从名单中移除。三是要借助专业人士的力量，特别是专业律师的力量。向美国财政部申请行政复议，在美国联邦地区法院起诉美国财政部，都是非常复杂的工程，需要熟悉美国经济制裁、行政程序、行政诉讼法律法规的专业人士予以支持。四是在行政复议的过程中，根据需要积极主动按照美国财政部的要求做出改变。如进行股权或资产重组，或改组董事会，优化完善制裁合规体系，必要时采购或建设制裁黑名单筛查系统，使美国财政部确信指定的事实基础已经不复存在。五是要借助本国政府的力量，请求本国政府加强与美国政府的沟通和协调。美国政府将与美国制裁对象开展业务的第三国的自然人和企业纳入制裁名单是霸权主义行径，违反了国际法相关规定，导致第三国政府的反对。专门从事制裁名单除名业务的 Erich Ferrari 律师表示，在行政复议阶段，申请从制裁名单中移除的自然人和企业所在国政府提供的支持性材料最有说服力，如果所在国政府与美国财政部沟通，美国财政部将会给予更多的注意。

　　政府层面，首先是构建跨部门的美国经济制裁应对机制，包括行业监管/主管部门、外事部门等。一方面能够及时回应被纳入制裁名单的本国人和企业的诉求，另一方面能够与美国方面进行充分沟通和协调。其次是行业监管/主管部门通过多种方式，如发布规范性文件或组织培训等，提示本国人和企业高度关注美国经济制裁风险，并要求其自担风险、自担责任。最后是有针对性地协助被纳入制裁名单的本国人和本国企业。对于因与美国制裁对象进行合法商业往来而被美国政府纳入制裁名单的本国人和本国企业，应予以必要的协助，帮助其与美国方面据理力争。

第五章

银行业制裁、处罚典型案例分析

第五章 银行业制裁、处罚典型案例分析

银行业是美国经济制裁的重点制裁行业,这与银行业在国际贸易中的重要地位是分不开的。美国政府如希望遏制被美国制裁的对象,尤其是受美国制裁国家的对外经贸往来,必然会利用美元以及美国金融系统在全球金融体系中的重要地位,对认定违反其制裁法律法规的银行进行重罚。根据我们的统计,2009—2017年,有19家非美国银行被OFAC处罚,接近被罚的非美国企业的一半,从罚款金额来看,被罚金额排名前十的企业均为银行,19家非美国银行被罚了38.23亿美元,占非美国企业被罚总金额的95.19%。目前,暂未有中国的银行因被认定违反美国经济制裁法律法规而被OFAC处罚,但考虑到我国银行业国际化步伐越来越快,对美国经济制裁风险,不能掉以轻心。

第一节 法国巴黎银行因制裁违规[①]而被处以创纪录的罚款[②]

2014年6月30日,美国司法部发布公告称,法国巴黎银行已与美国司法部和美国纽约南区检察官办公室签订了认罪协议(Plea Agreement),承认其代表伊朗、古巴、苏丹等国的受制裁实体通过美国金融系统处理超过88亿美元的交易、共谋违反了《国际紧急经济权力法》和《与敌国贸易法》[③]。法国巴黎银行与美国

---

① 本书中的"制裁违规"和"违规行为"指的是美国经济制裁法律法规项下、美国政府认定的制裁违规和违规行为。第三国企业被美国政府认定的制裁违规和违规行为,可能并不违反其本国法律法规。
② 在本章及第七章案例分析中,对于企业的介绍来自企业的官方网站,违规情况来自美国经济制裁执行机构公布的信息。
③ 相关链接:https://www.justice.gov/usao-sdny/pr/bnp-paribas-agrees-plead-guilty-conspiring-process-transactions-through-us-financial。

司法部、美国纽约南区检察官办公室达成认罪协议，是金融机构首次同意以大规模、系统地违反美国经济制裁法律法规的罪名认罪。法国巴黎银行将向美国政府机构支付89.7亿美元，创下了罚款纪录。2015年5月1日，法国巴黎银行成为第一家被判刑的外国企业，被没收88.336亿美元的资金，缴纳1.4亿美元的罚金[①]。针对法国巴黎银行制裁违法的判决是金融机构首次因违反美国经济制裁法律法规而被定罪和判刑，包括没收和刑事罚款在内的总罚金金额是有史以来刑事案件中判处的最大的。

一、法国巴黎银行概况

法国巴黎银行成立于1966年，总部位于法国巴黎，在被美国政府处罚时，以资产计，法国巴黎银行是法国第一大银行、世界前五大银行之一。法国2018年总收入425亿欧元，净利润超过73亿欧元。截至2018年12月31日，法国巴黎银行拥有202,624名员工，在全球72个国家或地区设有机构，其中在美国纽约设有分行，在瑞士日内瓦设有子行。公司和投资银行业务是法国巴黎银行的一项核心业务，通过开设信用证和提供银团贷款的方式为客户提供融资。在上述融资业务中，曾有一项"能源产品出口项目"（Energy Commodities Export Project），主要为石油、天然气和其他能源产品提供融资。

二、法国巴黎银行的违法行为

在2004年至2012年期间，法国巴黎银行及一些银行同位于苏丹、伊朗、古巴的、受美国制裁的实体共谋，代表受美国制裁的实体，通过美国金融系统转移了超过88亿美元的资金，其中超过43亿美元的资金涉及SDN名单中的实体。法国巴黎银行的员工及代理人在其职责权限内为使银行获益，从事上述活动。

---

① 相关链接：https://www.justice.gov/opa/pr/bnp-paribas-sentenced-conspiring-violate-international-emergency-economic-powers-act-and。

当美元交易经过法国巴黎银行纽约分行或位于美国的其他金融机构时，法国巴黎银行有意使用头寸支付（Cover Payment）的方式，隐藏美国制裁对象的参与，如支付信息中不显示制裁对象的姓名，以避免非法交易在经过美国金融系统时被冻结。

（一）涉苏丹违法活动

1.违法活动概况

在2002年至2007年间，法国巴黎银行主要通过其日内瓦子行，与多个受制裁的苏丹的银行和实体以及其他国家的金融机构共谋，使上述苏丹的银行和实体能够使用美国金融系统，转移超过60亿美元的资金，违法活动涉及18个在SDN名单中的苏丹的银行和其他实体，这18个实体中，又有6个是法国巴黎银行的客户。

1997年，在美国开始对苏丹进行制裁不久，法国巴黎银行就同意成为在SDN名单中的一家苏丹国有银行在欧洲的主要代理行，这家苏丹国有银行引导苏丹所有主要的商业银行将法国巴黎银行日内瓦子行作为在欧洲的主要代理行，几乎所有的苏丹大银行都在法国巴黎银行日内瓦子行开设了美元账户。法国巴黎银行日内瓦子行除为这些苏丹的银行进行美元交易外，还为苏丹石油出口业务开设信用证。到了2006年，法国巴黎银行日内瓦子行的信用证业务涉及苏丹1/4的出口业务和1/5的进口业务，超过90%的信用证是以美元计价的。此外，上述苏丹国有银行将苏丹超过50%的外汇资产存放在法国巴黎银行日内瓦子行。

美国政府认定在涉苏丹业务中，法国巴黎银行主要通过两种方式避免美国制裁：一是删除美元付款报文中的涉苏丹相关信息，二是法国巴黎银行日内瓦子行使用非附属的、非苏丹的且非美国的卫星银行掩盖苏丹的银行的参与。在1997年，法国巴黎银行日内瓦子行就开始与这些卫星银行建立业务联系，这些卫星银行与法国巴黎银行日内瓦子行的主要业务就是为受制裁的苏丹的银行进行美元交易提供便利。法国巴黎银行日内瓦子行使用这些卫星银行，分两步使受制裁的苏丹的银行逃避美国的制裁。第一步，使美元资金在法国巴黎银行日内瓦子行账户间转移，一家苏丹的银行将其在法国巴黎银行日内瓦子行的美元资金转移至一家卫星银行在法国巴黎银行日内瓦子行的账户；第二步，这家卫星银行将美元资金通过一家美国的银行转移至前述苏丹的银行的受益人，美元支付信息中不涉及前述苏丹的银行。采取同样的方法，也可以使苏丹的银行收到美元而不被发现。法国巴黎银行及其日内瓦子行的高级管理人员对上述活动知情。

2.法国巴黎银行做出了错误的判断

2004年，纽约联邦储备银行和纽约州银行局（后改为纽约州金融服务局）发现法国巴黎银行在遵守美国《银行保密法》方面存在系统性缺陷，特别是法国巴黎银行纽约分行在监控海外客户的交易方面存在严重缺陷。2004年9月，法国巴黎银行与纽约联邦储备银行和纽约州银行局签署谅解备忘录，法国巴黎银行纽约分行将优化系统以更好地遵守《银行保密法》和制裁法律法规。在签署谅解备忘录后不久，法国巴黎银行两位高级管理人员与其日内瓦子行总裁会谈，讨论美国对苏丹、利比亚和叙利亚的禁运如何影响法国巴黎银行与这些国家有关的业务。上述高级管理人员在讨论后决定，将涉及受美国制裁国家的美元清算业务由法国巴黎银行纽约分行转移至不附属于法国巴黎银行的美国的其他银行，减少法国巴黎银行纽约分行被美国监管机构处罚的风险。在采取上述举措时，法国巴黎银行咨询了一家美国律所。律所认为，法国巴黎银行通过一家不附属于法国巴黎银行的美国银行处理而不是通过法国巴黎银行纽约分行处理这些涉及受美国制裁国家的美元清算业务，可以使法国巴黎银行免受美国监管机构的处罚。从2004年至2007年，法国巴黎银行日内瓦子行的大部分涉及受美国制裁的苏丹实体的美元清算业务都是通过前述的美国银行开展的，法国巴黎银行日内瓦子行采用了头寸支付的方式，隐藏了受美国制裁的苏丹实体相关信息。美国政府认定法国巴黎银行法律合规部门的管理人员认识到了法国巴黎银行采取上述举措是在逃避美国制裁，但仍允许上述业务继续开展，部分是因为涉苏丹业务对法国巴黎银行非常重要。

2006年5月，法国巴黎银行咨询了另外一家美国律所，第二家美国律所特别提示法国巴黎银行，删除美元付款报文中的信息是在逃避美国制裁，已涉嫌违反美国制裁法律。2006年3月和7月，法国巴黎银行又收到了第一家美国律所出具的另外两份法律意见，第一家美国律所改变了2004年出具的法律意见中的观点，认为法国巴黎银行通过一家不附属于法国巴黎银行的美国银行处理涉及受美国制裁国家的美元清算业务违反了美国制裁法律，并表示，美国监管机构对使用头寸支付和删除美元付款报文中的信息的行为非常敏感，建议法国巴黎银行建立有效的控制程序确保不滥用头寸支付。2006年7月，法国巴黎银行发布了一项内部政策，承认美国制裁法律适用于非美国银行，这项政策明确了，如果交易使用的是美元，在进行这项交易时，美国境外的金融机构也必须考虑美国制裁的影响。虽然认识到了风险，但法国巴黎银行在其后的几年内，仍为受美国制裁的苏丹实体开展了超过60亿美元的交易，这主要是因为涉苏丹业务有利可图，且法国巴黎银行日内瓦子行不想丢掉这一苏丹客户。

3.法国巴黎银行停止涉苏丹的违法业务

2007年5月，OFAC高级官员会见了法国巴黎银行纽约分行总裁，表达了对法国巴黎银行日内瓦子行开展涉苏丹美元业务违反美国制裁的关注。会后不久，OFAC要求法国巴黎银行对其日内瓦子行发起的苏丹业务进行内部调查，并将调查结果报告给OFAC。2007年6月，法国巴黎银行停止了与苏丹相关的美元业务。

（二）涉伊朗违法业务

从2006年至2012年，法国巴黎银行就液化天然气相关业务为一家受伊朗控制的客户向一家伊拉克实体开立了三份信用证。这家受伊朗控制的客户在迪拜注册，一家伊朗能源集团持有其100%的股份。法国巴黎银行在对客户进行尽职调查时，知晓上述情况。涉及受伊朗控制的客户的业务是掉头交易，在业务开始的2006年12月，《伊朗交易条例》允许与伊朗相关的掉头交易，也就是说，此时上述业务并没有违反《伊朗交易条例》。2008年11月，OFAC不再允许与伊朗相关的掉头交易，但法国巴黎银行仍然继续开展上述业务直至2012年11月。

在2011年12月，一家英国的银行冻结了涉及上述受伊朗控制的客户的美元款项，并告知法国巴黎银行其不再开展与上述客户有关的业务，因为这个客户与伊朗存在关联。2012年1月，一家德国的银行的美国分行拒绝了与上述受伊朗控制的客户相关的交易。尽管存在上述警告，法国巴黎银行仍然继续为上述受伊朗控制的客户开展业务直至2012年11月。

除了为上述受伊朗控制的客户开展违法业务，2009年，法国巴黎银行在知情的情况下，还进行了总额约为1亿美元的掉头交易，此次交易涉及了一家伊朗的石油公司。

（三）涉古巴违法业务

从2000年到2010年，法国巴黎银行通过其巴黎总部，与多家古巴银行、实体以及其他国家的金融机构共谋，为古巴实体提供美元融资，违反了美国对古巴的禁运条例。法国巴黎银行处理的涉及受制裁的古巴实体的美元融资业务总价值超过17.47亿美元。这些美元融资业务为以美元计价的信贷工具（Credit Facility），其中一种信贷工具是为了给一家荷兰企业提供美元信贷，使这家荷兰企业能够购买原油，这家荷兰企业在古巴对这些原油进行冶炼或将这些原油冶炼后的成品油销售到古巴。在开展上述美元融资业务时，法国巴黎银行的员工删除了支付信息中涉及古巴的内容，以避免交易被美国金融机构冻结。在某些情况下，如果交易被美国金融机构识别和冻结，法国巴黎银行将删除任何可能涉及古巴的内容，并重新通过不知情的且不附属于法国巴黎银行的美国金融机构进行美元支付。法国巴黎银行也会设计一种复杂的汇款机制来隐藏交易的真实情况，在某些方面类似于法国巴黎银行日内瓦子行所采用的卫星银行机制。

（四）法国巴黎银行未能及时向美国政府提供信息

早在2009年12月，法国巴黎银行就收到了美国纽约地方检察官办公室的通知,通知提醒其可能违反了美国经济制裁法律法规。2010年初,在与美国司法部以及美国纽约州地方检察官办公室的会议上,法国巴黎银行同意对其在2002年1月1日至2009年12月31日间开展的、涉及受美国制裁国家的业务进行内部调查。然而,直到2013年5月,法国巴黎银行才向美国政府提交日内瓦子行的相关材料,法国巴黎银行的迟延影响了美国政府对相关责任人、苏丹受制裁实体以及卫星银行的指控。

早在2006年,住在伦敦的一位内部举报人向法国巴黎银行举报银行的一位美国籍的高级管理人员为伊朗政府开展交易提供便利,违反了美国经济制裁法律法规。在2006年4月,该美国籍高级管理人员停止了上述违法行为。直到2011年12月,约在进行内部调查的两年后,法国巴黎银行才向美国政府披露上述举报行为。此时,针对该美国籍高级管理人员的诉讼时效已过。

三、法国巴黎银行遭受的处罚措施

除受到巨额罚款之外,法国巴黎银行还受到以下处罚措施:一是2015年5月1日法国巴黎银行被美国纽约南区联邦地区法院处以五年的缓刑,这是金融机构第一次因违反美国经济制裁而被判刑;二是法国巴黎银行同意接受美联储、纽约州金融服务局施加的任何监控,与美国政府机构进行全面合作,根据美国政府机构的要求提供相关文件;三是法国巴黎银行被禁止开展美元业务,期限为一年;四是法国巴黎银行与违法业务相关的高管和员工需离职,包括首席运营官和合规负责人。

除了美国政府,2014年7月,瑞士金融市场监管局对法国巴黎银行日内瓦子行采取了监管措施。瑞士金融市场监管局认为,在2002—2007年间,法国巴黎银行日内瓦子行没有履行识别、限制、监控固有风险(与受美国制裁的国家的客户开展业务的风险)的责任,违反了监管规定。瑞士金融市场监管局要求法国巴黎银行日内瓦子行针对运营风险追加资本,在两年内不得与受美国、欧盟制裁的公司和自然人开展业务,并将调查法国巴黎银行日内瓦子行的董事会、管理层及员工在此行为不当中的责任①。

第二节 渣打银行先后两次因制裁违规被美国政府重罚

2019年4月9日,渣打银行承认其在2007年至2011年期间非法开展违反美国对伊朗制裁的交易,违反IEEPA,同意向美国多个政府机构支付超过10亿美元的罚金,渣打银行违法的金融交易接近9500笔、2.4亿美元②。渣打银行与美国司法部、纽约州地方检察官办公室修改了以前签署的延期起诉协议,并将其延长两年(至2021年4月9日)。此外,渣打银行还分别与OFAC、美联储、纽约州金融服务局、英国金融行为监管局等达成协议。根据上述协议,渣打银行将向美国政府机构支付总计9.47亿美元的罚款,向FCA支付1.02亿英镑的罚款③。这些协议不包括新的合规监控要求,此前由美国纽约州金融服务局和美国司法部施加的合规监控分别于2018年12月31日和2019年3月31日终止,不再延长。这是渣打银行继2012年12月10日被美国政府重罚2.27亿美元之后再次被美国政府重罚。

一、渣打银行因制裁违规首次被美国政府重罚

(一)渣打银行概况

渣打银行于1969年由英国南非标准银行(Standard Bank of British Africa)和印度、澳大利亚和中国渣打银行(Chartered Bank of India, Australia and China)合并成立,总部位于伦敦,在全球拥有86,000多名员工,在60个市场设有机构,服务于全球近150个市场,渣打银行的股票在伦敦、香港和孟买等证券

---

① 相关链接: https://www.finma.ch/en/news/2014/06/mm-abschluss-verfahren-bnp-paribas-suisse-20140701/。
② 相关链接: https://www.justice.gov/opa/pr/standard-chartered-bank-admits-illegally-processing-transactions-violation-iranian-sanctions。
③ 相关链接: https://www.sc.com/en/media/press-release/standard-chartered-resolves-legacy-conduct-and-control-issues-for-1-1bn-monitorships-terminated/。

市场上市交易。渣打银行在亚洲、非洲和中东有着深厚根基,渣打银行于1993年在德黑兰开设了一个代表处。2001年初,伊朗中央银行希望渣打银行担任其美元支付的代理行,服务项目包括与伊朗国家石油公司相关的石油销售收入的美元支付。作为协议的一部分,伊朗中央银行指示渣打银行伦敦分行在通过渣打银行纽约分行转账给环球同业银行金融电讯协会的付款消息中删除与伊朗相关的所有信息。2004年2月13日,渣打银行为五家伊朗银行开设美元账户,在2006年5月之前,这些账户都是通过非透明的方式运营。

(二)渣打银行与美国政府机构达成多项协议

2005年3月,受荷兰银行停止开展与伊朗有关的美元业务的警示,渣打银行开始在全行范围内对制裁合规工作进行调查,特别是对涉伊朗业务的制裁合规工作进行调查。2010年1月,在告知英国金融服务管理局后,渣打银行向美国联邦和州政府机构主动披露了违法行为,并表示愿意承担相应的责任。2012年12月10日,渣打银行和美国司法部、纽约州地方检察官办公室达成为期两年的DPA[1]。此外,渣打银行还同OFAC、美联储达成了不同的和解协议。渣打银行被认定在2001年至2007年间与伊朗、苏丹、利比亚和缅甸等受制裁国家的实体开展了相关的业务,违反了美国制裁法律法规,同意支付2.27亿美元的罚款[2]。渣打银行表示其在2006年底,就已停止开展与伊朗相关的美元支付业务,2007年,停止开展任何与伊朗实体相关的业务。

(三)2001年至2007年间的违法业务情况

OFAC表示,渣打银行遗漏或删除的信息影响了大约60000笔、共计2500亿

---

[1] 相关链接:https://www.justice.gov/opa/pr/standard-chartered-bank-agrees-forfeit-227-million-illegal-transactions-iran-sudan-libya-and。

[2] 相关链接:https://www.sc.com/en/media/press-release/standard-chartered-reaches-final-settlement-with-u-s-authorities/。

美元与伊朗有关的付款,但这些交易中的绝大多数似乎并未违反《伊朗交易条例》;从2001年至2007年底,渣打银行违反制裁法律法规的业务包括其代表伊朗各方处理约为2400万美元的交易以及代表缅甸、苏丹和利比亚等国家的受制裁实体处理总额为1.09亿美元的交易[①]。OFAC还表示,渣打银行主动披露了上述违规业务。

美国司法部认为,渣打银行在2001—2007年的违法行为主要包括:一是代表受制裁的客户通过其伦敦和迪拜分行处理资金收付,在交易时,没有提示资金来源;二是删除本应显示的受制裁国家参与的支付数据;三是使用替代性的支付方式隐藏受制裁国家的卷入。渣打银行的违法行为导致位于美国的金融机构在不知情的情况下向受制裁的实体提供了银行服务,阻止美国监管和执法当局发现违反美国制裁的金融交易,并导致位于纽约的金融机构的业务记录中出现虚假信息。

(四)掉头交易和头寸支付

在多家银行违规案例中,都出现了掉头交易和头寸支付。其中,美元掉头交易是指交易的发起和结束都必须是非美国金融机构且交易的发起人和受益人都不受美国司法管辖的美元交易。渣打银行在2001至2007年间进行的与伊朗有关的2500亿美元汇款中,99.9%交易属于《伊朗交易条例》允许开展的掉头交易。尽管绝大部分与伊朗相关的美元支付属于可以开展的掉头交易,渣打银行还是删除了与伊朗相关的信息,确保渣打银行纽约分行及其他美国金融机构无法识别交易的来源。2008年11月10日后,美国政府不再允许金融机构开展与伊朗相关的美元掉头交易。

需要通过代理行(Correspondent Bank)进行的多方支付,有两种支付方式

---

① 相关链接:https://www.sc.com/en/media/press-release/standard-chartered-reaches-final-settlement-with-u-s-authorities/。

可以选择，一种是头寸支付，另一种是链式支付（Serial Payment）。渣打银行与伊朗、缅甸、苏丹和利比亚等国家的受制裁实体开展的绝大部分业务都是通过头寸支付的方式进行的。美国司法部认为，正是因为渣打银行采用了头寸支付进行美元付款，导致美国金融机构无法识别交易中与受制裁实体相关的信息。

在2009年11月21日SWIFT采取MT202COV报文格式取代MT202报文格式之前，头寸支付都是同时使用MT103和MT202。MT103是由汇出行（汇款发起人的账户行）直接发给汇入行（最终受益人的账户行）的汇款通知，告知汇入行将进行汇款。MT202则是由汇出行发给汇出行的代理银行（也称之为中间行），汇出行的代理银行再将其发给汇入行的代理银行（中间行）。具体情况如图1所示：

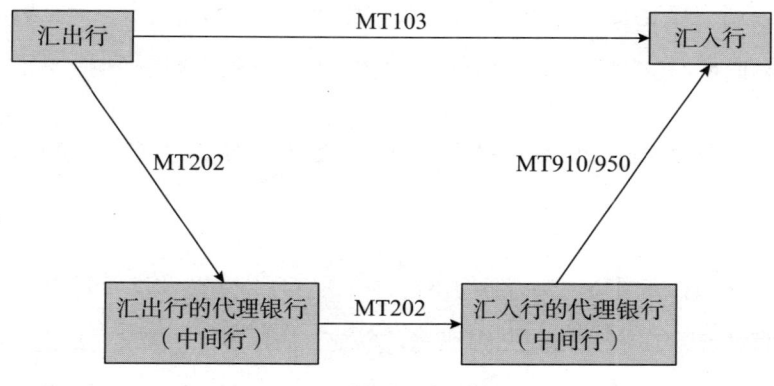

图1　头寸支付流程

其中，MT103包含比较详细的付款信息，包括汇款发起人和最终受益人的信息。MT202报文包含的信息比较有限，无法传达交易所涉及的各方的全部信息，例如，不包括汇款发起人和最终受益人的信息，也不包括具体的汇款信息。在头寸支付模式下，中间行只收到MT202，并不会收到MT103，这导致中间行没有办法监控MT103中所包含的支付细节。在反洗钱金融行动特别工作组（Financial Action Task Force on Money Laundering，FATF）的推动之下，2009年11月21日，SWIFT采取了更透明的报文格式MT202COV，MT202COV要求相关方填写详细的支付信息，如汇款发起人、最终受益人的信息以及具体的汇款信息。

二、渣打银行采取的补救措施以及DPA期限的多次延长

（一）渣打银行在两次重罚期间采取的补救措施

渣打银行表示，自2012年至2019年4月，渣打银行对其金融犯罪合规计划进行了大量投资，将相关员工人数增加了6倍，对董事会、高级管理层和公司治理架构进行了广泛改革，成立了董事会金融犯罪风险委员会，委员会的成员包括具有执法和国家安全背景的独立非执行董事和外部顾问；大幅度扩充了其制裁合规团队，并对新老客户引入了严格的尽职调查要求。渣打银行在金融犯罪合规性方面的其他改进包括：强制对所有员工进行制裁、反洗钱和反腐败方面的年度培训；通过采用包括人工智能和机器学习在内的新技术，对金融犯罪进行筛查和调查；在美国建立一个专门的网络金融犯罪情报部门。

（二）与美国司法部、纽约州地方检察官办公室多次延长DPA的期限

渣打银行和美国司法部、纽约州地方检察官办公室在2012年12月10日达成DPA，期限为两年。后因调查违法业务的需要，渣打银行和美国司法部、纽约州地方检察官办公室于2014年12月8日、2017年11月9日、2018年7月27日、2018年12月21日及2019年3月31日多次修订DPA，并延长DPA的期限。在2012年12月10日签署DPA之后，美国政府通过一项不相关的调查获悉，渣打银行可能在2007年后为与伊朗和其他受美国制裁的国家存在关联的公司和个人客户非法处理了美元交易。渣打银行同意与美国政府合作，调查其在2007年以后开展的业务。

三、渣打银行因制裁违规再次被美国政府重罚

（一）渣打银行与美国政府机构再次达成多项和解协议

2019年4月9日，渣打银行与美国司法部、纽约州地方检察官办公室以及美

国财政部OFAC、美联储、纽约州金融服务局、英国金融行为监管局达成多项协议，同意缴纳超过10亿美元的罚款。除了缴纳罚款、将DPA延长2年之外，渣打银行还同意承担额外的合作、合规和披露义务。这些协议涉及的违法业务为2007年至2011年间开展的，并不在2012年12月10日签订的多项和解协议的范围内。另外需要说明的是，2007年至2011年间的违规业务是渣打银行的前员工与客户共谋进行的。渣打银行在掌握2007年后可能违反制裁法律法规的证据后，就给予美国政府的调查实质性的合作，包括提供其员工和客户犯下刑事不当行为的重要证据。美国司法部表示，此次渣打银行没有获得主动披露信用分，因为其没有自愿、及时在2012年的DPA签署后、针对新违法行为的调查前进行披露，但渣打银行愿意对参与违法行为的员工采取纪律处分，并向美国司法部提交参与违法行为的员工的相关信息。

（二）2007年至2011年间违规业务情况

渣打银行承认，从2007年到2011年，其迪拜分行的两名前员工A和B故意合谋帮助与伊朗有联系的客户通过美国金融系统进行了美元交易，使美国金融服务出口到了伊朗，违反了美国制裁法律法规。其中一名与伊朗有联系的客户是伊朗人Mahmoud Elyassi，2019年4月9日，美国司法部对Mahmoud Elyassi提出指控，指控其共谋洗钱、欺诈美国以及违反美国制裁法律法规。

前员工A在2007年至2014年间担任客户经理，主要负责银行与中小企业间的联系，经常与客户沟通；前员工B约在2008至2014年间作为外汇销售经理，为迪拜分行的中小企业客户提供外汇交易服务。前员工A和B合作，共同发展客户关系。

伊朗人Mahmoud Elyassi平时居住在伊朗，控制了两家公司C-1和C-2，这两家公司都在伊朗开展业务。其中，C-1约在2006年12月至2011年2月间是渣打银行迪拜分行的客户，C-2约在2011年2月至2011年9月间是渣打银行迪拜分行的客户。这两家公司都通过其在渣打银行迪拜分行的账户开展美元业务，约在

2007年至2011年间，这些账户的客户经理是前员工A，前员工B则约在2008年至2011年间，为这些账户开展外汇交易提供了便利，包括美元外汇交易。前员工A和B均知道Mahmoud Elyassi控制的企业在伊朗开展业务并代表伊朗实体进行美元交易。

约在2007年11月至2011年8月间，前员工A和B向Mahmoud Elyassi提供指导，如何构建不会引起与伊朗有联系或其他非法行为的怀疑的金融交易并向其他金融机构提供虚假和误导性信息，以掩盖伊朗人Mahmoud Elyassi及其公司与伊朗的联系。在渣打银行于2011年2月不再为C-1提供银行服务后，前员工A和B帮助Mahmoud Elyassi为C-2在渣打银行迪拜分行开设了一个新的银行账户，帮助Mahmoud Elyassi继续处理美元交易。2007年至2011年，C-1公司和C-2公司与前员工A和B共谋，成功通过渣打银行进行了约9500笔美元交易，通过美国金融系统转移资金约2.4亿美元，这一交易违反了美国经济制裁法律法规。

四、英国金融行为监管局因反洗钱缺陷处罚渣打银行

如前所述，英国金融行为监管局对渣打银行处以1.02亿英镑的罚款。英国金融行为监管局处罚渣打银行的原因是渣打银行在其业务的两个高风险领域违反了反洗钱规定，第一个高风险领域为英国代理行业务，第二个高风险领域是迪拜分行的业务。英国金融行为监管局发现，渣打银行在客户尽职调查和持续监控的反洗钱控制方面存在严重的缺陷，渣打银行对其反洗钱控制的充分性、识别和减轻重大洗钱风险的方法以及洗钱风险升级的内部评估存在重大缺陷，也未能确保其迪拜分行实施相当于英国的反洗钱和反恐融资控制。

第三节 裕信银行集团因制裁违规缴纳超过13亿美元的巨额罚款

2019年4月15日，裕信银行集团（UniCredit Group banks）的三个成员Uni-

Credit S.p.A、UniCredit Bank AG 和 UniCredit Bank Austria 与美国司法部、纽约州地方检察官办公室、美国财政部 OFAC、纽约州金融服务局以及美联储等多个机构签署协议，承认其违反美国经济制裁，裕信银行集团总共缴纳了超过13亿美元的巨额罚款[①]。其中，UniCredit Bank Austria 与美国司法部签署不起诉协议（Non-Prosecution Agreement），这是美国司法部网站自2009年公布制裁违法刑事处罚信息以来，首次与国际性金融机构签署不起诉协议。另外，UniCredit S.p.A 与 OFAC 签订的和解协议披露了 UniCredit S.p.A 的很多制裁违规行为，但是，美国司法部与 UniCredit S.p.A 的协议却只字未提 UniCredit S.p.A 的制裁违规行为。

一、裕信银行集团三个成员的协议签署情况

UniCredit S.p.A 是 UniCredit Bank AG 和 UniCredit Bank Austria 的母公司，总部设在意大利米兰，UniCredit Bank AG 总部设在德国慕尼黑，UniCredit Bank Austria 总部设在奥地利维也纳。如前所述，裕信银行集团并非作为整体和美国执法机构签署协议，而是单独和美国执法机构签署协议，具体情况如表1所示：

表1 裕信银行集团与美国制裁执行机构签署协议情况

执行机构	签署主体	协议形式
美国司法部及纽约州地方检察官办公室	UniCredit Bank AG	Plea Agreement
	UniCredit Bank Austria	Non-Prosecution agreement
	UniCredit S.p.A	Non-Prosecution agreement 的附件 E
美国财政部 OFAC	UniCredit Bank AG	Settlement Agreements
	UniCredit Bank Austria	Settlement Agreements
	UniCredit S.p.A	Settlement Agreements

---

① 相关链接：https://www.justice.gov/opa/pr/unicredit-bank-ag-agrees-plead-guilty-illegally-processing-transactions-violation-iranian。

续表

执行机构	签署主体	协议形式
美国纽约州金融服务局	UniCredit Bank AG 及其 New York branch	Consent Order
	UniCredit Bank Austria	
	UniCredit S.p.A 及其 New York branch	
美联储	UniCredit Bank AG	Order to Cease and Desist and Order of Assessment of a Civil Money Penalty

UniCredit S.p.A 是 UniCredit Bank AG 及 UniCredit Bank Austria 的母公司，UniCredit S.p.A 和美国司法部及纽约州地方检察官办公室签署的协议是作为 UniCredit Bank Austria 与美国司法部、纽约州地方检察官办公室签署的不起诉协议的附件。美国司法部与 UniCredit S.p.A 的协议明确，作为 UniCredit Bank Austria 的母公司，UniCredit S.p.A 同意确保 UniCredit Bank Austria 履行不起诉协议中的相关承诺，包括但不限于不起诉协议附件 C 和 D 中的义务，并不发表与不起诉协议中的义务不一致的声明。

值得注意的是，在 UniCredit S.p.A 与 OFAC 单独签订的和解协议中，UniCredit S.p.A 存在很多违规行为，但是，美国司法部与 UniCredit S.p.A 的协议却只字未提 UniCredit S.p.A 的违规行为，只是强调 UniCredit S.p.A 作为 UniCredit Bank Austria 的母公司应履行的部分义务。

二、UniCredit Bank Austria 与美国司法部签署不起诉协议

（一）UniCredit Bank Austria 的违法行为

UniCredit Bank Austria 在协议中承认，约在 2002 年至 2012 年间，UniCredit Bank Austria 在知情的情况下，与其客户共谋，帮助美国制裁对象通过美国金融系统进行超过 2000 万美元的款项支付，违反了美国联邦法律和纽约州法律。

1999年9月，UniCredit Bank Austria的一份文件警示其员工通过美国的银行处理与受美国制裁的国家有关的美元电汇业务时所面临的款项冻结风险，指导员工在处理外国商业支付时如何隐瞒与受美国制裁的国家间的联系。按照上述文件的指导，UniCredit Bank Austria在2004年至2012年期间通过不透明的、双重MT202方式处理了约83.9%的外汇、货币市场和金融机构付款，这些汇款经过了美国的银行，且与一个受美国制裁的国家存在关联，大约92.6%的商业付款采用头寸支付方式。通过上述方法，UniCredit Bank Austria向美国的代理银行发送了一条不包含付款发起人或收款人信息的SWIFT报文，与此同时，UniCredit Bank Austria向海外收款银行发送了另一条包含付款的发起人或收款人信息的SWIFT报文。结果，因付款信息不全，美国的代理银行无法刷选交易是否涉及到美国制裁对象，从而无法判断交易是否违规。

2004年至2012年间，UniCredit Bank Austria通过美国金融机构处理了价值约42亿美元的交易，这些交易与一个受美国制裁的国家有关。其中，UniCredit Bank Austria使用不透明的方法处理了价值约39亿美元的交易，这意味着美国的银行无法筛选交易的发起人或受益人。然而，这些交易中的大多数（总额约38亿美元）都是合法的伊朗掉头交易。在违法行为发生期间，UniCredit Bank Austria的员工意识到了美国制裁能够影响到UniCredit Bank Austria的美元业务，其所开展的部分美元支付业务涉及受美国制裁国家，导致其违反了美国经济制裁政策。

（二）美国司法部签署不起诉协议时的考虑

美国司法部在决定与UniCredit Bank Austria签署不起诉协议时，主要是基于以下考虑：

1. UniCredit Bank Austria配合美国哥伦比亚特区地方检察官办公室的调查，包括进行全面的内部调查，经常向美国哥伦比亚特区地方检察官办公室进行事实陈述，安排员工接受美国哥伦比亚特区地方检察官办公室的访谈，为美国哥伦比亚特区地方检察官办公室提供大量文件、证据和其他信息；

2. UniCredit Bank Austria 向美国哥伦比亚特区地方检察官办公室提供了它所知的所有相关事实，包括事实陈述中所述行为人的个人信息；

3. UniCredit Bank Austria 采取了补救措施，包括改进其美国经济制裁合规计划；

4. UniCredit Bank Austria 已加强并致力于继续加强其美国制裁合规计划，包括确保其制裁合规计划满足本协议附件 C（《公司合规计划》）规定的最低要求；

5. 根据 UniCredit Bank Austria 的补救措施及其美国制裁合规计划的状况，包括 UniCredit Bank Austria 在协议附件 C 中的承诺，以及 UniCredit Bank Austria 同意按照协议 D（《公司合规报告》）向美国哥伦比亚特区地方检察官办公室报告相关信息，美国哥伦比亚特区地方检察官办公室决定不向 UniCredit Bank Austria 派遣独立的合规监督人员；

6. UniCredit Bank Austria 没有犯罪前科；

7. UniCredit Bank Austria 已同意继续与美国哥伦比亚特区地方检察官办公室合作，继续就其违反美国经济制裁的行为以及其管理人员、董事、员工、代理人和顾问的行为进行调查。

三、UniCredit S.p.A 与 OFAC 签署和解协议

（一）UniCredit S.p.A 的违规行为

直到 2012 年，UniCredit S.p.A 通过美国金融机构处理了数百笔交易，这些交易涉及受美国制裁的国家、实体和自然人；在进行美元交易时，UniCredit S.p.A 删除、遗漏或未透露受制裁主体的相关信息，UniCredit S.p.A 还使用了 MT202 格式的报文，MT202 格式的报文中不包含受制裁主体相关信息[①]。UniCredit S.p.A 违反了美国对古巴、伊朗、缅甸、苏丹、叙利亚的制裁政策。尽管 UniCredit S.p.A 内部政策限制与受制裁主体开展业务，然而，OFAC 发现，在 2012 年之前，UniCredit S.p.A 没有充分执行这些内部政策，并继续处理美元交易，这些交易在很

---

① 相关链接：https://www.treasury.gov/resource-center/sanctions/OFAC-Enforcement/Pages/20190415.aspx。

大程度上与古巴和伊朗的进出口有关，明显违反了美国经济制裁政策。

从2007年到2012年，UniCredit S.p.A代表SDN名单中的金融机构和其他主体处理了49笔经过美国的交易，代表受美国制裁国家的实体处理了656笔交易，这些交易与受美国制裁国家的非管制物品的进出口相关。在2008年之前，UniCredit S.p.A使用MT202和MT103两种报文处理涉及美国制裁对象的、经过美国金融机构的业务。

（二）UniCredit S.p.A的补救措施及承诺

UniCredit S.p.A针对违规行为，采取了以下补救措施：将银行高层管理人员工作的合规性放在首位，将合规性纳入所有员工的工作目标设定表中；重新设计银行的合规框架和支持政策，增加了员工培训计划的频率和内容，包括增加了对目标员工的现场培训要求，并要求所有员工进行在线培训；开发了基于客户、产品和地理位置的风险评估方法，增强了其系统筛查能力；为举报者以及合规团队建立了求助热线和沟通渠道。

在和解协议中，UniCredit S.p.A在管理层承诺、风险评估、内部控制、测试和审计、培训以及年度认证等六个方面做出了合规承诺，这些合规承诺是OFAC发布《合规承诺框架》后所签署的和解协议的标准配置。

第四节 美国司法部对土耳其国有银行Halkbank提出违反制裁等六项指控

2019年10月15日，美国司法部在美国纽约南区联邦地区法院对土耳其国有银行Halkbank提出了违反制裁、欺诈、洗钱等六项指控[①]。美国司法部指控Halkbank

---

[①] 相关链接：https://www.justice.gov/opa/pr/turkish-bank-charged-manhattan-federal-court-its-participation-multibillion-dollar-iranian。

并非孤立事件,早在2017年9月,美国司法部就对Halkbank的高级管理人员及共谋者等9人提出过刑事指控,上次美国司法部对Halkbank的指控,是2017年9月制裁违法指控的延续。另外,美国司法部对Halkbank起诉的时机让人心生疑惑。就在前一天,美国总统特朗普签署了13894号行政命令,授权美国财政部对土耳其高级官员和部分行业进行制裁,同日,美国财政部将土耳其能源和自然资源部及其部长、国防部及其部长以及内政部长纳入SDN名单。因此,对于Halkbank案件的分析,需要将其纳入美土关系以及美国对土耳其制裁的大环境下来考虑。

一、美国司法部指控Halkbank的相关背景

(一)美土关系处于调整过程中

"二战"后,在苏联的重压之下,土耳其选择倒向美国,于1952年加入北约,允许美国在土耳其建立军事基地。在冷战期间,虽然美国曾因土耳其派军队进入塞浦路斯而暂停对土耳其的军事援助并对其进行武器禁运,但是,因需要共同抵抗苏联,美国与土耳其始终保持比较密切的军事同盟关系。在海湾战争和苏联解体之后,土耳其对美国的重要性有所下降,美国在1991年和1992年间关闭了在土耳其12个军事基地中的8个,但土耳其仍是美国在中东地区的重要军事盟友。

2003年,埃尔多安当选土耳其总理后,美国和土耳其间的外交关系逐渐受到土耳其国内政治和中东局势影响。美国和土耳其在打击"伊斯兰国"方面存在共同利益,并进行深入合作。然而,美国和土耳其在以下四个方面存在严重分歧,主要表现为:一是美国与叙利亚境内的库尔德武装——人民保卫军合作打击"伊斯兰国",土耳其认为人民保卫军是土耳其境内的反叛势力库尔德工人党的分支,并对其予以军事打击;二是2016年7月土耳其发生了未遂的军事政变,埃尔多安总统[①]认为流亡到美国的土耳其宗教人士Fethullah Gulen策划了此

[①] 2014年,埃尔多安出任土耳其总统。

次军事政变，并向美国提出引渡要求，美国至今未同意土耳其的引渡要求；三是 2017 年土耳其通过全民公投的方式修改宪法，扩大了总统权力，将"总理制"改为"总统制"，埃尔多安在 2018 年再次当选总统，从 2003 年至今，埃尔多安已在土耳其掌舵 16 年；四是土耳其从俄罗斯购买了 S—400 防空导弹系统，美国认为俄罗斯可以利用土耳其购买的 S—400 防空导弹系统收集美国在土耳其军事基地的 F—35 战斗机的信息，并因此暂停向土耳其销售 F—35 战斗机。

（二）美国对土耳其的经济制裁

2018 年 8 月 1 日，美国财政部曾因土耳其监禁美籍牧师安德鲁·布伦森而将土耳其司法部长和内政部长纳入 SDN 名单。在土耳其政府释放了安德鲁·布伦森之后，2018 年 11 月 2 日，美国财政部解除了对土耳其司法部长和内政部长的经济制裁措施。

2019 年 10 月初，美军撤出叙土边界，土耳其军队开展"和平之春"行动，进入叙利亚北部，打击库尔德人民保卫军。美国国内强烈要求美国政府对土耳其打击库尔德盟友的行为进行回应，2019 年 10 月 14 日，特朗普总统签署 13894 号行政命令，授权美国财政部制裁土耳其在任和前任官员、政府机构、部分行业，以及对非美国人开展与上述土耳其自然人和实体相关的部分交易进行次级制裁；同日，美国财政部长将土耳其国防部及其部长、能源部及其部长、内政部长纳入 SDN 名单。在签发 13894 号行政命令的同时，美国财政部签发了三项一般许可，其中一项豁免了美国政府与上述被纳入 SDN 名单中的实体间的业务往来。

2019 年 10 月 23 日，鉴于土耳其政府承诺停止在叙利亚北部的进攻，并使停火永久化，特朗普总统指示美国财政部长解除了 10 月 14 日针对土耳其进攻叙利亚北部地区而实施的所有经济制裁措施。同日，美国财政部根据特朗普总统的指示，将土耳其两个部委和三位部长从 SDN 名单中移除。需要特别说明的是，特朗普总统没有废除 13894 号行政命令，截至 2020 年 5 月 1 日美国参众两院仍在审议多个与土耳其制裁相关的法案,另外,美国政府还可以依据《以制裁打击美国敌人法》对土耳其购买S—400防空导弹系统的行为进行制裁。

(三) 美国已对Halkbank案的部分相关人员采取指控、逮捕和判刑等措施

早在2017年9月6日,美国司法部在美国纽约南区联邦地区法院对土耳其前经济部长Mehmet Caglayan(后曾担任土耳其总理)、Halkbank总裁Suleyman Aslan、Halkbank副总裁Memet Atilla、伊朗裔的土耳其商人Reza Zarrab等9人提出刑事指控,指控其共谋逃避美国对伊朗的经济制裁[①]。在起诉书中,美国司法部详细描述了上述被告以及Halkbank的主要违规事实,即通过黄金交易机制以及虚假的食品和药品交易机制协助伊朗政府非法转移了价值约200亿美元的原本受到限制的伊朗资金。其中,Reza Zarrab和Memet Atilla分别于2016年3月19日和2017年3月27日被美国警方逮捕。2017年10月26日,Reza Zarrab承认7项指控,并同意作为污点证人。2018年1月3日,陪审团判定针对Memet Atilla的6项指控中的5项指控成立,Memet Atilla被判入狱32个月[②]。

(四) 业界对美国司法部迟迟未起诉Halkbank感到诧异

2017年9月6日至2019年10月15日间,很多人都非常诧异,为何美国司法部迟迟没有起诉Halkbank,毕竟美国司法部已掌握了Halkbank违反美国经济制裁的充足证据,特别是Halkbank的共谋者同时也是整个逃避机制的发起人、设计者Reza Zarrab已经成了污点证人,Halkbank的副总裁Memet Atilla也已经被判入狱32个月。

---

① 相关链接:https://www.justice.gov/usao-sdny/pr/former-turkish-minister-economy-former-general-manager-turkish-government-owned-bank。
② 相关链接:https://www.justice.gov/usao-sdny/pr/turkish-banker-convicted-conspiring-evade-us-sanctions-against-iran-and-other-offenses。

二、美国司法部指控 Halkbank 的违法行为

（一）违法行为的主要参与者

美国司法部的起诉书显示：在整个事件中，Reza Zarrab 是策划者和发起者，其在阿联酋和土耳其经营货币服务企业和贸易公司；Mehmet Caglayan 接受 Reza Zarrab 价值 7000 多万美元的巨额贿赂，利用经济部长的职位，指示 Halkbank 的高管与 Reza Zarrab 共谋，开展违法业务，并为违法业务提供保护；Suleyman Aslan 接受了 Reza Zarrab 的价值超过 850 万美元的贿赂，同意 Reza Zarrab 利用 Halkbank 开展违法业务；Memet Atilla 负责 Halkbank 的国际银行业务，主要包括维护 Halkbank 的代理银行关系，如维护 Halkbank 在美国的银行的代理账户；在任职期间，Suleyman Aslan 和 Memet Atilla 还牵头与美国财政部负责恐怖主义和金融事务的副部长及 OFAC 负责人就 Halkbank 遵守美国制裁的情况进行沟通。在该诉讼所涉及的时间范围内，Halkbank 都是伊朗国家石油公司（NIOC）向土耳其出售伊朗石油所获收益的唯一存放地。美国司法部认为，Suleyman Aslan 和 Memet Atilla 以及 Halkbank 的其他管理人员和员工，都是在其工作职责范围内、为了 Halkbank 的利益进行违法交易。

（二）黄金出口机制（Gold Export Scheme）

美国司法部指控，在 2012 年美国对伊朗出售石油以及向伊朗和伊朗政府供应现金和贵金属的制裁变得更加严格后，Halkbank 和其他共谋者设计一套黄金出口机制，以逃避美国制裁的限制。第一步，Halkbank 与 Reza Zarrab 及其他人合作，将存放在 Halkbank 的伊朗石油收入转入 Reza Zarrab 控制的交易所和前台公司，这些交易所和前台公司使用这些石油收入在土耳其境内购买黄金。第二步，这些交易所和前台公司将购买的黄金出口到土耳其境外，获得现金，并将这些现金汇至伊朗或用于伊朗自然人或实体的国际金融交易。第三步，Halkbank 与 Reza Zarrab 及其他人合作，通过编制虚假的文件和做出虚假陈述，掩盖上述违规行

为。Suleyman Aslan 和 Memet Atilla 告知美国财政部官员，这些黄金交易都是属于伊朗私人企业和自然人可以开展的交易。但实际上，Halkbank 与 Reza Zarrab 是代表伊朗政府购买黄金，违反了 13622 号行政命令，且黄金被运至迪拜而非伊朗私人企业和自然人。

（三）欺诈性的食品和药品贸易机制（Fraudulent Food and Medicine Trade Scheme）

2013 年 7 月 1 日，《伊朗自由和反扩散法》（*Iranian Freedom and Counter-proliferation Act*，*IFCA*）生效，美国将对伊朗贵金属出口的限制，由伊朗政府扩大到整个国家，同时，强化对将伊朗石油收益用于双边贸易的限制。在此情况下，Halkbank 与 Reza Zarrab 等人共谋通过虚假的食品和药品贸易机制将伊朗石油收益转移到土耳其境外，也就是说将违法业务伪装成向伊朗出口食品和药品，向伊朗出口食品和药品属于美国对伊朗制裁的例外。Mehmet Caglayan 和其他土耳其政府官员批准并指导上述违法人员采用并执行欺诈性的食品和药品贸易机制。

三、特朗普总统及美国国会对 Halkbank 案的干涉

彭博社曾报道称，2019 年 4 月，特朗普总统指示美国财政部长姆努钦与司法部长、总检察长巴尔一起处理土耳其埃尔多安总统的请求，即帮助 Halkbank 避免因协助伊朗逃避美国对伊朗的制裁而受到指控；在此之前，特朗普总统曾向美国国务卿蒂勒森施压，要求蒂勒森帮助说服美国司法部放弃对 Reza Zarrab 的起诉，蒂勒森拒绝了特朗普总统的要求[①]。

2019 年 10 月 24 日，Ron Wyden 参议员启动了一项调查，调查美国财政部长

---

① 相关链接：https://heisenbergreport.com/2019/10/09/bombshell-trump-pressed-rex-tillerson-to-have-doj-drop-criminal-case-against-erdogan-linked-reza-zarrab/。

姆努钦是否受特朗普总统的指示干预美国纽约南区相关政府机构对Halkbank的调查[①]。Ron Wyden参议员表示，Halkbank处在围绕特朗普总统、Rudy Guiliani（特朗普总统的私人律师，Reza Zarrab是其客户）和土耳其埃尔多安总统的新闻的中心，这些人似乎都在朝着防止对Halkbank提起刑事诉讼的同一目标而努力，美国国会必须弄清为什么特朗普总统和他的私人律师会为一家土耳其国有银行开脱罪责。2019年11月，美国财政部在给Ron Wyden参议员的回信中，没有否认特朗普总统要求美国财政部长干预对Halkbank的调查[②]。

此外，美国议员在国会提起多项制裁土耳其的议案，其中2019年10月29日美国众议院通过的Protect Against Conflict by Turkey Act明确要求制裁Halkbank，该法案尚需经过美国参议院审议通过并经美国总统签署。

四、相关分析

综合上述信息，我们可以看出，美国司法部之所以迟迟未对Halkbank提起诉讼主要是因为Halkbank案过于复杂，牵扯太多的政治因素，如美国司法部指控土耳其前经济部长Mehmet Caglayan利用其官方身份指示Halkbank从事上述违规行为，并接受Reza Zarrab 7000多万美元的贿赂；Reza Zarrab是特朗普总统的私人律师的客户，并在位于土耳其伊斯坦布尔的特朗普大厦有一间办公室；土耳其总统埃尔多安向特朗普总统提出请求，希望特朗普总统干涉美国政府机构对Halkbank的调查。美国司法部选择在土耳其军队进入叙利亚北部打击库尔德武装6天后起诉Halkbank，主要是因为土耳其军队进入叙利亚北部的举动以及特朗普总统抛弃库尔德盟友的行为在美国国内引起了强烈的政治反弹，特朗普总统签发13894号行政命令和美国司法部起诉Halkbank都是这种政治反弹的结果。美国政府希望给予土耳其政府尽可能大的压力，迫使土耳其停止其在叙利亚北

[①] 相关链接：https://www.finance.senate.gov/imo/media/doc/102319%20Halkbank--Mnuchin.pdf。
[②] 相关链接：https://www.finance.senate.gov/ranking-members-news/wyden-statement-on-treasury-response-to-halkbank-investigation。

部的军事行动，2019年10月23日，土耳其政府向美国政府承诺停止在叙利亚北部的进攻，并使停火永久化。

除此之外，还有以下两点值得我们关注：

（一）美国政府可以通过多个渠道掌握违法业务的信息或线索

此案中，美国政府主要通过以下三个途径掌握违法业务的信息或线索：一是从经济数据的异常中。在黄金出口机制执行期间，土耳其对伊朗、阿联酋的黄金出口数量急剧飙升，分别由2011年的5500万美元、2.8亿美元飙升至2012年的65亿美元和46亿美元，一年内，黄金出口分别飙升了118倍和16倍，这引起了美国情报部门的高度关注。二是通过窃听电话。在起诉书中，美国司法部多次引用窃听的电话内容作为证据。三是通过污点证人。违法行为的两位重要参与者Reza Zarrab和Memet Atilla被美国警方逮捕，其中，Reza Zarrab是违法行为的发起者和策划者，最后还成了污点证人。

（二）涉案的土耳其官员和Halkbank高级管理人员的角色问题

根据起诉书，我们无法得出这样的结论：涉案的土耳其官员和Halkbank高级管理人员从事上述违法行为是为了土耳其的国家利益，但是，可以肯定的是，涉案的土耳其前经济部长Mehmet Caglayan、Halkbank总裁Suleyman Aslan从中谋取了巨额的个人利益。这些人可能因其一己之私利，使Halkbank遭受巨额的罚款，并使土耳其在与美国外交角力中处于非常不利的地位。

经济制裁是美国政府维护国家利益和实现外交政策目标的重要工具，美国政府在什么时候使用，以及如何使用这一工具，既受到国际局势的影响，又受到国内政治的影响，需要具体问题具体分析。Halkbank案如何收场，值得我们持续关注。截至2020年5月1日，该案仍在审理过程中。

第五节　美国摩根大通银行先后两次因制裁违规被美国财政部处罚

自2009年至今，摩根大通银行先后两次因违反美国经济制裁法律法规而被美国财政部处罚。第一次是2011年8月25日，摩根大通银行与美国财政部签署和解协议，同意支付8830万美元以了结因违反美国制裁法律法规而应承担的民事责任[①]。第二次是2018年10月5日，摩根大通银行支付了526万美元的罚款[②]。值得注意的是，这两次美国司法部都没有因制裁违规对摩根大通银行进行刑事处罚。

一、摩根大通银行第一次被罚

此次摩根大通银行的违规行为发生在2005年12月15日至2011年3月1日期间。摩根大通银行违反了美国对古巴、缅甸、伊朗、苏丹、利比里亚前泰勒政权、大规模杀伤性武器扩散活动以及全球恐怖主义活动的制裁政策，还违反了制裁报告程序要求。

（一）违反《古巴资产控制条例》的行为

2005年12月12日至2006年3月31日，美国摩根大通银行处理了总计金额约1.785亿美元的1711笔电汇，这些电汇涉及了古巴人，违反了《古巴资产控制条例》。2005年11月，另一家美国金融机构曾提醒摩根大通银行，摩根大通银行内部正通过一个代理账户处理涉古巴人的电汇业务，摩根大通银行对此进行了调查，并向管理人员和监督人员汇报，证实上述提醒。然而，摩根大通银行未能

[①] 相关链接：https://www.treasury.gov/resource-center/sanctions/OFAC-Enforcement/Pages/20110825.aspx。
[②] 相关链接：https://www.treasury.gov/resource-center/sanctions/OFAC-Enforcement/Pages/20181005.aspx。

采取适当步骤防止进一步资金转移,也没有向OFAC披露这些明显违反《古巴资产控制条例》的行为。

(二) 违反《防止大规模杀伤性武器扩散制裁条例》的行为

2009年12月22日,摩根大通银行向一家银行发放290万美元的贸易贷款,然而这笔贷款的底层交易涉及了因参与大规模杀伤性武器扩散活动而被纳入SDN名单的一艘伊朗船舶。摩根大通银行认识到了这笔业务可能违反了《防止大规模杀伤性武器扩散制裁条例》,并在12月底决定向OFAC进行主动披露,但直到2010年3月才向OFAC寄送披露报告。摩根大通银行也未能对OFAC的行政传票做出迅速而全面的回应,行政传票要求提供有关这项交易的资料。

(三) 违反《报告、程序和处罚条例》的行为

2010年10月13日,OFAC根据《报告、程序和处罚条例》发出了一份行政传票,指示摩根大通银行提供与涉及"喀土穆"的一笔电汇业务有关的文件。针对这份传票和随后的一份来文,摩根大通银行合规管理部门未能提供由摩根大通银行掌握的相关文件,并一再指出,摩根大通银行没有其他相关文件。在OFAC的指正下,摩根大通银行修正了前述的错误陈诉。摩根大通银行没有主动披露违反《报告、程序和处罚条例》的行为。

OFAC认定摩根大通银行上述违规行为是恶意(Egregious)行为。除此之外,OFAC还认定摩根大通银行以下部分行为为非恶意行为,如2006年4月27日至2008年11月28日期间,摩根大通银行未能有效阻止或拒绝共计609,308美元,的9笔电汇业务,摩根大通银行向OFAC主动披露了其中的5笔业务。上述9笔电汇业务违反了美国对伊朗、苏丹、利比里亚前泰勒政权、大规模杀伤性武器扩散活动以及全球恐怖主义活动的制裁政策。

在OFAC调查期间,摩根大通银行给予了充分的合作,包括按照OFAC的要求进行一次历史交易审查。

二、摩根大通银行第二次被罚

2018年10月5日,摩根大通银行因违反《古巴制裁条例》《伊朗交易与制裁条例》《防止大规模杀伤性武器扩散制裁条例》,向美国财政部缴纳了5,263,171美元的罚款。摩根大通银行向OFAC进行了主动披露,违规行为是非恶意的。

摩根大通银行运营一个净结算机制,代表其美国客户结算与非美国客户之间的账单,美国客户为美国实体及其约100名成员,非美国客户为非美国实体及其350多名成员。在2008年1月3日至2012年2月8日间,摩根大通银行运营该机制,通过美国金融系统处理了87笔交易,这些交易可能包含了可归因于制裁对象的利益。每笔交易均代表摩根大通银行的美国客户与非美国人客户之间的净结算付款,非美国实体的成员中,有8家航空公司在不同时间处于SDN名单中,或位于OFAC管理的制裁项目涉及的国家。

另外,在违规期间,摩根大通银行至少三次忽视其美国客户的警告,即有美国制裁对象参与了净结算机制;摩根大通银行作为净结算机制中的清算银行,无视制裁合规义务,尽管有能力核实参与方的相关信息,却没有对参与净结算机制的非美国客户的成员单位进行筛查。

第六章

其他主要行业制裁、处罚典型案例分析

第一节　航空业、通信业制裁、处罚[①]典型案例分析

美国对其"敌人",如伊朗、朝鲜、古巴等国家,进行经济制裁,是为了遏制其经济社会发展,进而迫使其按照美国设想行事或发生美国希望的"改变"。为遏制这些国家的经济社会发展,美国高度重视对这些国家高科技行业的制裁和出口管制,如航空业和通信业,这些国家只能通过第三国企业获取经济发展所需的技术。然而,美国在全球高科技行业占主导地位,第三国企业的高新技术或多或少含有美国技术成分,第三国企业向受美国制裁的国家出口高技术产品或服务,就容易招致美国的重罚。对于美国企业而言,如何确保其销售或租赁出去的航空或通信设备、技术不被美国制裁对象获取,是一项严峻的挑战。

一、荷兰航空服务提供商 Fokker Services B.V. 因制裁违规被处以 50,922,208 美元的罚款

2014年6月5日,荷兰航空服务提供商 Fokker Services B.V. 被美国政府机构认定,约在2005年11月16日至2010年9月1日间违反美国对伊朗、苏丹和缅甸的制裁法律法规1153次,Fokker Services B.V. 分别与美国司法部、哥伦比亚特区联邦检察官办公室、美国商务部工业安全局和美国财政部OFAC签署协议,总

[①] 对于企业而言,所谓制裁,即被美国政府纳入各种制裁名单;所谓处罚,即被美国政府处以罚款或被采取限制业务开展等措施。

共支付 50,922,208 美元的罚款[①]。其中，Fokker Services B.V. 与美国司法部、哥伦比亚特区联邦检察官办公室签署的是延期起诉协议。非常有意思的是，OFAC 没有认定 Fokker Services B.V. 违反美国对缅甸的制裁法律法规，美国司法部则认定 Fokker Services B.V. 将与美国存在关联的飞机零部件销售给缅甸的客户，违反了美国制裁法律法规。

（一）Fokker Services B.V. 的违规行为

Fokker Services B.V. 间接向伊朗客户出口或再出口飞机零部件，这些零部件要么是 Fokker Services B.V 在美国采购或修理的，专门用于满足伊朗客户的订单需求，要么具有美国成分因而需要有出口许可证，Fokker Services B.V. 被 OFAC 认定违反《伊朗交易与制裁条例》1112 次。

Fokker Services B.V. 间接向苏丹客户或位于苏丹的最终用户出口或再出口飞机零部件，这些零部件要么是 Fokker Services B.V. 在美国采购或修理的，专门用于满足苏丹客户或位于苏丹的最终用户的订单需求，要么具有需要有出口许可证的美国成分，Fokker Services B.V. 被 OFAC 认定违反《苏丹制裁条例》41 次。

（二）OFAC 的考量

OFAC 认定，Fokker Services B.V. 主动披露了违规行为，违规行为是恶意的。

OFAC 认为以下属于处罚加重因素：1.Fokker Services B.V. 知道其将源自美国或在美国维修的零部件提供给伊朗和苏丹的客户，恣意违反美国经济制裁法律法规；2. 从交易量和交易金额来看，Fokker Services B.V. 对美国针对伊朗和苏丹制裁目标造成了重大损害；3.Fokker Services B.V. 是一家经验丰富的先进航空服务提供商；4. 在违规行为发生的五年中的大多数时间内，Fokker Services B.V. 没

---

① 相关链接：https://www.justice.gov/usao-dc/pr/fokker-services-bv-agrees-forfeit-105-million-illegal-transactions-iranian-sudanese-and。

有正式的OFAC制裁合规计划；5.当发现涉嫌违规行为时，Fokker Services B.V.没有采取足够的控制措施来完全阻止有关行为。

OFAC认为以下属于处罚减轻因素：1.在最早的违规行为发生之前的五年里，Fokker Services B.V.没有收到OFAC的违规警示，也未受到OFAC处罚；2.自开展内部调查以来，Fokker Services B.V.采取了新的、更有效的内部控制措施和程序，其中包括优化出口合规计划，以防止再次发生违反美国制裁的行为；3.Fokker Services B.V.在调查期间提供了实质性合作，包括进行了广泛的内部调查，提供了大量相关文件，并签署协议，放弃了以诉讼时效过期为由进行抗辩的权利。

（三）美国司法部披露的信息

美国司法部表示，Fokker Services B.V.在2010年6月向美国商务部工业安全局和OFAC进行了主动披露，Fokker Services B.V.在初次披露时就承认了违规行为并愿意承担相应的责任；美国司法部对Fokker Services B.V.的调查就源自Fokker Services B.V.的前述主动披露；在初次披露后两年半的时间里，Fokker Services B.V.通过外部顾问进行了广泛的内部调查，披露了其他违反美国出口管制法的行为；在2010年进行自愿披露之后，Fokker Services B.V.已采取措施来加强和优化其制裁合规计划，包括停止与位于受制裁国家/地区的客户的所有新业务；发起员工纪律审查，以调查并处理所有涉嫌参与违规行为的员工包括高级管理层的行为；通过一项新的出口合规计划；终止与受制裁银行的关系，并关闭其伊朗代表处和分支机构。

二、英国Balli Group因制裁违规向美国执行机构缴纳1700万美元的罚款

2010年2月5日，英国Balli Group PLC及其子公司Balli Aviation, Ltd.（以下统称Balli Group）被认定违反美国对伊朗的制裁法律法规，与美国司法部、美

国商务部工业安全局和美国财政部OFAC签署协议,同意向美国商务部工业安全局和美国财政部OFAC缴纳1500万美元的罚款、向美国司法部缴纳200万美元的罚款[①]。其中,Balli Aviation, Ltd.与美国司法部签署了认罪协议。OFAC认定Balli Group没有主动披露违规行为,但配合了OFAC的调查。

(一)违规行为

约从2007年10月到2008年7月,在没有获得美国商务部工业安全局许可或OFAC授权的情况下,Balli Group共谋从美国向伊朗马汉航空公司(Mahan Airlines)出口了三架波音747商用客机,违反了《伊朗交易与制裁条例》和美国《出口管制条例》。具体做法是,Balli Aviation, Ltd.从伊朗的航空公司获得融资,通过其子公司Blue Sky Companies购买波音747商用客机,再通过租赁协议,允许伊朗的航空公司使用这些波音747商用客机用于进出伊朗的航班。

(二)Balli Group应履行的义务

Balli Group应聘请在美国出口管制法律和制裁法规方面具有专业知识的、独立的第三方顾问对Balli Group是否遵守美国出口管制法律和制裁法规进行外部审核。另外,Balli Group被美国商务部工业安全局取消了五年的出口优先权。

三、美国Apollo Aviation Group被OFAC处以210,600美元的罚款

2019年11月7日,美国航空企业Apollo Aviation Group, LLC(以下简称Apollo)被认定在2013年7月至2015年9月间12次违反了《苏丹制裁条例》,向OFAC支付210,600美元的罚款[②]。

---

① 相关链接:https://www.justice.gov/opa/pr/uk-firm-pleads-guilty-illegally-exporting-boeing-747-aircraft-iran。

② 相关链接:https://www.treasury.gov/resource-center/sanctions/CivPen/Documents/20191107_apollo.pdf。

（一）违规行为

Apollo向阿联酋的一家企业出租了3个航空发动机，这家阿联酋企业又将这些航空发动机出租给了一家乌克兰的航空公司，这家乌克兰的航空公司将这些航空发动机安装到一架出租给苏丹航空（Sudan Airways）的飞机上。在交易发生时，苏丹航空在SDN名单中。

Apollo与阿联酋的那家企业签订的租赁协议中有一条规定，禁止承租人将发动机转运至受美国或联合国制裁的国家，或在这些国家维修、运营或飞行。尽管有上述禁止性条款，但是，Apollo并没有确保航空发动机的使用方式符合OFAC的规定。例如，当时，Apollo没有从承租人和分租人那里获得美国出口合规证书。此外，Apollo没有定期监控或以其他方式验证其承租人和分租人在租赁期内是否遵守租赁协议中的禁止性条款。导致Apollo在租约期满将航空发动机回收之后，才知道这些航空发动机实际在哪里使用。

（二）OFAC的考量

OFAC决定，Apollo主动披露了违规行为，违规行为是恶意的。

OFAC认为以下属于处罚加重因素：1.SDN名单上的某个实体未经授权在苏丹使用了Apollo的航空发动机，损害了美国对苏丹的制裁目标；2.Apollo是一家大型企业；3.尽管阿联酋的那家企业似乎违反了租赁协议中的禁止性条款，但Apollo在其租赁期内没有监控或核实这些航空发动机的实际下落。

OFAC认为以下属于处罚减轻因素：1.Apollo没有人实际知晓违规行为；2.在最早的违规行为发生之前的五年里，Apollo没有收到OFAC的违规警示，也未受到OFAC处罚；3.Apollo采取了许多补救措施，包括增加合规人员、加强系统建设；4.Apollo向OFAC提供了高质量的信息。

Apollo向OFAC证实其已终止了违规行为，并采取以下措施尽量减少类似违规行为发生的可能性：1.Apollo根据全球最佳实践改进了"了解您的客户"筛查程序；2.Apollo加强对员工进行出口管制合规培训；3.Apollo开始从承租人和分租人那里获得美国出口合规证书。

OFAC表示，此次执法行动凸显了高风险行业中的公司实施有效和持续的、基于风险的合规措施的重要性，尤其是在从事与航空业有关的交易时；在2019年7月23日，OFAC向民用航空业发布了一份制裁风险提示[①]，警告伊朗在航空事务上采取的欺诈行为，这份风险提示主要聚焦在伊朗，但民用航空业应意识到其他受制裁的国家也可能采取类似的欺诈行为；这次执法行动还强调了在全球开展业务的公司实施"了解您的客户"筛查程序和合规措施的重要性，这些程序应涵盖甚至超出整个商业活动期限或租赁期限。

四、爱立信的两家子公司被OFAC处以145,893美元的罚款

2018年6月6日，电信巨头爱立信（Telefonaktiebolaget LM Ericsson）的两家子公司Ericsson AB和Ericsson, Inc.被OFAC认定违反美国对苏丹的制裁法律法规，两家公司需要向OFAC缴纳145,893美元的罚款[②]。Ericsson AB位于瑞典，Ericsson, Inc.位于美国得克萨斯州。

（一）违规行为

2011年9月22日前后，Ericsson AB与第三国电信公司的苏丹子公司签署了意向书，目的是提供设备和服务，以从测试网络开始升级和扩展苏丹的电信网络覆盖范围。爱立信通过卫星连接其在苏丹的测试网络，为此，爱立信聘请了BCom Offshore SAL协助安装、调配和维修运往苏丹的卫星设备。2011年底，高温导致爱立信在苏丹的某些设备出现故障。在此情况下，两名Ericsson AB前雇

---

① 即OFAC发布的Deceptive Practices by Iran with respect to the Civil AviationIndustry，相关链接：https://www.treasury.gov/resource-center/sanctions/Programs/Documents/20190723_iran_advisory_aviation.pdf。

② 相关链接：https://www.treasury.gov/resource-center/sanctions/CivPen/Documents/20180606_ericsson.pdf。

员,一名无线电系统专家和项目经理,一名业务部门负责管理苏丹项目实施的高级项目总监,向Ericsson, Inc.的一位专家寻求支持。Ericsson, Inc.的专家在2012年1月2日向上述无线电系统专家及其他Ericsson AB雇员邮件回复,邮件称,"请不要给我发送与苏丹有关的任何电子邮件。这是很严重的事情,爱立信可能会被罚款,我会被解雇"。尽管有上述电子邮件,Ericsson AB的员工仍在继续与Ericsson, Inc.员工讨论如何修理损坏的设备,而不再引用苏丹的名字。

2012年2月28日前后,Ericsson, Inc.的员工在西班牙巴塞罗那举行的一次销售会议上会见了上述高级项目总监和BCom Offshore SAL首席运营官,专门讨论了苏丹设备过热问题。最终,上述人员讨论决定通过购买能够抵抗高温的、受出口管制的美国卫星通信集线器来解决苏丹设备过热问题。2012年3月22日,Ericsson AB根据上述无线电系统专家的要求,从一家美国公司购买了一个卫星通信集线器,以交付给BCom Offshore SAL在瑞士日内瓦的办公室。2012年3月28日前后,该无线电系统专家与爱立信合规部门进行电子邮件沟通,解释了该卫星通信集线器的用途以及为何需要购买该卫星通信集线器,爱立信合规部门则表示,向苏丹提供这种卫星通信集线器将违反爱立信关于制裁合规的内部政策。尽管爱立信合规部门发出了警示,Ericsson, Inc.的员工、该无线电系统专家和BCom Offshore SAL首席运营官还是将购买卫星通信集线器的客户位置篡改为"博茨瓦纳",以防将来出现问题。随后,大约在2012年4月2日,该无线电系统专家将爱立信购买的卫星通信集线器的交易分解成Ericsson AB与BCom Offshore SAL之间的多阶段交易,通过瑞士和黎巴嫩进行转运,最终将卫星通信集线器运往了苏丹。上述行为违反了《苏丹制裁条例》。在被OFAC罚款时,爱立信已经终止了与BCom Offshore SAL的业务关系。

(二) OFAC的考量

OFAC决定,爱立信主动披露了违规行为,违规行为是恶意的。

OFAC认为以下属于处罚加重因素:1.Ericsson AB的几名员工和Ericsson,

Inc.的一名员工故意与第三国电信公司的员工共谋逃避美国对苏丹的禁运，违反了《苏丹制裁条例》；2.参与其中的Ericsson AB员工中至少有一名是管理人员；3.参与违规活动的员工无视爱立信合规部门的警告，即有关交易是被禁止的；4.Ericsson AB的违规行为损害了美国对苏丹的制裁目标；5.爱立信是一家大型商业实体。

OFAC认为以下属于处罚减轻因素：1.爱立信与OFAC合作，进行了主动披露和彻底的内部调查，并签署协议，放弃以诉讼时效过期为由进行抗辩的权利；2.无论是爱立信、Ericsson AB还是Ericsson, Inc.，在最早的违规行为发生之前的五年里，都没有收到OFAC的违规警示，也未受到OFAC处罚；3.爱立信针对违规行为采取了补救措施，执行了额外的合规控制和程序；4.考虑到违规行为的个别特征，再次违规的可能性很小。

OFAC认为，这项执法行动凸显了授权合规人员防止出现违规交易的重要性；企业应确保其制裁合规团队配备足够的人员、获得足够的技术和其他资源，并被授予适当的权限，以确保合规工作与企业的风险状况相匹配；制裁合规人员应具备必要的手段，以审查、评估和解决制裁相关问题。

第二节 保险业制裁、处罚典型案例分析

鉴于保险业对于维持国际贸易有效运转的重要作用，为遏制制裁对象对外贸易往来，美国政府越来越关注国际保险业执行美国经济制裁政策的情况，越来越多的保险公司因制裁违规而被OFAC处罚。自2009年1月1日至2020年1月1日，有12家保险机构、先后13次被OFAC处罚，被罚总金额为1,702,488美元。其中12家为美国的保险机构，仅有一家非美国的保险公司。与2009年1月1日至2020年1月1日OFAC总计56.42亿美元的罚款相比，保险业被罚的金额可以说是微不足道的，但是，被处罚的保险机构数量却不少，且由此带来的声誉风险值得国际保险业关注。具体情况如表1所示：

表1　2009年1月1日至2020年1月1日国际保险业经济制裁处罚总体情况

序号	处罚年份	公司名称	公司所在国家	涉及的制裁项目	罚款金额（美元）
1	2019	Allianz Global Risks US Insurance Company	美国	古巴	170,535
2	2019	Chubb Limited	瑞士	古巴	66,212
3	2017	American International Group, Inc.	美国	伊朗、苏丹、古巴、大规模杀伤性武器扩散	148,698
4	2015	Navigators Insurance Company	美国	朝鲜、古巴、伊朗、苏丹	271,815
5	2014	Bupa Florida	美国	毒品走私、古巴	128,704
6	2014	American International Group, Inc.	美国	古巴	279,038
7	2013	The American Steamship Owners Mutual Protection and Indemnity Association, Inc.	美国	古巴、苏丹、伊朗	348,000
8	2011	McGriff, Seibels & Williams of Texas, Inc.	美国	伊朗	122,408
9	2011	General Reinsurance Corporation	美国	伊朗	59,130
10	2011	HCC Insurance Holdings, Inc.	美国	伊朗	38,448
11	2011	Aon International Energy, Inc.	美国	伊朗	36,000
12	2011	Metropolitan Life Insurance Company	美国	古巴	22,500
13	2010	GEICO General Insurance Company	美国	毒品走私	11,000

一、AIG两次被OFAC处罚

国际保险业巨头美国国际集团（American International Group, Inc., AIG）分

别于2014年5月8日①和2017年6月26日②被OFAC处以279,038美元和148,698美元的罚款。AIG是第一家被OFAC处罚两次的保险机构。

（一）AIG第一次被OFAC处罚

2014年5月8日，AIG因被认定违反美国对古巴的制裁政策3560次，向OFAC认缴279,038美元的罚款。

1. AIG的违规行为

2006年1月至2009年3月间，AIG位于加拿大的两家子公司签发或续签了三种财产和意外伤害保险单，这些保险单承保了一家加拿大公司分出的古巴风险，预计总保费为486,137.71美元。上述保单包括综合一般责任、董事和高级管理人员超额责任和污染法律责任。其中一家加拿大子公司还在2006年1月1日至2006年10月4日期间为一份董事和高级管理人员责任保单进行了续期，为一家加拿大公司的三个古巴合资企业的某些董事和高级管理人员提供保险，预计保费为55,578.08美元。

另外，从2006年3月17日至2008年9月30日，Travel Guard Canada，AIG位于加拿大的另一家子公司签发、续签3446个单次或一年多次的旅行保单，其中，被保险人将古巴确定为旅游目的地，总保费为337,973.25美元。在保障期内，Travel Guard Canada进行了103笔、总金额为96,910.47美元的赔付。

2. OFAC的考量

OFAC认为，AIG主动披露了违规行为，该违规行为属于非恶意的。

OFAC认为以下属于处罚加重因素：1.AIG以及公司管理层的某些成员知晓违规行为；2.AIG的违规行为对美国制裁政策目标造成了损害；3.在从事违规行为时，AIG的两家加拿大子公司未建立有效的制裁合规计划。

---

① 相关链接：https://www.treasury.gov/resource-center/sanctions/CivPen/Documents/20140508_aig.pdf。
② 相关链接：https://www.treasury.gov/resource-center/sanctions/CivPen/Documents/20170626_aig.pdf。

OFAC认为以下属于处罚减轻因素：1.在最早的违规行为发生之前的五年里，AIG并没有收到OFAC的违规警示，也未受到OFAC处罚；2.AIG采取了补救措施；3.AIG配合OFAC的调查，进行了主动披露，并签署协议，放弃以诉讼时效过期为由进行抗辩的权利。

（二）AIG再次被OFAC处罚

2017年6月26日，AIG因被认定违反美国对伊朗、苏丹、古巴和防止大规模杀伤性武器扩散的制裁政策，向OFAC认缴约148,698美元的罚款。

1. AIG的违规行为

约在2007年11月20日到2012年9月3日期间，AIG共进行了555笔海事保险业务，保费和赔付总额约为396,530美元，这些海事保险业务涉及向伊朗、苏丹或古巴运送或过境的各种货物和原料，也涉及一位被纳入SDN名单的自然人。虽然大多数违规行为都是在全球保险（Global Insurance Policies）下发生的，但单一船运保险（Single Shipment Policies）也出现了数十起明显的违规行为。

（1）涉伊朗违规行为

OFAC确认了455起违规行为，共计274,463.64美元，在这些违规行为中，AIG将承保范围扩大到了从事与伊朗相关的航运、货物运输或转运业务的各方，和/或由该承保范围产生的收取保险费或支付理赔金的各方，违反《伊朗交易与制裁条例》。

（2）涉苏丹违规行为

OFAC确认了38起违反《苏丹制裁条例》的行为，所有这些违规行为都涉及为往返苏丹的货物提供保险的全球保险，保险费总额为13,321.44美元。

（3）涉古巴违规行为

OFAC确认了29起违反《古巴资产控制条例》的行为，所有这些违规行为都涉及AIG提供与往返古巴的货物有关的保险，或处理由此保险涉及古巴实体的保险费或索赔，保险金总额为3679美元。

(4) 涉大规模杀伤性武器扩散违规行为

OFAC 确认了 33 起违反《大规模杀伤性武器扩散制裁条例》的行为，所有这些违规行为都涉及伊朗伊斯兰共和国航运公司（Islamic Republic of Iran Shipping Lines）被制裁的船只，收到的保险费总额为 105,065.94 美元。

AIG 在从事上述违规行为时，已建立了 OFAC 制裁合规体系，并建议 AIG 相关人员在开展可能涉及美国经济制裁的承保或理赔业务时使用制裁除外条款（Sanctions Exclusionary Clauses）。尽管 AIG 的大部分保单都包含制裁除外条款，然而绝大部分制裁除外条款因适用范围过窄而无效。另外，一些被保险人注意到 AIG 的开放货物（Open Cargo）或全球主要保单（Worldwide Master Policies）中包含制裁除外条款，转而希望购买没有制裁除外条款的单一船运保险。

2. OFAC 的考量

OFAC 认为以下属于处罚加重因素：1.AIG 进行了一种为期多年的业务模式或实践，在这种模式或实践中，AIG 签发和维持保单并处理索赔和保费支付，违反了多个美国制裁项目；2.AIG 的违规行为给受制裁的国家或个人带来了经济利益，破坏了美国多个经济制裁项目的政策目标；3.AIG 是一家大型金融机构。

OFAC 认为以下属于处罚减轻因素：1.在最早的违规行为发生之前的五年里，AIG 并没有收到 OFAC 的违规警示，也未受到 OFAC 处罚[①]；2.AIG 在从事违规行为时已建立了 OFAC 制裁合规体系，且在大多数情况下使用了制裁除外条款；3.AIG 针对违规行为采取了补救措施；4.AIG 配合 OFAC 的调查，包括进行主动披露，提供高质量的信息，并签署协议，放弃以诉讼时效过期为由进行抗辩的权利。

OFAC 认为，AIG 主动披露了违规行为，该违规行为属于非恶意的。另外，OFAC 还强调，此次执法行动突出了正确使用制裁除外条款以及执行强有力的合规控制在全球保险业遵守美国经济制裁法律法规过程中所发挥的重要作用；承保全球风险而不违反美国经济制裁法律法规最好且最可靠的方法是在全球保险

---

① AIG 在 2013 年被 OFAC 处罚过，此处可能存在矛盾的地方。

保单中加入内容清晰、明确的制裁除外条款。

二、美国船东互保协会被OFAC处罚34.8万美元

2013年5月9日，美国船东互保协会（The American Steamship Owners Mutual Protection and Indemnity Association，Inc.）因被认定55次违反美国对古巴、苏丹、伊朗的制裁政策，向OFAC认缴34.8万美元的罚款[1]。

（一）美国船东互保协会的违规行为

美国船东互保协会是由商业船东和租船人组成的非营利性国际海事互助保险协会，主要办事处设在美国纽约，其主要违规行为包括：2004年1月19日至2006年6月28日期间，美国船东互保协会处理了3笔涉及古巴的保障与赔偿责任保险（Protection and Indemnity Insurance）索赔，总额约为40,584美元，违反了《古巴资产控制条例》；在2003年11月15日至2007年3月13日期间，美国船东互保协会处理了18笔保障与赔偿责任保险索赔，签发了6份保函（Letters of Undertaking/Guarantee），并为一份保函签发了一份赔偿保证金作为担保或反担保，总额约为685,774.26美元，上述索赔、保函和赔偿保证金均涉及苏丹，违反了《苏丹制裁条例》；2004年1月27日至2006年8月8日期间，美国船东互保协会处理了21笔保障与赔偿责任保险索赔和一份保函，并为一份保函签发了5份赔偿保证书作为担保或反担保，总额为488,453.65美元，上述索赔、保函和赔偿保证金涉及伊朗，违反了《伊朗交易与制裁条例》。

（二）OFAC的考量

OFAC认为，美国船东互保协会没有主动披露违规行为，该违规行为属于非

---

[1] 相关链接：https://www.treasury.gov/resource-center/sanctions/CivPen/Documents/20130509_american_club.pdf。

恶意的。

OFAC认为以下属于处罚加重因素：1.美国船东互保协会有能力或有理由知道这些保障与赔偿责任保险索赔、保函涉及受制裁的国家；2.美国船东互保协会是一个复杂的商业实体。

OFAC认为以下属于处罚减轻因素：1.美国船东互保协会的违规行为并非有意的或疏忽大意的；2.构成违规的保障与赔偿责任保险的索赔和保函在交易发生时可能获得许可；3.美国船东互保协会的经营规模、财务状况等因素；4.在最早的违规行为发生之前的五年里，美国船东互保协会并没有收到OFAC的违规警示，也未受到OFAC处罚；5.在违规行为发生后，美国船东互保协会采取了适当的补救措施；6.美国船东互保协会与OFAC合作，包括提供高质量的信息，并签署协议，放弃以诉讼时效过期为由进行抗辩的权利。

三、瑞士丘博成为第一家因制裁违规被OFAC处罚的非美国的保险公司

2019年12月9日，瑞士丘博（Chubb Limited）同意向OFAC支付66,212美元的罚款，以了结子公司违反美国经济制裁法律法规而应承担的民事责任[①]。

（一）违规行为

瑞士丘博是2016年1月安达公司（ACE Limited）与Chubb Corporation合并成立的保险公司，合并前的安达公司是一家瑞士保险公司。ACE Group Holdings是安达公司的一家在美国注册的子公司，ACE Europe是ACE Group Holdings的一家位于英国的子公司，在欧洲开展业务，与一家欧洲旅行社合作，提供全球旅行险服务。

由于ACE Europe合规部门错误地理解美国制裁法律的适用范围，认为欧盟

---

① 相关链接：https://www.treasury.gov/resource-center/sanctions/CivPen/Documents/20191209_ace.pdf。

阻却法（Blocking Statute）禁止欧盟企业遵守美国对古巴的经济制裁政策，故在相关保单未加入制裁除外条款[①]。2010年1月1日到2014年12月31日间，ACE Europe共销售20,218笔涉及古巴旅行的保单，保费共计287,292美元，另外，在上述保单的保障范围内，ACE Europe进行了与古巴相关的73次赔付，赔付金额为80,555美元，违反了《古巴资产控制条例》。

（二）OFAC的考量

安达公司向OFAC主动披露了上述违规行为，违规行为构成了非恶意案件。

OFAC认为以下属于处罚加重因素：1.安达公司未能实施适当的内部控制，包括未在其全球旅行险保单中加入制裁除外条款来减轻签发涉及古巴旅行的保险单所固有的制裁合规风险；2.ACE Europe部分业务负责人及其区域法律和合规团队知晓签发涉及古巴的保单的相关知识，并有理由知道美国对古巴的制裁政策，但因对欧盟阻却法存在错误理解，导致未能在保单中加入制裁除外条款；3.违规行为持续多年；4.安达公司为美国制裁对象带来了经济利益，损害了美国制裁计划的完整性；5.安达公司是一家大型商业金融机构。

OFAC认为以下属于处罚减轻因素：1.如果在2015年1月16日OFAC授权开展与古巴旅行相关的保险后进行本案中的交易，则本案中很多交易将获得一般许可；2.在最早的违规行为发生之前的五年里，安达公司并没有收到OFAC的违规警示，也未受到OFAC处罚；3.安达公司配合OFAC的调查，包括进行主动披露，执行内部交易审查，及时反馈OFAC要求的信息，并签署协议，放弃以诉讼时效过期为由进行抗辩的权利；4.针对违规行为，安达公司采取了很多补救措施，在其全球运营中制定了许多合规政策、程序，并强化培训，具体包括，聘请了一位全球首席金融犯罪风险官，对欧洲、欧亚和非洲区的业务进行全面风

[①] 上述表述来自OFAC，欧盟阻却法是否禁止欧盟企业在保单中加入制裁除处条款，需要具体问题具体分析。

险评估，制定制裁风险评估方法，以发现潜在差距，并推动未来的补救工作和改进。

OFAC表示，这项执法行动强调了以下内容：美国制裁政策适用于某些非美国实体；在保险合同中加入制裁除外条款以减少潜在的违反制裁政策的可能性的重要性；维持强有力的内部控制和加强培训的重要性。

四、航海家保险公司被OFAC处罚271,815美元

2015年8月6日，总部位于纽约的航海家保险公司（Navigators Insurance Company）被OFAC认定48次违反美国对朝鲜、伊朗、苏丹、古巴的经济制裁法律法规，向OFAC缴纳271,815美元的罚款[①]。航海家保险公司主要从事海事保险业务。

（一）违规行为

2008年5月8日至2011年4月1日期间，航海家保险公司及其英国分公司签发全球保赔保险保单（Global Protection and Indemnity Insurance Policies），为悬挂朝鲜国旗的船舶提供保险，保障范围涵盖发生在伊朗、苏丹或古巴境内或涉及伊朗、苏丹或古巴的保险事故的，最终发生了实际赔付。

1. 涉朝鲜违规行为

2008年5月8日至2011年2月18日期间，航海家保险公司为悬挂朝鲜国旗的船舶提供了24份保险，共收取了1,142,237美元的保费。在2009年2月23日至2010年10月11日期间，航海家保险公司就这些保单支付了7笔、总额为12,236美元的赔付。

2. 涉伊朗违规行为

2009年3月16日至2010年5月11日期间，航海家保险公司提供了涉及伊朗

---

① 相关链接：https://www.treasury.gov/resource-center/sanctions/CivPen/Documents/20150806_navigators.pdf。

的保险,并处理了与伊朗相关的11笔赔付,赔付金额为72,962美元。

3.涉苏丹违规行为

2009年4月28日至2010年2月17日期间,航海家保险公司提供了涉及苏丹的保险,并处理了与苏丹相关的5笔赔付,赔付金额为260,912美元。

4.涉古巴违规行为

2011年4月1日,航海家保险公司进行了一笔金额为21,736美元的赔付,一位古巴国民从这次赔付中获益。

(二) OFAC的考量

OFAC认为,航海家保险公司进行了主动披露,此次违规行为为非恶意的。

OFAC认为以下属于处罚加重因素:1.航海家保险公司的管理人员知道或有理由知道,大多数保险单和索赔涉及受美国制裁的国家;2.航海家保险公司是一家领先的金融机构;3.在从事违规行为时,航海家保险公司没有建立正式的OFAC制裁合规项目。

OFAC认为以下属于处罚减轻因素:1.在最早的违规行为发生之前的五年里,航海家保险公司并没有收到OFAC的违规警示,也未受到OFAC处罚;2.针对违规行为,航海家保险公司采取了适当的补救措施,包括建立和执行全面的OFAC制裁合规项目;3.航海家保险公司积极与OFAC合作,及时反馈OFAC要求的信息,并和OFAC签署了两份放弃权利的协议。

五、美国保险经纪公司McGriff被OFAC处罚12.2万美元

2011年4月7日,位于美国得克萨斯州的McGriff, Seibels & Williams of Texas, Inc.(以下简称McGriff),被OFAC认定违反了《伊朗交易与制裁条例》,向OFAC支付12.2万美元的罚款[①]。McGriff是一家专门服务于能源行业的保险经纪公司。

---

① 相关链接:https://www.treasury.gov/resource-center/sanctions/CivPen/Documents/04072011.pdf。

（一）违规行为

McGriff未经许可，与非美国的保险公司一起设计、修改6份商业综合保险单（Commercial Multiple Peril Policy），这些保单为位于伊朗水域的钻井平台提供风险保障，违反了《伊朗交易与制裁条例》。基于这6份保单，McGriff公司从非美国保险公司收取了45.3万美元的保费。

（二）OFAC的考量

OFAC认为，McGriff主动披露了违规行为，该违规行为属于非恶意的。OFAC基于以下因素作出处罚决定：1.McGriff提供的保险服务高度专业化，并涉及伊朗石油工业，对美国制裁目标损害巨大；2.违规行为是由McGriff的一位高级雇员在高级管理层不知情的情况下造成的；3.针对违规行为，McGriff强化了OFAC制裁合规项目；4.在此之前，McGriff没有因制裁违规被OFAC处罚，或被OFAC采取其他执行行动；5.McGriff配合OFAC的调查，并和OFAC签署了两份放弃权利的协议。

六、通用再保险公司被OFAC处罚59,130美元

2011年6月29日，位于美国康涅狄格州的通用再保险公司（General Reinsurance Corporation），被OFAC认定违反了《伊朗交易与制裁条例》，向OFAC支付59,130美元的罚款[①]。

（一）违规行为

2005年7月至8月，通用再保险公司向位于英国伦敦的汽船互保协会（Steamship Mutual Underwriting Association）支付了两笔赔款，总计309,740.65美元，用于赔偿伊朗国家油运公司（National Iranian Tanker Company）的船舶损失。此

---

① 相关链接：https://www.treasury.gov/resource-center/sanctions/CivPen/Documents/06292011.pdf。

次赔付依据的是通用再保险公司与汽船互保协会签订的超赔临分业务合同，保险期间为1998年6月16日至2002年2月20日。

（二）OFAC的考量

OFAC认为，通用再保险公司主动披露了违规行为，该违规行为是非恶意的。OFAC基于以下因素作出处罚决定：1.通用再保险公司是美国最大的再保险公司，也是全球最大的再保险公司之一；2.违规行为是由于通用再保险公司的理赔人员违反公司合规政策和程序而引起的；3.事件发生后，通用再保险公司安装了相应的合规软件，同时加强了对内部人员的制裁合规培训；4.通用再保险公司积极与OFAC合作，及时反馈OFAC要求的信息，并签署协议，放弃以诉讼时效过期为由进行抗辩的权利；5.在此之前，通用再保险公司没有因制裁违规被OFAC处罚，或被OFAC采取其他执法行动。

七、相关述评

（一）被罚保险机构类型分析及违规业务类型分析

上述12家保险机构、先后13次被OFAC处罚，其中AIG被罚了两次。几乎涵盖了所有类型的保险机构，既有财产险公司和人身险公司，也有保险经纪公司和船东互保协会；既有直接保险公司，也有再保险公司。违规业务主要为财产险业务，其中，9个处罚案例涉及财产险业务。另外4个处罚案例与人身险业务相关。财产险业务被罚的可能性大，主要是因为其与国际贸易的关联性更高。11个处罚案例涉及直接保险业务，2个处罚案例涉及再保险业务。

（二）处罚金额分析

保险机构13次被罚，罚款总金额1,702,488美元，平均每笔罚款只有13.1万美元，这与银行业动辄上亿美元的罚款相差甚远。保险业被罚金额较低，主要有以下四个原因：一是这些保险机构主要为美国的保险机构，我们曾对OFAC在罚2009年至2017年的处罚收据进行分析，发现OFAC对美国企业的处罚力度要远远小于对非美国企业的处罚力度；二是上述保险机构中的大部分进行了主动披露（Voluntary Self-Disclosure），在13个处罚案例中，有9个被罚的保险机构主动向OFAC报告的，主动披露大大减少了被罚金额；三是违规业务的规模比较小，且均为非恶意的，以2011年被罚的GEICO General Insurance Company为例，其仅仅开展了一笔违规业务，收取的保费仅仅为2265美元；四是所有被罚机构都积极配合OFAC的调查，并积极采取补救措施。

（三）违规业务涉及的制裁项目分析

被罚保险机构的违规业务涉及了美国对伊朗、古巴、苏丹、毒品走私、朝鲜和大规模杀伤性武器扩散的制裁项目，其中，主要与伊朗、古巴和苏丹相关。具体情况如表2所示。

表2　违规业务涉及的制裁项目

制裁项目名称	古巴	伊朗	苏丹	毒品走私	朝鲜	大规模杀伤性武器扩散
次数	8	7	3	2	1	1

资料来源：美国财政部OFAC网站。

（四）违规业务严重程度分析

上述13个处罚案例，OFAC均认定为非恶意的，与此同时，美国司法部并未就上述保险机构的违规行为进行刑事处罚，这也在一定程度上说明了上述保险机构的违规行为并不恶劣。

（五）违规原因分析

根据OFAC披露的信息，在13个处罚案例中，有5个与公司管理层的疏忽、不重视相关，有3个与员工的个人违规行为相关，有3个保险机构在开展违规行为时未建立有效的制裁合规项目，有1个保险机构因未及时进行制裁黑名单筛查而违规。

（六）违规行为识别分析

有4家保险机构并未进行主动披露，且其违规业务规模非常小，甚至只有一两笔，这些保险机构被美国经济制裁执行机构盯上的可能性比较小，其违规行为是如何被识别确认的？是因为冻结其保费或理赔金的银行向OFAC报告，还是OFAC在调查其他违规事件中发现的？值得我们进一步挖掘。

（七）违规业务规模分析

如前所述，保险业违规业务的规模非常小，一些保险机构甚至因收取几千美元的保费而被OFAC处罚。OFAC在判断是否对违规企业进行处罚时，主要依据的是违规行为对美国制裁目标的危害程度。在6个处罚案例中，OFAC特别强调，违规行为对美国制裁目标损害很大。

（八）值得关注的地方

现阶段保险业并非OFAC处罚重点，鉴于保险业对维持国际贸易有效运转起着重要作用，可以预见，保险业逐渐会成为OFAC处罚重点。财产险业务，尤其是海事保险，因其与国际贸易关联密切，相对容易牵涉美国制裁对象，财产险公司被认定制裁违规的可能性较大。"勿以恶小而为之"，OFAC主要依据违规行为对制裁项目的损害程度来考虑是否进行处罚，以及处罚多少，对此，必须保持高度警惕。建立有效的制裁合规项目，在一定程度上可以防范经济制裁风险，同时，在出现违规时，也可以减轻处罚。

第三节　企业并购制裁、处罚典型案例分析

2019年，OFAC和美国司法部发布的指导性文件[①]中强调企业在并购过程中及并购后要加强制裁合规，OFAC的多次执法行动针对的是并购对象的违规行为。在我国企业境外并购力度不断加大、OFAC执行力度不断加大的背景下，我国企业在并购过程中及事后如何防范美国经济制裁风险值得深入研究。

一、美国经济制裁执行机构对于企业并购的制裁合规要求

（一）OFAC对企业并购的制裁合规要求

2019年5月2日，OFAC签发《合规承诺框架》（A Framework for OFAC Compliance Commitments）。在该文件中，OFAC提示受美国司法管辖的企业，包括美国企业以及与美国存在连接点的非美国企业，在并购过程中，特别是在并购非美国企业的过程中，要将制裁合规要求融入其中，要进行与制裁相关的尽职调查，有效识别并解决与制裁相关的问题；在完成并购后，企业的审计和测试职能对于识别与制裁相关的问题至关重要。

（二）美国司法部对企业并购的制裁合规要求

2019年4月30日，美国司法部发布了《公司合规工作评价》（The Evaluation of Corporate Compliance Programs），为检察官在执法时评估被执法对象的合规工作的有效性提供指导。《公司合规工作评价》强调，有效的合规工作应对所有并购目标进行全面的尽职调查；在并购前，如进行全面、充分的尽职调查，可以帮助并购方更准确地评估并购目标的价值，如尽职调查不充分、不全面，可能会导致并购目标在被并购后继续从事违规活动，从而对并购方的盈利能力及

---

① 即OFAC签发的《合规承诺框架》和美国司法部签发的《公司合规工作评价》。

声誉造成损害，甚至可能需要承担民事及刑事责任。

二、美国Kollmorgen公司因土耳其子公司制裁违规行为被OFAC处罚

2019年2月7日，美国Kollmorgen公司因其于2013年并购的土耳其子公司Elsim违反了美国对伊朗的经济制裁法律法规而向OFAC支付了1.3万多美元的罚款[①]。OFAC在与Kollmorgen公司达成和解协议的同时，将Elsim的执行董事Evren Kayakiran纳入制裁逃避者名单（Foreign Sanctions Evaders）。这是OFAC首次在制裁处罚的同时将相关人员纳入制裁名单。

（一）美国Kollmorgen公司针对Elsim采取的制裁合规举措

考虑到被并购后的Elsim需要遵守美国对伊朗和古巴的经济制裁法律法规，Kollmorgen在并购Elsim前，对Elsim进行了制裁方面的尽职调查，并在并购前以及并购后针对Elsim采取一系列制裁合规措施。另外，在发现Elsim的制裁违规行为后，Kollmorgen采取了一系列补救措施。

1. 并购前的尽职调查

Kollmorgen于2013年初获得了Elsim的控制权，在并购前，Kollmorgen聘请了一家律师事务所和一家审计和咨询公司，对Elsim进行制裁相关的尽职调查。尽职调查结果显示，Elsim向伊朗销售产品，或者有客户位于伊朗。对此，Kollmorgen认为，需要采取措施防止此类销售在未来发生，并要求Elsim遵守美国制裁法律法规。

2. 并购前以及并购后的制裁合规措施

Kollmorgen为确保Elsim遵守美国经济制裁法律法规，在并购前及并购后针

---

① 相关链接：https://www.treasury.gov/resource-center/sanctions/CivPen/Documents/20190207_kollmorgen.pdf。

对Elsim采取了以下9项制裁合规举措：（1）对Elsim的客户数据库进行全面审查，以识别位于受美国经济制裁影响的国家或地区的销售人员和客户；（2）确定Elsim与伊朗相关的客户，并采取控制措施停止接受这些与伊朗相关的客户的订单；（3）起草并向所有Elsim员工发送备忘录，告知美国对伊朗的制裁法律法规以及Elsim需要遵守的《伊朗交易与制裁条例》的相关要求，以及Elsim不向伊朗出售产品或服务的义务；（4）为Elsim员工就Kollmorgen的贸易合规政策（特别是与伊朗相关的）进行面对面培训，包括要求员工及时报告任何违法行为；（5）积极主动并持续对Elsim的客户数据库进行额外的人工审查，以识别任何与制裁相关的客户；（6）要求Elsim的客户同意修改销售条款和条件，禁止其直接或间接将Elsim的产品转售到伊朗；（7）要求Elsim的管理层每季度都确认没有向伊朗发送或提供Elsim产品或服务；（8）要求Elsim的管理层立即停止与伊朗的交易，包括停止提供任何技术支持；（9）建立举报违法行为的道德热线。

3. 发现制裁违规行为后采取的补救措施

2015年10月下旬，Elsim员工通过该公司的道德热线向Kollmorgen进行内部投诉之后，该违规行为才被曝光。Kollmorgen随后聘请外部律师调查此事。在发现违规行为后，Kollmorgen采取了一系列补救措施，旨在纠正这种情况并阻止持续的违规行为，包括：（1）终止应对违规行为负责或参与违规行为的管理人员的职务；（2）实施新程序，培训Elsim员工遵守美国经济制裁法律法规；（3）派遣员工到境外提供售后服务前，Elsim必须获得土耳其境外的管理人员的批准；（4）要求Elsim告知其土耳其主要客户，Elsim无法向伊朗提供货物或服务。

（二）Elsim的违规行为

尽管Kollmorgen在并购Elsim后的两年内作出了很多努力以确保Elsim遵守《伊朗交易与制裁条例》，但是，Elsim在2013年7月至2015年7月期间，仍出现了6次制裁违规行为，并且其违规行为非常恶劣，如Elsim明知故犯，管理层深度参与并隐藏交易信息，这些因素使得处罚加重。

在此，需要特别说明的是，Elsim 的管理层，特别是执行董事 Evren Kayakiran，操控上述制裁违规行为，主要表现为：1.Elsim管理层派遣员工前往伊朗履行服务协议并从事与伊朗有关的其他交易，如果有员工拒绝前往伊朗，就威胁解雇该员工；2.在员工从伊朗的服务旅行返回后，Elsim管理层指使其伪造相关记录，将服务旅行列为休假而非商业相关；3.为了隐瞒与伊朗有关的交易，在与伊朗的交易发生的两年中，Elsim管理层定期欺诈性地向 Kollmorgen 证明没有 Elsim产品或服务被送往伊朗。另外，在收到 Kollmorgen 的调查通知后，Elsim的管理层试图阻止调查，指使 Elsim 员工删除公司记录中与伊朗有关的表述，误导 Kollmorgen 的律师，还试图删除与伊朗有关的电子邮件。

（三）OFAC 的考量

1.处罚 Kollmorgen 的考量

OFAC认为，尽管 Kollmorgen 为确保 Elsim 遵守美国经济制裁法律法规付出了很多努力，但是，考虑到 Elsim 的恶意行为，特别是其被并购前曾与伊朗开展业务以及管理层阻碍内部调查的行为，OFAC有必要采取执法行动予以回应。OFAC决定，鉴于 Kollmorgen 主动披露了违规行为，Elsim 的违规行为属于非恶劣的。另外，OFAC认为，Kollmorgen 与 OFAC 合作对 Elsim 进行全面的内部调查，进行全面的披露，采取了范围广泛的预防措施和补救行为，可以考虑减轻处罚。

OFAC 表示，该案件说明了执行强化尽职调查（Heightened Due Diligence）的重要性，特别是对那些与美国制裁对象有业务往来的，或因其地理位置、客户、供应商和提供的产品和服务面临高风险的，附属机构、子公司和相对方，执行强化尽职调查的重要性，该案件还说明了美国人直接或间接收购已经存在的、与美国制裁对象存在联系的公司时实施积极主动的控制的重要性。

2.制裁 Evren Kayakiran 的考量

OFAC表示，制裁 Evren Kayakiran 一方面因为其有意违反美国经济制裁法律法规，另一方面还因为其指使员工开展并隐藏违规行为。如前所述，在 Kollmorgen 被罚一案中，OFAC 首次在制裁处罚的同时将相关人员纳入制裁名单。对此，OFAC 表示，这是 OFAC 对待欺骗行为（Acts of Deception）方式的一个显著改变，这也是一个明确的警告，任何担任监督或管理职位的人员指使工作人员违规提供服务、伪造记录、进行欺诈或阻碍对制裁违规行为的调查都会使其面临严重的个人风险。

三、美国公司 ITW 的德国子公司被 OFAC 处罚

2019年2月14日，德国企业 AppliChem 被认定违反了美国对古巴的经济制裁法律法规，被罚了 5,512,564 美元[①]。AppliChem 主要为制药和化学工业生产化学品和试剂，于2012年1月1日被美国企业 Illinois Tool Works, Inc.（以下简称 ITW）收购，在被收购后，AppliChem 需要遵守美国对古巴的经济制裁法律法规。在2012年5月至2016年2月期间，AppliChem 将化学试剂销售到古巴304次，违反了《古巴资产控制条例》。

（一）ITW 针对 AppliChem 采取的制裁合规举措

在2011年12月进行收购谈判时，ITW 在 AppliChem 的网站上发现了受美国制裁的国家相关信息。2011年12月19日，ITW 提醒 AppliChem，在被 ITW 收购后，ITW 将要求 AppliChem 停止所有古巴业务。

在完成对 AppliChem 的并购后，ITW 将 AppliChem 纳入试剂业务条线，该条线的管理部门位于西班牙。ITW 同意 AppliChem 的前所有者继续担任经理级别的员工。2012年1月12日，ITW 试剂业务条线的总经理向 AppliChem 的前所有者发送了一份备忘录，解释了 ITW 遵守包括《古巴资产控制条例》在内的美国制裁法律法规的指导方针。

---

① 相关链接：https://www.treasury.gov/resource-center/sanctions/CivPen/Documents/20190214_applichem.pdf。

在发现AppliChem的违规行为后,ITW的欧洲法律部门于2012年4月5日向AppliChem的前所有者发出第三次警告,要求其立即停止所有对古巴的销售业务。随后,ITW于2013年1月23日向OFAC进行了主动披露。在2013年1月23日的披露中,ITW表示,根据AppliChem前所有者的陈述,AppliChem取消了所有与古巴有关的交易。2015年5月29日,OFAC向ITW发出了一封警告信,以回应AppliChem被收购后对古巴的销售情况。

2016年1月27日左右,有人通过ITW道德热线提交了一份匿名报告,声称AppliChem继续通过德国柏林的中介公司向古巴销售产品。收到匿名报告后,ITW立即开始对AppliChem进行全面调查。调查结果显示,AppliChem的前所有者创建了一种机制,在向ITW表示其已经停止古巴业务后,将古巴业务隐藏起来并继续推进。在确认违规行为后,ITW解聘了AppliChem的前所有者。

(二)AppliChem的违规行为

AppliChem并没有按照ITW指示停止向古巴销售产品,而是在2012年2月至4月期间,设计并实施了所谓的"加勒比程序"(Caribbean Procedures),在该程序中,古巴被称为"加勒比",这确保了在相关文件中,不会出现"古巴"的字眼,从而能够继续推进古巴业务。根据"加勒比程序",AppliChem聘请了一家外部物流公司和一名独立的危险材料顾问来准备必要的运输文件和危险材料声明,以前这些声明都是在内部处理的。

AppliChem在实施"加勒比程序"后,其高级管理层为员工特别是物流部门的员工进行了培训,确保"加勒比程序"能够持续进行下去,且不被ITW发现。这样,"加勒比程序"就成了AppliChem内部的公开秘密。

(三)OFAC的考量

OFAC认为,ITW代表AppliChem进行了主动披露,AppliChem的违规行为构成了恶意案件。OFAC认定的处罚加重因子主要包括:一是AppliChem的管理层有意进行违规行为;二是利用书面程序指导开展违规行为;三是对美国对古巴的全面制裁造成了严重损害;四是AppliChem是有一定规模的高科技企业,且是国际性大企业ITW的子公司。OFAC认定的处罚减轻因素包括:ITW与OFAC进行合作,代表AppliChem进行全面的主动披露,迅速回应OFAC的要求,进行彻底的内部调查,并代表AppliChem签署相关协议,放弃以诉讼时效过期为由进行抗辩的权利。

OFAC表示,该案件说明了以下三个重要性:一是实施风险导向的控制措施,例如定期审计,以确保子公司遵守OFAC制裁法规规定的义务的重要性;二是对曾与美国制裁对象开展业务的非美国收购对象进行后续尽职调查的重要性;三是对有关受美国司法管辖的非美国人的制裁合规举措的负面信息(Derogatory Information)进行合适反应的重要性。

四、美国公司Stanley Black & Decker因其中国子公司违反美国制裁法律法规而被OFAC处罚

2019年3月27日,美国公司Stanley Black & Decker与OFAC签订和解协议,同意支付1,869,144美元的罚款,以解决其因中国子公司江苏国强工具有限公司(以下简称江苏国强)23次明显违反《伊朗交易与制裁条例》而需要承担的民事责任[①]。

(一)Stanley Black & Decker针对江苏国强采取的制裁合规举措

Stanley Black & Decker于2011年开始与江苏国强进行并购谈判,在谈判期间,Stanley Black & Decker通过尽职调查发现江苏国强在开展对伊朗的出口业务,于是将江苏国强停止开展与伊朗及其他受美国制裁国家有关的业务作为并购的先决条件。江苏国强的谈判代表同意了上述并购先决条件。在收购江苏国强之后,Stanley Black & Decker对江苏国强的员工,尤其是出口业务经理及管理人员,

---

① 相关链接:https://www.treasury.gov/resource-center/sanctions/CivPen/Documents/20190327_decker.pdf。

进行了一系列有关公司落实OFAC要求的政策和流程的培训，提示江苏国强的员工要审查对部分国家的销售情况，包括伊朗。在意识到江苏国强可能违反了美国经济制裁法律法规后，Stanley Black & Decker开始进行内部调查，聘请了第三方独立调查公司，并最终向OFAC报告了违规行为。

（二）江苏国强被认定的违规行为

尽管Stanley Black & Decker对江苏国强开展了上述培训，且江苏国强的高级管理层也签署了书面协议证明江苏国强不会与伊朗进行交易，但Stanley Black & Decker并没有执行监控或审查江苏国强运营的程序，以确保江苏国强对伊朗的出口在事实上已经停止或在收购后没有再次发生。在2013年至2014年期间，江苏国强仍向伊朗出口货物，违反了美国对伊朗的经济制裁法律法规。Stanley Black & Decker的内部调查显示，江苏国强的多位董事和高级管理人员参与了上述违规活动，并且知道此类活动违反了Stanley Black & Decker的政策和美国对伊朗的经济制裁法律法规。上述人员和其他员工以非常规商业活动，隐瞒和促进对伊朗的出口。江苏国强利用六家贸易公司作为这些销售的渠道，其中四家位于阿联酋，两家位于中国。此外，江苏国强的员工编制了虚假的提单，其中有不正确的卸货港和交货地点，并指示客户不要在提单等商业文件上书写"伊朗"。

（三）OFAC的考量

OFAC认定，江苏国强在2013年6月29日至2014年12月30日期间，向伊朗或第三国出口或试图出口23件电动工具和备件，总价值为3,201,647.73美元，在向第三国出口时，江苏国强知道这些货物是专门用于直接或间接出口到伊朗的，江苏国强违反了《伊朗交易与制裁条例》。OFAC认为，在知晓江苏国强的违规行为后，Stanley Black & Decker立刻采取了补救措施，如暂停江苏国强所有的出口业务，聘请独立调查人员，并与OFAC进行合作。

OFAC认为，这一执法行动强调了美国公司在并购前和并购后进行与制裁相关的尽职调查的重要性，也突出了美国公司采取适当措施审计、监督和验证新收购的子公司和附属公司是否符合制裁合规要求的重要性。对子公司合规程序的检验和及时的审计可以减轻违反美国制裁的风险。

五、私募基金巨头KKR及其附属公司违反美国制裁法律法规而被OFAC处罚

2019年4月11日，英国Acteon集团与OFAC签署了两份和解协议[1]。第一份和解协议为Acteon集团与其英国子公司2H海洋工程公司（以下简称2H）与OFAC签订，Acteon集团和2H同意支付227,500美元的罚款，以解决因7次违反《古巴资产控制条例》而需要承担的民事责任。第二份和解协议为Acteon集团与OFAC签订，Acteon集团同意支付213,866美元的罚款，以解决因13次违反《古巴资产控制条例》而需要承担的民事责任，以及其母公司美国KKR因其子公司3次明显违反《伊朗交易与制裁条例》而需要承担的民事责任。

（一）第一份和解协议解读涉及的违规行为

2011年至2012年间，2H的两家马来西亚附属公司为古巴水域的石油勘探项目编写分析报告，或派雇员到古巴提交这些分析报告，这两家附属公司各有一位高级管理人员参与了上述违规行为。Acteon集团主动披露了上述违规行为，上述违规行为构成了恶意案件。OFAC认为2H合规工作无效，且没有遵守Acteon集团制定的制裁合规指引。

（二）第二份和解协议解读涉及的违规行为

Acteon集团有三家子公司参与了违规行为，分别为其英国的子公司Seatron-

---

[1] 相关链接：https://www.treasury.gov/resource-center/sanctions/CivPen/Documents/20190411_acteon_webpost.pdf。

ics Ltd.，美国的子公司Seatronics Inc.以及新加坡的子公司Seatronics Pte. Ltd.（以上统称为Seatronics）。2012年11月，KKR的附属投资基金获得了Acteon集团的大部分股权，在此之前，Acteon集团的大部分股权为另一家美国投资公司所持有。KKR及其附属投资基金似乎并未直接参与涉及伊朗的违规行为，涉及古巴的违规行为早于KKR及其附属投资基金投资于Acteon集团。

Acteon集团是一家英国公司，但也非常重视美国制裁风险。2007年10月，Acteon集团向Seatronics发送了制裁合规指引，要求这些子公司不得直接或间接通过第三国与古巴进行交易。尽管收到了上述指引，在2010年8月12日至2012年3月16日间，Seatronics仍开展了与古巴有关的业务，违反了《古巴资产控制条例》。2013年，Acteon集团对制裁合规指引进行了更新，除古巴外，将伊朗也纳入子公司应禁止开展的业务范围。2014年9月10日至2014年11月11日期间，Seatronics开展了部分与伊朗相关的业务，违反了《伊朗交易与制裁条例》。

（三）OFAC的考量

Acteon集团主动向OFAC披露了上述违规行为。但OFAC认为Acteon集团制裁合规工作是无效的，未能有效制止子公司的违规行为。OFAC认为，上述两项执法行动突出了以下三个重要性：一是实施基于风险的控制措施，例如定期审计，以确保子公司遵守OFAC制裁法规规定的义务的重要性；二是执行强化尽职调查的重要性，特别是对那些与美国制裁对象有业务往来的，或因其地理位置、客户、供应商和其提供的产品和服务面临高风险的，附属机构、子公司和相对方，执行强化尽职调查的重要性；三是对有关受美国司法管辖的非美国人的制裁合规举措方面的负面信息进行合适反应的重要性。

六、相关述评

（一）并购方在并购前和并购后均采取了一定的制裁合规措施

根据OFAC披露的信息，本节的前三个案件中的并购方在并购前和并购后均采取了一定的制裁合规措施，主要包括：并购前进行尽职调查并要求并购对象停止开展与受美国制裁的国家有关的业务，并购后开展制裁培训，发现违规行为后进行内部调查并采取补救措施（包括对并购对象的管理层进行调整），以及向OFAC进行主动披露。

（二）违规的并购对象具有一定的共性

根据OFAC披露的信息，违规的并购对象均具有以下三个特点：一是被并购前就已经开展与受美国制裁国家有关的业务；二是并购对象在并购过程中被要求停止开展上述业务，但在并购后不久又开展违规业务；三是并购对象的高层参与了违规活动，并采取措施对违规活动进行隐藏。

（三）其他特点

除此之外，上述案件还有一些其他特点，如前三个案件中的并购方在完成并购后，并没有对并购对象的制裁合规情况进行定期审计，更多的是依赖制裁合规培训和并购对象的管理层承诺；两起制裁违规案件都是并购对象的员工通过举报热线向并购方汇报的。

（四）对我国企业进行境外并购的启示

一是在并购前要对并购对象，特别是对那些与美国制裁对象有业务往来的并购对象，开展全面的制裁合规方面的尽职调查；二是在并购后，除了针对并购对象建立健全制裁风险防范体系、加强指导和强化制裁合规培训外，还需要开展定期审计；三是要建立畅通的违规行为内部举报渠道，确保及时知晓并购对象的违规行为；四是发现了违规行为后，要及时采取补救措施，尽可能减少损失。

第四节 能源行业制裁、处罚典型案例分析

美国的主要制裁对象,如伊朗、俄罗斯、委内瑞拉,包括曾经的利比亚、伊拉克、苏丹,均是石油和天然气资源非常丰富的国家,在世界石油和天然气市场举足轻重。对于非美国企业而言,与上述国家开展业务有很大的吸引力。为遏制受制裁国家的经济社会发展,美国对非美国企业开展与上述国家有关的部分业务进行制裁,如业务存在美国因素,则对其进行处罚。

一、斯伦贝谢全资子公司被处罚2.327亿美元

2015年3月25日,斯伦贝谢油田控股有限责任公司(Schlumberger Oilfield Holdings Ltd.,简称SOHL)签署认罪协议(Plea Agreement),承认违反了美国对伊朗和苏丹的经济制裁法律法规,同意向美国政府支付2.327亿美元(其中0.776亿美元被没收)的巨额罚款[①]。2015年5月7日,美国哥伦比亚特区联邦地方法院做出书面判决,接受SOHL的认罪协议。2015年8月7日,美国财政部OFAC向SOHL签发"发现违法行为"(Finding of Violation),对SOHL违反美国经济制裁法律法规的行为予以警告。

(一)斯伦贝谢基本情况

SOHL是斯伦贝谢(Schlumberger Ltd.)的全资子公司,注册在英属维京群岛。斯伦贝谢于1926年在法国创立,是世界上最大的油田技术服务提供商,注册在荷属安德烈斯群岛,在美国休斯敦、法国巴黎和荷兰海牙设立总部,在全球超过85个国家开展业务,雇员约11.3万人。SOHL和斯伦贝谢均为非美国企

[①] 相关链接:https://www.justice.gov/opa/pr/schlumberger-oilfield-holdings-ltd-agrees-plead-guilty-and-pay-over-2327-million-violating-us。

业，SOHL和斯伦贝谢均长期开展伊朗和苏丹业务。斯伦贝谢有一个总部设在美国休斯敦，同时也有很多业务部门在美国，如下面涉及的钻井和测量（Drilling & Measurements, D&M）业务部门。

（二）SOHL违规事实及斯伦贝谢的补救措施

早在2009年，美国司法部、商务部BIS和哥伦比亚特区联邦检察官办公室即开始对SOHL的违规行为进行联合调查。根据起诉书和认罪协议披露的信息，SOHL之所以违反了美国经济制裁法律法规，是因为2004年2月至2010年6月SOHL的非美国子公司在开展伊朗、苏丹业务时，D&M在美国的员工参与其中。具体如下：

1.D&M在美国的员工批准了部分资本支出，这些资本支出主要是为了购买用于开展伊朗和苏丹业务的设备。

2.D&M在美国的员工作出了与伊朗和苏丹业务有关的商业决定。

3.D&M在美国的员工为在伊朗和苏丹的有故障的设备提供了技术服务。

在被调查后，斯伦贝谢采取了一系列补救措施，具体如下：2009年与美国国务院沟通后，斯伦贝谢就不再签署新的伊朗油田业务合同；2011年，斯伦贝谢自愿决定将停止为伊朗和苏丹提供油田服务；截至2013年6月30日，斯伦贝谢已停止为伊朗提供油田服务；截至2015年3月25日，斯伦贝谢也已停止为苏丹提供油田服务。

（三）SOHL和斯伦贝谢遭受的惩罚

根据SOHL签署的认罪协议，SOHL方面，主要遭受以下限制：一是缴纳2.327亿美元的罚款；二是对其设置三年的缓刑期（Period of Probation），在缓刑期内，SOHL不得犯任何联邦重罪。斯伦贝谢方面，主要遭受以下限制：一是继续停止在伊朗和苏丹的所有业务活动；二是向美国相关政府部门报告斯伦贝谢遵守美国经济制裁法律法规情况，并对美国相关政府部门的披露要求及时做出回应；三是雇用一个独立顾问对斯伦贝谢制裁风险防范政策和程序以及制裁合规内部审计情况进行审查。

如前所述，OFAC 并没有对 SOHL 进行民事罚款，对此，OFAC 表示，因 SOHL 已签署了认罪协议，并认缴了巨额罚款，故不再对其进行罚款。

（四）值得汲取的教训

SOHL 和斯伦贝谢都是非美国公司，如果没有美国因素卷入，其在 2004 年 2 月至 2010 年 6 月期间开展的苏丹和伊朗业务并不违反美国经济制裁法律法规。另外，SOHL 和斯伦贝谢都制定了经济制裁风险防范政策和程序，以防止 D&M 等业务部门违反美国经济制裁法律法规，然而，SOHL 和斯伦贝谢没有对 D&M 在美国的员工进行充分的经济制裁风险防范培训，致使 D&M 在美国的员工经济制裁风险意识淡薄，为 SOHL 开展伊朗和苏丹业务提供了便利，从而违反了美国经济制裁法律法规。

对于非美国的跨国企业而言，其在美国设有子公司或分公司，并不意味着该跨国企业就是一家美国企业，并不需要像美国企业一样遵守美国经济制裁法律法规。然而，其在开展与美国制裁对象有关的业务时，必须采取充分、有效的隔离措施防止其在美国的子公司或分公司参与到上述业务中，否则，将可能会遭受美国政府的民事甚至刑事处罚。

二、中海油服（新加坡）被 OFAC 处罚 415,350 美元

2017 年 8 月 24 日，中海油田服务股份有限公司新加坡公司［COSL Singapore Ltd.，以下简称"中海油服（新加坡）"］同意向 OFAC 支付 415,350 美元，以了结被 OFAC 认定违反《伊朗交易与制裁条例》55 次，需承担民事责任[①]。OFAC 认定，2011 年 10 月 7 日至 2013 年 2 月 20 日间，中海油服（新加坡）通过其两家子公司，将源自美国的 55 批次的石油钻机用品出口或试图出口至新加坡和阿联酋，然后将

---

① 相关链接：https://www.treasury.gov/resource-center/sanctions/CivPen/Documents/20170824_cosl.pdf。

这些石油钻机用品再出口或试图再出口到位于伊朗领海的四个石油钻井平台。

（一）违规行为

中海油服（新加坡）与第三方钻井公司签订了定期租赁协议，向其出租钻井平台，并提供钻井平台维护，包括为钻井平台采购零部件。位于新加坡或被派往石油钻井平台作业基地的采购专家负责与石油钻井平台日常维护相关的日常采购，包括发起报价请求、获取报价和发布采购订单。2011年10月至2013年2月期间，上述采购专家向美国的供应商采购了不少于55批次的石油钻机用品，这些石油钻机用品专门用于在伊朗海域作业的中海油服（新加坡）四个钻井平台。尽管美国供应商在一些采购订单报价中发出警告，任何此类货物都不能运往或再出口到受美国经济制裁的国家，特别是伊朗，但中海油服（新加坡）仍购买了这些货物，并将其运往位于伊朗领海的石油钻井平台。

（二）OFAC的考量

OFAC认定，中海油服（新加坡）没有主动披露违规行为，违规行为为非恶意的。另外，此次处罚存在以下加重因子：1.中海油服（新加坡）对于将美国产品出口或转出口到伊朗水域的钻井平台缺乏最低限度的审慎；2.中海油服（新加坡）向位于伊朗水域的四个石油钻井平台出口或再出口设备，帮助开发伊朗的能源；3.中海油服（新加坡）是一家大型企业，在全球拥有14座海上钻井平台；4.尽管和美国企业开展业务，但在开展违规业务时，中海油服（新加坡）没有建立制裁合规体系。

三、OFAC认定多家中国能源企业从伊朗进口原油或石化产品而将其纳入制裁名单

2012年1月12日，OFAC认定珠海振戎向伊朗提供成品油，将其纳入Non-SDN Iranian Sanctions Act List，2016年1月16日，JCPOA正式执行后，OFAC将其从Non-SDN Iranian Sanctions Act List中移除。2019年7月22日，OFAC认定珠

海振戎从伊朗进口原油,将珠海振戎及其总裁纳入 SDN 名单。

2019 年 9 月 25 日,OFAC 将 5 家中国企业和 1 家注册在英属维京群岛的企业以及上述 6 家企业的 5 位高管纳入 SDN 名单。其中,中和石油有限公司(China Concord Petroleum Co., Limited)、昆仑船运有限公司(Kunlun Shipping Company Limited)、飞马 88 有限公司(Pegasus88 Limited)和大连中远海运油运船员船舶管理有限公司[COSCO Shipping Tanker (Dalian) Seaman & Ship Management Co., Ltd.]被制裁的理由是这 4 家中国企业故意参与和伊朗原油进口相关的重大交易。另外两家企业大连中远海运油品运输有限公司[COSCO Shipping Tanker (Dalian) Co., Ltd.]①和注册地在维京群岛的昆仑控股(Kunlun Holding Company Ltd.)被纳入 SDN 名单的理由是这两家企业拥有或控制前述 4 家企业,且这两家企业知晓前述 4 家企业从事了可受制裁行为(Sanctionable Conduct)。

2020 年 1 月 23 日,OFAC 认定山东齐旺达石油化工有限公司(Shandong Qiwangda Petrochemical Co. Ltd.)、位于中国香港的众祥石化有限公司(Triliance Petrochemical)和 Jiaxiang Industry Hong Kong Limited 从伊朗进口石化产品,将上述三家企业以及山东齐旺达石油化工有限公司的董事长和众祥石化有限公司的总经理纳入 SDN 名单②。

第五节 支付行业制裁、处罚典型案例分析

支付行业因其在资金支付中扮演着越来越重要的角色,也是美国经济制裁执行机构关注的重点行业。PayPal、西联汇款被 OFAC 处罚,美国运通因其子公司制裁违规向 OFAC 支付罚款,VISA 和 MasterCard 被 OFAC 出具"发现违法行为"函,美国几大支付机构几乎无一幸免。

---

① 2020 年 1 月 31 日,美国财政部将大连中远海运油品运输有限公司及其总经理徐亚洲从 SDN 名单中移除。
② 相关链接:https://home.treasury.gov/news/press-releases/sm885。

一、PayPal被OFAC处以7,658,300美元的罚款

2015年3月25日,贝宝公司(PayPal Inc.,以下简称PayPal)被认定违反美国对大规模杀伤性武器扩散、伊朗、古巴、全球恐怖主义活动、苏丹的制裁法律法规,同意向OFAC缴纳7,658,300美元的罚款[①]。

(一)违规行为

OFAC认定,在2013年(含)之前的很多年内,PayPal均未采用适当的筛查技术和程序来识别交易可能涉及的交易的美国制裁对象。由于上述缺陷,PayPal并未根据美国经济制裁法律法规的要求,筛查正在处理的交易,以拒绝或阻止被禁止的交易。具体情况如下:(1)2010年12月17日至2013年9月29日间,PayPal处理了98笔交易,总计19,344.89美元,违反了《古巴资产控制条例》;(2)2009年9月16日至2013年10月11日间,PayPal处理了125笔交易,总计8257.66美元,违反了《伊朗交易与制裁条例》;(3)2009年11月29日至2013年5月11日间,PayPal处理了94笔交易,总计5925.27美元,违反了《全球恐怖主义制裁条例》;(4)2010年5月9日至2013年8月19日间,PayPal处理了33笔交易,总计3314.43美元,违反了《苏丹制裁条例》。上述每笔交易要么明确提及受美国制裁的国家,要么明确提及与受制裁国家有联系的其他术语,如德黑兰、喀土穆等,或者涉及一个全球恐怖主义分子在PayPal持有的账户。

另外,2009年10月20日至2013年4月1日间,PayPal通过Kursad Zafer Cire在PayPal的账户处理了136笔、总计7091.77美元的交易,Kursad Zafer Cire因从事大规模杀伤性武器扩散活动在2009年1月12日被纳入SDN名单,PayPal的行为违反了《大规模杀伤性武器扩散制裁条例》。对此,PayPal表示,由于其自动拦截系统没有正常运行,导致其没有识别出Kursad Zafer Cire。从2009年7月30

---

① 相关链接:https://www.treasury.gov/resource-center/sanctions/CivPen/Documents/20150325_paypal_settlement.pdf。

日至2009年11月16日，PayPal自动拦截系统先后五次标记了Kursad Zafer Cire的账户，以查找与SDN的潜在匹配。在每次报警的时候，单独的PayPal风险管理代理都会关闭警报，而没有要求用其他信息来核实可能的SDN名称匹配。对此，PayPal表示，此行为不符合PayPal处理SDN名称匹配的内部政策和程序。2013年2月14日，由于可能与SDN匹配，PayPal的自动拦截系统第六次标记Kursad Zafer Cire的账户，并且PayPal风险管理代理按照PayPal的程序对Kursad Zafer Cire的账户进行限制，并要求客户提供其他信息。在收到要求的信息包括显示与SDN名单相同的出生日期和出生地的护照副本后，PayPal的风险管理代理因错误地理解自动拦截系统报警原因而没有识别Kursad Zafer Cire。2013年4月3日，PayPal的自动拦截系统第七次标记了Kursad Zafer Cire的账户，PayPal冻结了该账户并向OFAC报告。

（二）OFAC的考量

OFAC决定，PayPal主动披露了违规行为，其中，违反《古巴资产控制条例》《伊朗交易与制裁条例》《苏丹制裁条例》《全球恐怖主义制裁条例》的行为是非恶意的，违反《大规模杀伤性武器扩散制裁条例》的行为是恶意的。

在决定PayPal违反《大规模杀伤性武器扩散制裁条例》的行为是恶意的时候，OFAC主要是基于以下事实：（1）在Kursad Zafer Cire被纳入SDN名单后6个月里，PayPal的自动拦截系统未能将Kursad Zafer Cire识别为与SDN潜在匹配，在系统最终将Kursad Zafer Cire标记与SDN潜在匹配时，PayPal的员工在适当地识别和冻结Kursad Zafer Cire的账户之前，6次清除了Kursad Zafer Cire账户的名称匹配项，PayPal恣意无视美国制裁要求；（2）PayPal的代理重复忽略某些可能与SDN名单相匹配的警告；（3）在此过程中，PayPal为Kursad Zafer Cire提供了经济利益，并破坏了《大规模杀伤性武器扩散制裁条例》的完整性及其政策目标；4. 多个PayPal的风险管理代理未能遵守与SDN匹配升级有关的PayPal的政策和程序。

OFAC认为以下属于处罚加重因素：（1）PayPal的管理层决定运营支付系统而不执行适当的控制措施以防止该系统处理违反OFAC规定的交易，无视美国制裁要求；（2）PayPal的管理层知晓违规行为；（3）PayPal的行为损害了美国制裁政策的目标，PayPal为Kursad Zafer Cire运营账户并处理交易大约三年半，为Kursad Zafer Cire带来了经济利益，破坏了《大规模杀伤性武器扩散制裁条例》的完整性；（4）PayPal的制裁合规项目不足以防止违规行为的发生。

OFAC认为以下属于处罚减轻因素：（1）PayPal为其合规部门内聘用了新的管理人员，在2011年发现其支付系统存在OFAC制裁合规相关问题，采取了各种措施强化制裁筛查流程控制；（2）在最早的违规行为发生之前的五年里，PayPal并没有收到OFAC的违规警示，也未受到OFAC处罚；（3）PayPal积极配合OFAC的调查。

二、西联汇款被OFAC处罚401,697美元

2019年6月7日，西联汇款金融服务公司（Western Union Financial Services, Inc.，以下简称西联汇款）同意支付401,697美元，以了结因被OFAC认定违反《全球恐怖主义制裁条例》而需承担的民事责任[1]。

（一）违规行为

2010年12月9日至2015年3月13日间，冈比亚的一家银行是西联汇款在冈比亚的主要代理商。2006年左右，该冈比亚银行与Kairaba Shopping Center KSC）建立了子代理关系。2010年12月9日，OFAC根据《全球恐怖主义制裁条例》将KSC纳入SDN名单。

在与KSC建立关系时，该冈比亚银行向西联汇款提供了有关KSC的信息。

---

[1] 相关链接：https://www.treasury.gov/resource-center/sanctions/CivPen/Documents/20190607_western_union.pdf。

西联汇款将 KSC 视为银行的代理商,而不是将其视为独立的子代理商,为此,西联汇款将 KSC 信息存储在西联汇款系统该冈比亚银行的项下。在整个审核期间,除了对汇款人和受益人进行实时交易筛查之外,西联汇款还确立了筛查主代理商和相关子代理商的流程,该流程位于主代理商结构下。在整个审查期间,西联汇款并未在审查过程中筛查与制裁有关的地址数据。

2015 年 2 月上旬,西联汇款意识到 KSC 是一个潜在的子代理,但在当时错误地认为 KSC 是从一个地址开始运营的,该地址自该日起不再活跃。2015 年 3 月 25 日,西联汇款确定了第二个活跃的 KSC 地址,并立即中止了与 KSC 的关系,并停用了 KSC 对西联汇款网络的访问权限。

在 2010 年 12 月 9 日至 2015 年 3 月 13 日间,西联汇款处理了 4977 笔交易,总计约 127.5 万美元,这些款项已支付给选择在 KSC 收取汇款的第三方受益人,这些受益人并不在制裁名单中。

(二) OFAC 的考量

OFAC 决定,西联汇款主动披露了违规行为,违规行为为非恶意的。OFAC 认定,在 KSC 被纳入 SDN 名单之后,西联汇款处理与之相关的交易超过四年;在发现 KSC 位于 SDN 名单之后,西联汇款错误地认为 KSC 已经处于非活跃状态,而未能立即取消 KSC 访问西联汇款网络的权限;从 2013 年开始,即发现违规行为的两年之前,西联汇款开始了一个项目,以防止发生上述违规行为。

OFAC 认为以下属于处罚加重因素:1. 西联汇款在发现该子代理商在 SDN 名单中之后,未能立即识别出 KSC 两个地址,导致无法立即停止 KSC 对西联汇款网络的访问,恣意无视美国制裁要求;2. 西联汇款采取了一种行为模式,这种行为模式导致一个实体在被纳入 SDN 名单之后,西联汇款与之开展的交易时间超过了 4 年;3. 根据对现有信息的审查并通过合理的尽职调查,西联汇款有理由知道其子代理商 KSC 在 SDN 名单中;4. 通过处理这些交易、允许 KSC 继续作为子代理商运作,并通过美国货币服务企业向其客户提供汇款服务,西联汇款对美国制裁目标造成了重大损害，包括给 SDN 名单中的实体带来了经济利益或其他利益，破坏了《全球恐怖主义制裁条例》的政策目标。

OFAC 认为以下属于处罚减轻因素：1.在最早的违规交易发生之前的五年里，西联汇款并没有收到 OFAC 的违规警示，也未受到 OFAC 处罚；2.西联汇款在违规行为发生时制定了全球制裁政策，全球制裁政策要求其主要代理人遵守 OFAC 管理的制裁项目并审查其子代理商，除了此次违规之外，该制裁政策似乎有效；3.在被认定违规之前，西联汇款已实施了一项改进计划，以弥合其内部控制中与子代理人有关的尽职调查和制裁筛查间的不一致；4.在发现违规行为之后，西联汇款采取了进一步的补救措施，包括立即对其子代理商和地址数据进行筛查，未发现任何其他子代理商在 SDN 名单中；5.西联汇款配合 OFAC 的调查，主动披露了违规行为。

三、美国运通因其子公司违反制裁政策向 OFAC 支付 204,277 美元的罚款

2017 年 11 月 17 日，比利时信用卡发行商 BCC Corporate SA 被 OFAC 认定违反了美国对古巴的经济制裁政策，在从事违规行为时，BCC Corporate SA 是 Alpha Card Group 的全资子公司，美国运通（American Express Company）持有 Alpha Card Group 50% 的股份，为此，美国运通向 OFAC 支付 204,277 美元的罚款[①]。

（一）违规行为

2009 年 4 月 9 日至 2014 年 2 月 3 日间，BCC Corporate SA 向其超过 100 个公司客户发行的信用卡在古巴被使用，涉及的交易达到 1818 笔，金额总计 583,649.43 美元，违反了《古巴资产控制条例》。尽管 Alpha Card Group 和 BCC Corporate

---

① 相关链接：https://www.treasury.gov/resource-center/sanctions/CivPen/Documents/20160316_MasterCard.pdf。

SA 制定了政策和程序来审查交易是否涉及 SDN 名单中的主体，但未能采取有效的控制措施阻止其信用卡在古巴被使用。

（二）OFAC 的考量

OFAC 决定，Alpha Card Group 主动披露了违规行为，违规行为为非恶意的。

OFAC 认为以下属于处罚加重因素：1.Alpha Card Group 和 BCC Corporate SA 的人员有理由知道违规行为；2.Alpha Card Group 于 2009 年 3 月收购 BCC Corporate SA 之前的业务是专门处理美国运通的产品，因此，对整个支付网络中任何交易的参与方都有深入的了解，但却没有意识到 BCC Corporate SA 发行的信用卡会在古巴被使用，也没有采取相应的管控措施；3.违规行为对美国制裁政策的目标造成损害；4.美国运通是大型商业金融机构；5.在 OFAC 调查过程中，美国运通和 BCC Corporate SA 多次提供了某些不准确或不完整的信息，包括重大遗漏。

OFAC 认为以下属于处罚减轻因素：1.在最早的违规行为发生之前的五年里，美国运通和 BCC Corporate SA 都没有收到 OFAC 的违规警示，也未受到 OFAC 处罚；2.在发现违规行为后，美国运通采取了及时和适当的改进措施；3.美国运通和 BCC Corporate SA 主动披露了违规行为；4.BCC Corporate SA 签署了诉讼时效延长协议，放弃以诉讼时效过期为由进行抗辩的权利。

四、VISA 被 OFAC 出具"发现违法行为"函

2013 年 8 月 13 日，OFAC 认定维萨国际组织（VISA International Service Association，VISA）违反了《报告、程序和处罚条例》，向其出具"发现违法行为"函[①]。

（一）违规行为

2007 年 11 月 9 日，VISA 未能在 10 个工作日内向 OFAC 提交两份关于被冻结

---

① 相关链接：https://www.treasury.gov/resource-center/sanctions/CivPen/Documents/20130809_visa.pdf。

账户的初次报告，Melli 银行在这两个账户存在利益，Melli 银行于 2005 年 6 月 28 日被 OFAC 纳入 SDN 名单；2008 年 10 月 1 日，VISA 未能按照规定提交与 Melli 银行账户有关的 2008 年冻结资产年度报告。虽然 VISA 似乎有书面程序来报告被冻结的财产，但它仅在 2009 年披露了这些冻结资产，VISA 指出违规行为是由于疏忽大意造成的。

2009 年 9 月 6 日，VISA 未能在 10 个工作日内向 OFAC 提交一份关于被冻结资产的初次报告，被冻结资产与叙利亚政府控制、被纳入 SDN 名单的 Real Estate Bank 有关。VISA 表示，其之所以未能在规定的时间内进行报告，是因为其试图确定是否应在向 OFAC 提交报告之前从 Real Estate Bank 的资金中扣除费用。

（二）OFAC 的考量

OFAC 向 VISA 出具"发现违法行为"函，主要是基于以下考虑：VISA 是一家大型且商业复杂的金融机构，未能将上述关于 Melli 银行的报告提交给 OFAC，但也未给制裁对象带来经济利益；在未能按时提交报告之前的五年里，VISA 并没有收到 OFAC 的违规警示，也未受到 OFAC 处罚；出具"发现违法行为"函也可能促进其遵守 OFAC 的报告义务。

除了 VISA，MasterCard 在 2016 年 3 月 16 日也被 OFAC 出具"发现违法行为"函，理由和 VISA 一样，MasterCard 被认定违反了《报告、程序和处罚条例》。

第六节 航运业制裁、处罚典型案例分析

与银行业、保险业类似，航运业对于维持国际贸易必不可少。近年来，美国政府高度重视对伊朗、朝鲜航运业的制裁，出台了多个与航运业有关的指引，对国际航运业提出了严厉的警告[①]，其中，与朝鲜航运业有关的指引还特别用中

---

① 相关链接：https://www.treasury.gov/resource-center/sanctions/Programs/Pages/iran.aspx。

文标示[①]，对此，需要予以高度关注。

一、美国Eagle Shipping被OFAC处以1,125,000美元的罚款

2020年1月27日，Eagle Shipping International（USA）LLC（以下简称Eagle Shipping）被OFAC认定违反美国对缅甸的制裁法律法规，同意向OFAC缴纳1,125,000美元的罚款[②]。

（一）违规行为

Eagle Shipping是美国的一家船舶管理公司，对母公司Eagle Bulk Shipping Inc.的其他子公司拥有的船舶进行商业和战略管理，Eagle Shipping、Eagle Bulk Shipping Inc.及其子公司如Eagle Bulk Pte Ltd.统称为"Eagle"。Eagle是一家从事干散货全球运输的全集成的船东/运营商。2014年，Eagle主动申请破产，并出现了新的所有者、新任命的董事会和新的高级管理团队。此后不久，Eagle启动了对公司过去遵守美国制裁情况的审查，确认了2011年至2014年间发生的违规行为，并向OFAC主动披露了违规行为。

2011年6月3日或前后，Eagle Shipping在新加坡的附属公司Eagle Bulk Pte Ltd.（以下简称Eagle Pte）与一家位于新加坡的沙子的买家签订了租船协议，协议约定使用Eagle的船舶将海沙从缅甸Kawthaung运到新加坡。2011年6月28日，在将沙子装上船后，上述新加坡买家给Eagle Pte寄来一套装运单据样本，包括提货单和出口货物清单。这些样本引发了Eagle前管理层的担忧，因为这些样本将当时在SDN名单上的实体Myawaddy Trading Limited（以下简称"Myawaddy"）列为发货人。

2011年6月30日，在运沙船的船长拒绝签署带有Myawaddy字眼的装运单据后，新加坡买家的当地代理将托运人名称从Myawaddy改为替代托运人，并向船

[①] 相关链接：https://www.treasury.gov/resource-center/sanctions/Programs/Pages/nkorea.aspx。
[②] 相关链接：https://www.treasury.gov/resource-center/sanctions/CivPen/Documents/20200127_eagle.pdf。

长发送了一套修改后的装运单据。运沙船的船长将一份修改后的文件副本转发给Eagle的一名前经理和其他员工进行审查和批准，并在一封电子邮件中警告称，根据一名港务官员的信息，替代托运人没有在这一地区出售海沙，缅甸政府只与Myawaddy签订了合同，只有Myawaddy是托运人。

同一天，Eagle收到了新加坡买家的信息，新加坡买家表示，如果继续拖延，将对缅甸政府造成负面影响。此外，船长向Eagle报告说，缅甸当地官员拿走了船员的护照，并拒绝为船只放行。由于有证据表明SDN名单中的实体参与了这笔交易，Eagle立即向OFAC申请许可，希望OFAC能够授权Eagle的船舶将沙子运往新加坡。然而，在OFAC回应许可证请求之前，2011年7月2日左右，Eagle以出于船员安全考虑为由，签署了修订后的运输文件，缅甸当地官员返还了船员的护照。Eagle的船舶随后离开缅甸，在新加坡卸货。

在第一次运完沙子之后，2012年5月18日，Eagle向OFAC提交了一份新的许可申请，希望OFAC能够授权Eagle的船舶运载更多从Myawaddy采购的沙子。2012年10月11日，OFAC拒绝了Eagle的申请。

在等待OFAC批复期间，尽管没有OFAC的授权，Eagle还是恢复了从Myawaddy采购的沙子的运输。Eagle的前总裁后来收到了OFAC拒绝授权的信件，但据称没有将信件转发给Eagle内部的其他人。此后，Eagle继续将Myawaddy供应的沙子从缅甸运往新加坡。

（二）OFAC的考量

OFAC决定，Eagle Shipping主动披露了违规行为，违规行为是恶意的。

OFAC认为以下属于处罚加重因素：1.Eagle完全不顾OFAC的拒绝授权以及其他警告，参与和SDN名单中的实体有关的交易，恣意无视美国制裁要求；2.Eagle Shipping的前总裁参与并批准了违规行为；3.违规行为给缅甸政府带来巨大的经济利益；4.Eagle是一家在全球经营的、领先的航运公司，在国际贸易和航运交易方面拥有丰富的经验和专业知识。

OFAC认为以下属于处罚减轻因素：1.最早的违规行为发生之前的五年里，Eagle并没有收到OFAC的违规警示，也未受到OFAC处罚；2.Eagle在其新管理层的领导下，为OFAC的调查提供了实质性的合作，包括花费大量资源进行内部调查，为OFAC的审查提供高质量的文件，高效、及时地回应OFAC的多项信息请求，以及签署多项放弃相关权利的协议；3.Eagle采取了重要的补救措施，进行了彻底的内部回溯审查，并加强其制裁合规计划。Eagle已确认终止了违规行为，并已采取以下措施作为其合规承诺的一部分：任命了一名专职的合规官；制定并实施了正式的制裁合规计划；为员工进行制裁合规培训；加强其制裁筛选程序，更新和优化标准合同中的制裁合规条款；针对制裁风险事件制定应急计划。

OFAC表示，此案证明了在高风险行业，如国际航运和贸易行业运营的公司实施基于风险的合规措施的重要性，特别是在从事可能涉及美国制裁对象的交易时；从事国际贸易的公司必须认真对待并回应与制裁相关的警告信号，例如商品源自美国制裁对象；不遵守OFAC的正式回复，如OFAC对许可申请或指导请求的裁决，可能意味着严重的制裁违规行为。

二、MID-SHIP被OFAC处以871,837美元的罚款

2019年5月2日，美国MID-SHIP Group LLC（以下简称MID-SHIP）被OFAC认定，约在2011年2月18日至2011年11月14日间，处理了五笔电子汇款，总额约为472,861美元，涉及SDN名单中的实体，违反《大规模杀伤性武器扩散制裁条例》，向OFAC支付871,837美元的罚款[①]。

（一）违规行为

2008年9月10日，OFAC根据13382号行政命令将伊朗伊斯兰共和国航运

---

① 相关链接：https://www.treasury.gov/resource-center/sanctions/CivPen/Documents/20190502_midship_settlement.pdf。

公司（Islamic Republic of Iran Shipping Lines，IRISL）纳入 SDN 名单。同一天，OFAC 将 IRISL 拥有或控制的 100 多艘船舶纳入 SDN 名单。2010 年 2 月和 4 月，MID-SHIP 在中国和土耳其的子公司与多个第三方企业就货物从非美国港口运输到其他非美国港口的三项租船合同进行了谈判。这些合同履约方指定两艘 IRISL 的船舶作为租船合同的履约船舶。MID-SHIP 掌握多份文件，可以通过国际海事组织（IMO）编号识别这些船舶和伊朗存在关联。在 MID-SHIP 进行电子汇款时，MID-SHIP 可以在 SDN 名单中通过名称和 IMO 编码识别这两艘船舶。

（二）OFAC 的考量

OFAC 决定，MID-SHIP 没有主动披露违规行为，违规行为是恶意的。OFAC 认为，在违规行为发生时，MID-SHIP 的合规文化存在缺陷。

OFAC 认为以下属于处罚加重因素：1.MID-SHIP 恣意无视美国制裁要求；2.MID-SHIP 的管理人员知晓并参与违规行为；3.MID-SHIP 的违规行为带给了 IRISL 经济利益，损害了《大规模杀伤性武器扩散制裁条例》的完整性及其相关的政策目标；4.MID-SHIP 是一家在高风险行业运营的全球性、领先的航运和物流公司。

OFAC 认为以下属于处罚减轻因素：1.最早的违规行为发生之前的五年里，MID-SHIP 并没有收到 OFAC 的违规警示，也未受到 OFAC 处罚，且违规业务规模仅仅占到同期总业务规模的 0.05%。2.MID-SHIP 表示，其采取了以下措施：（1）任命了一位 OFAC 合规官；（2）为员工进行 OFAC 制裁合规培训；（3）定期向所有办公地点发布 OFAC 合规声明，指导业务人员在核实所涉船舶的所有权关系时保持警惕，并确保参与交易的船舶和实体不在 SDN 名单上；（4）指示所有的经纪人采取适当措施，如在每份租船合同中加入一项或多项 OFAC 制裁合规条款；（5）对每一艘船舶及电子汇款的相关方进行制裁筛查；（6）停止与 SDN 名单上船舶或其他自然人和实体有关的交易，并向公司的 OFAC 合规官提交报告。3.MID-SHIP 在调查期间与 OFAC 合作，签署多个协议，约定诉讼时效为1231天。

OFAC表示，该案说明了在高风险行业，如国际航运和物流行业运营的公司通过实施基于风险的合规措施可以得到的好处，特别是在从事涉及或可能涉及美国制裁对象的交易时；该案还说明了从事国际交易的公司通过发展和维持一种良好的合规文化可以得到的好处，在这种文化中，高级管理层树立了合规的积极榜样，并鼓励员工遵守法律；从事国际交易的公司应该注意到与制裁相关的警告信号，并做出相应的回应，例如金融机构出于合规或美国经济制裁目的而需要冻结或拒绝支付。

三、国际船运巨头马士基的美国子公司向OFAC支付3,088,400的罚款

2010年7月28日，国际船运巨头马士基（A.P. Moller - Maersk A/S）的美国子公司Maersk Line, Limited及其全资子公司Farrell Lines Incorporated和E-Ships, Inc.（以下统称MLL）被OFAC认定违反了《苏丹制裁条例》和《伊朗交易条例》，向OFAC支付3,088,400美元的罚款[①]。

（一）违规行为

2003年1月至2007年10月间，MLL为4714批发自或运往苏丹和伊朗的货物提供未经许可的运输服务，上述违规服务包括用MLL拥有、运营和/或包租的船舶运输与伊朗、苏丹相关的货物，MLL的母公司A.P. Moller - Maersk A/S至少在货物往返苏丹和伊朗的一段航程上进行过定期包租或分时包租。

（二）OFAC的考量

OFAC决定，MLL没有主动披露，违规行为属于非恶意的。OFAC在处罚时，

---

① 相关链接：https://www.treasury.gov/resource-center/sanctions/OFAC-Enforcement/Documents/07292010.pdf。

考虑了以下因素：1.MLL是一家商业上非常成熟的全球航运集团的一部分，拥有丰富的经验，在OFAC和其他美国政府机构颁发的许可证下运营；2.MLL开展的活动给苏丹和伊朗带来了经济利益，从而对制裁目标造成了实际损害；3.MLL在过去五年中没有被发现违反了OFAC负责的制裁项目；4.MLL就OFAC的调查给予了充分的和实质性的合作；5.MLL及其母公司采取了大量的补救措施。

第七章

美国经济制裁风险评估及应对建议

第七章 美国经济制裁风险评估及应对建议

第一节 美国经济制裁域外适用及风险评估

在应对美国经济制裁风险之前，需要评估美国经济制裁风险。美国经济制裁法律法规主要适用于美国人，对于第三国企业而言，其之所以受到美国经济制裁法律法规的影响，主要是因为美国经济制裁的域外适用。只有理解了这一点，我们才能理解为何我国企业即使和美国没有连接点开展伊朗业务也会被美国政府纳入制裁名单，才能理解中兴通讯为何会被美国政府重罚。对于我国企业而言，面临美国制裁风险的前提是交易与美国制裁对象产生了关联。在此前提下，我国企业如果和美国存在一定的关联，这种关联主要体现在使用美元、美国的产品和技术、资金来自美国投资者或为美国企业拥有或控制，或交易有美国人参与，则可能面临美国制裁的风险。在极端情况下，即使和美国没有关联，也可能遭受美国的制裁，也就是我们所说的次级制裁。

一、美国经济制裁域外适用

在评估美国经济制裁政策的过程中，始终绕不开的问题是美国经济制裁政策到底适用于哪些人（含实体）。美国经济制裁政策不同于一般国家或国际组织的经济制裁政策，美国经济制裁政策具有域外管辖权，如美国对伊朗经济制裁政策，不仅仅适用于美国人、美国人在境外拥有或控制的实体，还适用于因其交易活动与美国存在连接点（Nexus）而受美国法律管辖的非美国人以及不受美国法律管辖的非美国人。美国经济制裁政策的域外适用是美国经济实力和霸权主义的集中体现，是我国企业在开拓国际市场、发展国际业务面临的重要风险。

(一) 美国经济制裁政策适用范围

为达到预期制裁效果,美国政府会尽可能切断制裁对象与外界的经贸往来,美国经济制裁政策适用范围非常广泛,包括:1.美国公民、永久居民,无论其居住在哪;2.位于美国境内的非美国人[①];3.依据美国法律设立的美国法人实体及其境外分支机构以及其他实体;4.因与美国存在连接点而受美国法律管辖的非美国人(含自然人和实体);5.部分美国经济制裁政策(美国对伊朗、古巴、朝鲜的制裁政策)适用于美国人在美国境外拥有和控制的实体;6.部分美国经济制裁政策(主要为美国对伊朗、朝鲜、俄罗斯、叙利亚、委内瑞拉等国的部分经济制裁政策)适用于与美国没有连接点的非美国人,也就是次级制裁。

一般情况下,经济制裁政策适用范围是基于《国际法》普遍认可的属地管辖和属人管辖原则,经济制裁政策适用于制裁发起国的本国国民(含自然人和实体)和进入发起国领域的非本国国民,也就是美国经济制裁政策适用范围的前三种,后三种则属于经济制裁政策的域外适用。

目前,世界上绝大部分国际组织或国家反对经济制裁政策的域外适用,其中,欧盟明确表示不支持经济制裁政策域外适用,认为经济制裁政策域外适用违反国际法,为此还专门出台了"阻却法"。欧盟经济制裁政策适用范围包括:1.欧盟领土(含领空);2.欧盟成员国国民,无论其是否在欧盟区域;3.依据欧盟成员国法律成立的公司和组织,无论其是否位于欧盟,以及其在第三国的分支机构;4.进入欧盟成员国管辖范围的船舶、飞机。

(二) 美国经济制裁政策域外适用的逻辑

如前所述,美国经济制裁政策域外适用遭到世界上绝大部分国际组织和国家的反对,欧盟、英国、加拿大、澳大利亚等国际组织或国家甚至制定"阻却法",对抗美国经济制裁政策的域外适用,如欧盟1996年制定的《反对第三国

[①] 在美国制裁法律法规中,位于美国境内的非美国人也被视为"美国人"。

立法域外适用的条例》，在此情况下，美国仍一意孤行，执意对被认定违反其制裁政策的非美国人予以制裁或重罚，主要有以下三个原因：一是达成多边制裁共识太难。经济制裁政策如仅适用于本国人或进入本国领域的外国人，无法截断制裁对象与外部世界的经贸往来，因为制裁对象很容易找到替代对象，反而使本国企业在国际竞争中处于不利位置。如希望迫使制裁对象改变行为，最好的方式是世界主要国家达成制裁共识，JCPOA执行前，因伊朗发展核武器，世界主要大国就对伊朗采取经济制裁达成了共识，联合国、美国和欧盟均对伊朗进行了制裁。然而，因各大国间存在不同的利益诉求，将很难达成多边制裁共识，如美国对古巴的经济制裁就遭到世界各国的广泛反对。因此，如无法实现多边制裁，通过经济制裁政策的域外适用迫使第三国的部分企业限制甚至切断与制裁对象的联系就成了可行的选择。二是美国拥有经济制裁政策域外适用的资本。经济制裁政策域外适用的效果显然要好于仅仅适用于本国人以及进入本国领域的外国人，然而，并不是谁都拥有域外适用的资本，在现今世界上，只有美国拥有这样的资本，因为美国是世界上最大经济体，美元是世界上最重要的结算货币，且拥有世界上最尖端的科技，具有国际化抱负的企业无法忽视美国的存在。2014年，法国巴黎银行不得不接受89.7亿美元的巨额罚款，因其离不开美国市场，离不开美元结算。经济制裁能够成为美国外交战略的重要工具，也是仰仗美国的经济、科技实力。三是美国认为经济制裁政策域外适用成效显著。美国经济制裁政策的域外适用，特别是对国际性大银行的巨额罚款，使很多跨国企业减少甚至停止与美国制裁对象如伊朗的业务往来，进而影响到制裁对象的经济发展，迫使制裁对象做出美国期望的"改变"。美国财政部前部长雅各布·卢在2016年表示，正是因为美国对伊朗的全方位制裁，使伊朗付出了巨额成本，才使伊朗重新回到谈判桌，达成了伊核协议。受此鼓舞，2016年，在朝鲜多次试验核武器、发射导弹后，美国加大了与朝鲜有关的次级制裁力度。

（三）美国经济制裁政策域外适用特点及案例分析

如前所述，美国经济制裁政策的域外适用主要包括以下情况：一是适用于美国人在美国境外拥有和控制的实体；二是适用于因与美国存在连接点而受美国法律管辖的非美国人；三是次级制裁。

1. 适用于美国人在美国境外拥有和控制的实体

美国人在境外拥有和控制的实体需要遵守美国对伊朗和古巴的经济制裁政策。在实践中，有很多美国企业，因其子公司从事了与古巴、伊朗有关的业务，而被OFAC处罚。2019年3月27日，美国公司Stanley Black & Decker与OFAC签订和解协议，同意支付187万美元的罚款，以解决其因中国子公司23次明显违反《伊朗交易与制裁条例》而需要承担的民事责任[①]。

2. 适用于因与美国存在连接点而受美国法律管辖的非美国人

在实践中，与美国存在连接点主要表现为使用美国的设施、技术或产品，如使用美元进行交易，出口含有美国元器件的电子产品或将美国电子产品进行转出口等。一旦与美国有了连接点，就需要关注美国制裁风险。2014年，法国巴黎银行就因为协助美国制裁对象（苏丹、伊朗、古巴企业）进行美元（与美国有了连接点）交易而被美国政府处以89.7亿美元的巨额罚款[②]。使用美国金融系统与美国制裁对象进行交易，是美国政府处罚国际性大银行的主要原因。另外，需要注意的是，将美国产品或技术转出口到美国制裁对象也是美国政府重点打击的行为。2016年3月，因认定中兴通讯违反美国出口管制政策向伊朗转出口美国电子产品损害了美国国家利益，美国商务部BIS将中兴通讯及其三家关联公司纳入实体名单，中兴通讯最终不得不向OFAC、美国商务部、司法部缴纳巨额罚款，并接受监督[③]。

---

① 本案例在本书第七章有详细的介绍。
② 本案例在本书第六章有详细的介绍。
③ 中兴通讯被制裁、处罚事件一波三折，在缴纳巨额罚款之后，中兴通讯被从美国出口管制黑名单中移除。相关链接：https://www.commerce.gov/news/press-releases/2018/07/commerce-department-lifts-ban-after-zte-deposits-final-tranche-14。

3. 次级制裁

在美国经济制裁政策域外适用中,最受争议的是与美国没有连接点的次级制裁。次级制裁受到了世界各国广泛的抵制,美国政府在进行次级制裁时,相对比较审慎。然而,需要特别注意的是,特朗普政府相对于前任政府,单边主义色彩比较浓,比较热衷于使用次级制裁这一手段,如2019年7月OFAC将珠海振戎纳入SDN名单[①]。

对上述三种情况,美国政府的执行措施存在很大差别。对于与美国有关联的、受美国司法管辖的非美国企业,如在美国设有机构、离不开美元、美国技术或与美国企业有广泛业务往来等,美国政府一般会对其进行巨额罚款,而这些企业不得不认缴。而对于与美国没有关联、不受美国司法管辖的非美国企业,美国政府则是将其纳入制裁名单,限制其进入美国市场、限制其进入美国金融系统、限制美国企业甚至其他国家的企业与其开展业务。

二、我国企业与美国以及美国制裁对象的关联分析

如上所述,除了次级制裁,我国企业只有在业务活动与美国及美国制裁对象存在关联的情况下,才可能面临美国经济制裁的风险。业务活动与美国存在关联主要表现为:交易使用了美元、交易有美国人参与、交易标的含有一定比例的美国技术、交易资金来源于美国投资者等。

(一) 我国企业与美国的关联分析

作为世界上第一和第二大经济体,美国和中国有着非常密切的经济贸易往来。我国企业在国际化进程中,对美元、美国的产品和技术以及美国的资金存在一定程度的依赖,主要表现为:美元是世界上最主要的流通货币之一,我国

---

① 相关链接:https://www.treasury.gov/resource-center/sanctions/OFAC-Enforcement/Pages/20190722.aspx。

大企业在开展国际业务时主要使用美元进行结算；我国企业在高新技术方面，特别是在集成电路方面，对美国企业存在一定的依赖，这也是为何 2018 年 4 月中兴通讯在被美国商务部 BIS 纳入拒绝交易名单（Denied List）[①]后，经营和发展面临严重困难；美国证券市场是世界上最大的证券市场，美国纳斯达克对我国高新技术企业有着非比寻常的吸引力，另外，我国企业在香港、伦敦、新加坡等证券市场融资时也有大量美国投资者参与；再就是，我国有大量的企业为美国人拥有或控制，根据美国制裁法律法规，这些为美国人拥有或控制的企业需要遵守美国对古巴和伊朗的制裁政策[②]，否则其美国母公司将遭受重罚。

（二）我国企业与美国制裁对象的关联

目前，我国企业与美国主要的制裁对象如伊朗、朝鲜、古巴、俄罗斯和委内瑞拉等国家有着比较广泛的经贸往来，2019 年，中俄贸易额达到了 1107.57 亿美元。近些年来，因美国不断加大对非美国企业开展与美国制裁对象有关业务的制裁和处罚力度，一些发达国家或地区的企业减少甚至停止与美国主要制裁对象，如伊朗、朝鲜、叙利亚、委内瑞拉等国的业务。在此情况下，上述国家不得不寻找合适的替代，我国企业就成为它们的最优选择，我国企业在一定程度上能为上述国家提供所需要的产品、技术和资金等。另外，考虑到伊朗、俄罗斯和委内瑞拉有着非常丰富的油气储备，而我国的油气进口需求特别大，在此情况下，我国并没有太多选择，不得不继续与上述国家进行能源方面的合作。2019 年 5 月 2 日后，美国政府不再给予我国企业从伊朗进口原油的豁免，然而，我国仍有部分企业从伊朗进口原油，如珠海振戎、中国远洋海运的两家子公司[③]

[①] 中兴通讯先后被美国商务部 BIS 纳入实体名单和拒绝交易名单。相关链接：https://www.commerce.gov/news/press-releases/2018/04/secretary-ross-announces-activation-zte-denial-order-response-repeated。
[②] 2020 年 4 月，OFAC 修改《朝鲜制裁条例》，将其适用范围扩大到了美国金融机构（US Financial Institutions）拥有或控制的非美国实体。
[③] 2020 年 1 月，OFAC 将其中的一家子公司从 SDN 名单中移除。

等被OFAC纳入SDN名单。

一方面，我国部分企业继续与美国制裁对象开展业务，另一方面，我国企业的业务活动与美国存在紧密的关联，在此情况下，我国企业很容易被美国政府认定违反美国经济制裁法律法规，成为美国经济制裁执行机构重点打击的对象[①]。

三、美国人投资于与美国制裁对象开展业务的非美国企业时面临的限制

在评估美国经济制裁对非美国企业的影响时，不容忽视的一点就是，美国人（含企业）根据制裁法律法规要求，或受社会舆论影响，从制裁对象或从与制裁对象开展业务的部分企业"撤资"，即处理掉其所持有的制裁对象或与制裁对象开展业务的部分企业的股票或债券等资产。"撤资"的对象既包括美国的制裁对象，又包括与制裁对象开展业务的部分企业。在中美战略竞争不断加剧、美国不断加大对我国企业制裁力度的情况下，我国企业，尤其是我国依赖美国资金的企业，需要审慎评估、积极应对可能会出现的"撤资"风险。

（一）美国制裁法律法规关于"撤资"的相关规定

在联邦层面，美国联邦政府出台了专门的"撤资"法律法规，包括针对伊朗的《伊朗全面制裁、责任和撤资法》（*CISADA*）和针对苏丹的《苏丹责任和撤资法》（*Sudan Accountability and Divestment Act*, *SADA*）；在州层面，美国很多州政府制定了关于"撤资"的法律法规，部分州层面的"撤资"法律法规甚至早于联邦层面的"撤资"法律法规，这导致了关于未经联邦法律授权的、州层面的"撤资"法律法规是否违宪的司法审查。另外，美国制裁法律法规对于SDN名单的规定，也包含"撤资"的要求。

---

① 本书第二章对我国企业遭受美国制裁的情况有比较详细的介绍。

1. 联邦层面专门的"撤资"法律法规

(1)《伊朗全面制裁、责任和撤资法》关于"撤资"的相关要求

CISADA 于 2010 年 7 月 1 日正式生效,CISADA 授权,美国任何州及以下政府基于道德、审慎和声誉等考虑,在满足一定条件的情况下,可以从向伊朗能源行业投资的企业撤资,或禁止投资给前述企业;撤出或禁止投资的资产为州及以下政府的公共资金,包括州及以下政府控制的养老金、退休金、年金、捐赠基金或类似工具,不包括雇员福利计划。根据CISADA,被撤资的对象需要符合以下条件:在伊朗能源行业的投资超过 2000 万美元,包括为伊朗能源行业提供石油或液化天然气油轮或用于建造或维护石油或液化天然气管道的产品;作为一家金融机构,这家金融机构向另一个主体提供了期限超过 45 天、金额超过 2000 万美元的信贷支持,而另一个主体将上述信贷支持用于对伊朗能源行业的投资。其中,伊朗能源行业是指在伊朗开发石油、天然气资源或核能的活动。

(2)《苏丹责任和撤资法》关于"撤资"的相关要求

SADA 于 2007 年 12 月 31 日生效,SADA 授权,美国任何州及以下政府在满足一定条件的情况下,可以从其认定的、直接在苏丹进行商业运营的企业撤资,或禁止投资于前述企业。根据SADA,在苏丹的商业运营包括电力生产活动、矿物开采活动、石油相关活动或军事装备生产活动。2017 年 10 月 12 日后,美国政府废除了对苏丹的绝大部分制裁措施,然而,SADA并没有被废止,SADA关于"撤资"的要求并没有失效。另外,苏丹仍在美国国务院管理的"支持恐怖主义国家"名单中,且美国仍对苏丹进行武器禁运,美国财政部仍保留苏丹和达尔富尔制裁项目以及南苏丹相关的制裁项目。

2. 州层面关于"撤资"的相关规定

根据美国国会研究服务局(CRS)的统计,早在 2012 年 6 月 27 日,就有包括加利福尼亚、佛罗里达、亚利桑那等 25 个州政府制定了从伊朗或苏丹"撤资"的法律法规,并采取了相应的"撤资"措施。其中,加利福尼亚州和佛罗里达

州的"撤资"要求非常具有代表性。

（1）加利福尼亚州关于"撤资"的相关要求

加利福尼亚州于2007年10月14日通过了《加利福尼亚公共资金从伊朗撤资法》和《苏丹法》，要求加利福尼亚公务员退休基金（CalPERS）和加利福尼亚教师退休基金（CalSTRS）识别符合"撤资"标准的企业，并从前述企业撤资或禁止其投资前述企业。CalPERS是美国最大的公共养老基金，2018年6月，其管理的投资组合的市值约为3518亿美元。截至2019年12月31日，CalSTRS管理的资产接近2470亿美元，是世界上最大的教师养老基金。在上述两个基金的"撤资"名单中，出现了多家中国企业的身影，如中石油、中航工业等[1]。

（2）佛罗里达州关于"撤资"的相关要求

2007年6月8日，佛罗里达州议会通过了《保护佛罗里达投资法》，于2011年7月1日正式生效。该法禁止佛罗里达州及以下政府实体与被审查实体名单中的企业开展超过100万美元的交易；如对其进行了投资，必须在其被纳入清单后12个月内撤资。2019年12月3日公布的最新一批被审查实体名单包括76家企业，其中中国企业有35家，占了近一半，数量远远大于CalPERS和CalSTRS的"撤资"名单中的中国企业。根据佛罗里达州行政管理委员会的统计，截至2019年12月3日，已被撤资的企业有32家，包括中海油、中石油（Petrochina）、中石化等中国企业，被撤资的金额分别为1.32亿美元、0.38亿美元和0.26亿美元[2]。

3.对SDN名单中的企业的限制性规定隐含着"撤资"的要求

根据美国制裁相关法律法规，未经许可或未有例外规定，美国人需要冻结被纳入SDN名单中企业的资产，不得与其开展任何业务。如果一家企业被纳入SDN名单，而美国人持有这家企业的股票或债券，在一般情况下，美国财

---

[1] 相关链接：https://www.calpers.ca.gov/docs/legislative-regulatory-letters/investments-ca-divest-iran-sudan.pdf。

[2] 相关链接：https://www.sbafla.com/fsb/Portals/FSB/Content/Performance/Quarterly/2019_12_03_Web_Update_PFIA_Prohibited_List.pdf?ver=2019-12-03-111653-237。

政部会给予美国人一定的宽限期,授权其在宽限期内处理掉这些股票和债券。2018年4月6日,俄罗斯企业EN+能源集团及其子公司俄罗斯铝业被美国财政部纳入SDN名单。在被纳入SDN名单的当天,美国财政部签发乌克兰一般许可13号,授权美国人在2018年5月7日前将其持有的EN+能源集团和俄罗斯铝业的股票、债券转让给非美国人。从2018年4月6日至2019年1月16日,美国财政部针对上述"撤资"事项先后签发了11个一般许可,不断延长宽限期,直至2019年1月27日美国财政部将这两家企业从SDN名单中移除。

(二)美国社会团体关于"撤资"的舆论压力

已制定从伊朗或苏丹撤资相关法律法规的美国各州要求公共资金从与苏丹或伊朗开展特定业务的企业撤资,对于非公共资金并没有强制性要求。但是,美国部分社会团体,如拯救达尔富尔联盟、投资者反对种族灭绝,对美国一些大的投资实体,如富达、黑石、伯克希尔哈撒韦等,施加巨大的舆论压力,力求使其从在苏丹或伊朗开展特定业务的企业撤资。Investors Against Genocide公布未响应其要求的大型投资机构的名单,包括摩根大通、黑石、富达、伯克希尔哈撒韦、富兰克林·汉普顿、先锋等,并鼓动上述投资机构的部分股东,在股东大会上提出议案,要求股东大会就"撤资"相关事项进行表决。2007年5月5日,在伯克希尔哈撒韦年度股东大会上,部分股东要求股东大会就从中石油"撤资"进行表决,原因是中石油(Petrochina)的母公司中石油集团在苏丹有大量的投资。不过,上述议案在股东大会没有获得通过[①]。"撤资"的股东决议在伯克希尔哈撒韦股东大会没有通过,但在美洲基金股东大会通过了。美洲基金响应了上述民间团体的要求,从开展与伊朗、苏丹有关业务的企业撤资,包括卖掉超过1亿美元的中石油的股票[②]。据英国《金融时报》2007年10月19日报道,

---

① 相关链接:https://www.berkshirehathaway.com/sudan.pdf。
② 相关链接:https://www.csrwire.com/press_releases/28907-American-Funds-Sells-PetroChina-After-Shareholder-Meeting。

沃伦·巴菲特已卖出最后一批所持有的中石油的股票,不过,沃伦·巴菲特表示,其卖出中石油的股票仅仅是基于价格考虑①。

(三)"撤资"的影响

美国经济制裁法律法规中关于"撤资"的要求实际上是美国政府力求利用美国的资本实力直接或间接通过第三国企业对美国制裁对象施加影响,迫使其按照美国的设想"改变"行为。美国经济制裁法律法规中"撤资"的要求以及社会团体关于"撤资"的舆论压力对美国人和第三国企业造成了或多或少的负面影响。对于美国人而言,因经济制裁而不得不从美国制裁对象或与美国制裁对象开展业务的企业"撤资",不可避免地影响其投资决策,甚至可能会造成投资损失。以从俄罗斯铝业"撤资"为例,在俄罗斯铝业股票价格已遭受重创的情况下,被纳入SDN名单后的第一个交易日,俄罗斯铝业股票价格大幅下跌50.43%,美国人不得不抛售俄罗斯铝业的股票,只会造成股票价格的进一步下跌,带来更大的投资损失。对于第三国企业而言,特别是对于在国际资本市场上融资的第三国企业而言,美国经济制裁中的"撤资"要求,就像头顶上的达摩克利斯之剑,随时都有掉下来的风险,迫使第三国企业认真评估、审慎决定是否开展与美国制裁对象有关的业务,特别是与伊朗、苏丹有关的业务,或者在融资市场、融资来源进行选择时,尽可能远离美国的投资者。

四、我国企业境外融资面临的制裁合规要求

如前所述,为限制第三国企业开展与美国制裁对象有关的业务,美国制裁法律法规对于美国投资者投资与美国制裁对象开展业务的第三国企业进行了一定程度的限制。部分非美国的证券市场,如中国香港证券市场,有大量美国投资者参与,为确保参与企业融资的相关方免受美国制裁的影响,香港联交所对

---

① 相关链接:https://www.ft.com/content/7613bb9a-7df6-11dc-9f47-0000779fd2ac。

于拟上市企业在经济制裁方面提出了非常严格的合规要求。鉴于很多内地企业在香港联交所上市，我们有必要深入了解香港联交所的相关要求。香港联交所发布了 LD（Listing Decision）76-2013、GL（Guidance Letter）96-18 和 GL101-19，系统性地回答了以下问题：被制裁的企业、位于受制裁的国家的企业以及与被制裁的企业或受制裁的国家存在广泛业务往来的企业能否上市融资，上市企业如何应对经济制裁风险。

（一）LD 76-2013 的具体要求

2013 年 12 月，香港联交所发布 LD76-2013，通过案例分析的方式说明上市申请人在业务记录期内或之前曾在受制裁国家开展业务的情况下是否适合上市，如适合上市，面临的制裁风险问题应如何处理。

1.受影响的相关方

总的来说，除上市申请人及其董事和控股股东外，参与上市申请程序的其他相关方，包括投资者、其他股东及相关人员等，也有可能面临制裁风险或遭受实际或潜在的制裁。申请人须提供上市法律顾问的确认，指出上市申请人及其投资者和股东以及其他相关人员是否需要承受制裁风险。申请人在适当情况下需考虑是否于上市前终止其在受制裁国家的业务。

2.香港联交所在决定是否批准上市时考虑的因素

（1）申请人上市前已终止或转让在受制裁国家的项目/业务，而这些项目/业务的终止或转让不会对上市申请人造成重大不良影响；

（2）上市申请人获得有关意见或做出分析，认为上市申请人及其投资者和股东以及相关人员承受的制裁风险都很低；

（3）申请人已加强内部监控措施，并向香港联交所承诺采取措施使相关方免受制裁风险的影响；

（4）假如有证据显示申请人不会由于在受制裁国家的项目/业务而承受制裁风险，上市申请人于业务记录期间在受制裁国家的项目/业务所得收入占其总收入百分比不一定是有关的考虑因素。

同 GL101-19 相似，LD76-2013 也要求上市申请人在上市申请文件的显眼位置，包括"概要""风险因素""业务"三个栏目，披露与制裁相关的信息。

香港联交所表示，如果上市申请人已采取措施尽量较少被制裁的风险，包括上市前已终止和转让在受制裁国家的业务，上市申请人过去在受制裁国家的业务往来不会使其不适合上市，相关问题可以通过披露的方式处理。

（二）GL96-18 的具体要求

GL96-18 于 2018 年 6 月发布，香港联交所于 2019 年 3 月对其进行修订，主要为香港联交所评估已上市企业或其业务是否适合继续上市的一般方法提供指导。其中，在经济制裁方面的具体要求如下：

1. 信息披露方面，已上市企业必须依据内部消息条款（Inside Information Provisions）及时披露所有制裁风险，包括与制裁有关的监管行动、诉讼以及上述监管行动和诉讼对企业造成的影响，此类披露使投资者能够对发行人进行适当的评估，从而做出明智的投资决策。

2. 维持上市地位方面，在以下极端情况下，上市企业是否适合继续上市将成为需要考量的问题：制裁风险和遭受的制裁严重破坏了上市企业的业务；上市企业没有足够的业务或资产来保持上市地位；投资者和香港联交所面临重大的经济制裁风险。

3. 二级市场股票融资（Secondary Equity Fundraisings）方面，香港联交所会逐个考虑上市申请，如果企业筹集资金以资助可受制裁的活动（Sanctionable Activities），香港联交所不太可能批准该企业上市融资；如果资金可能会用于吸引制裁（Attract Sanctions）的业务活动，则香港联交所交易在决定是否批准上市前，可能会要求上市企业出具法律意见，评估上市企业、投资者、香港联交所以及相关方面临的制裁风险。

(三) GL101-19 的具体要求

2019年3月，香港联交所发布了GL101-19，主要提供以下方面的指导：一是如果上市申请人的业务活动将使相关方遭受经济制裁风险，上市申请人将需要采取哪些补救措施；二是上述经济制裁风险达到什么程度将会影响到上市发行，以及该如何处理。

1. 与制裁相关的上市申请人的分类

GL101-19将与制裁相关的上市申请人分为三类，分别为：第一类为参与受初级制裁的活动（Primary Sanctioned Activity）的上市申请人；第二类为参与次级可受制裁的活动（Secondary Sanctionable Activity）的上市申请人；第三类为上市申请人属于被制裁对象，或位于受制裁国家（Sanctioned Country）或在受制裁国家成立、组织或设有住所，或者为受制裁的交易商（Sanctioned Trader）。受初级制裁的活动是指在制裁发起国注册成立或位于制裁发起国的上市申请人，或因相关活动与制裁发起国存在连接点而导致需要遵守制裁发起国的制裁法律法规的上市申请人，开展的以下两种类型的活动，一种是直接或间接地参与制裁对象（Sanctioned Target）的资产或使其资产受益的活动，另一种是在受制裁国家开展的活动。次级可受制裁的活动是指既不位于制裁发起国，也不在制裁发起国注册成立，同时与制裁发起国没有任何连接点的上市申请人，所开展的可能会导致相关方遭受制裁发起国的制裁的活动。受制裁的交易商是指10%以上（含）的业务来自制裁对象或受制裁国家的上市申请人。受制裁国家是指根据制裁发起国的相关法律法规受到全面出口、进口、金融或投资禁运的国家或地区。制裁对象主要包括以下三种自然人或实体：一是被纳入制裁名单；二是为受制裁国家的政府拥有或控制；三是因与前两种自然人和实体存在所有权、控制权和代理关系而成为制裁目标。

2. 与制裁相关的上市申请人是否适合上市的判定

第一类上市申请人必须从上市法律顾问获得一份理性分析（Reasoned Analysis），即评估上市申请人参与的每一次受初级制裁的活动是否违反适用于上市申请人的制裁法律法规，是否会给相关方，包括上市申请人、投资者、股东、香港联交所以及参与股票发行、交易、清算的其他机构，带来重大的经济制裁风险。第一类上市申请人还必须评估停止参与受初级制裁的活动对其财务状况和业务发展的影响。如果上市法律顾问证实上市申请人参与的受初级制裁的活动违反了适用于上市申请人的制裁法律法规，第一类上市申请人在上市前必须停止所有受初级制裁的活动。第一类上市申请人需要结合实际，采取适当措施处理被识别的重大制裁风险。第二类上市申请人也必须从上市法律顾问获得一份理性分析，即评估第二类上市申请人参与的每一次次级可受制裁的活动是否导致相关方被制裁（包括被列名为制裁对象，和/或被予以处罚）。第二类上市申请人需要结合实际，采取适当措施应对被识别的重大制裁风险。对于第三类上市申请人，考虑到声誉风险或其他限制，如上市申请人的股票无法销售给相关国家的国民，香港联交所可能会决定其不适合上市。

3. 存在重大制裁风险的上市申请人需采取的举措

上市承诺方面，在上市前，存在重大制裁风险的上市申请人需要采取有效的、充分的内控措施，监控和控制上市申请人和其他相关方可能遭受的制裁风险，并向香港联交所做出以下承诺：一是不将通过香港联交所融得的IPO资金或其他资金用于资助任何受制裁活动（Sanctioned Activity，包括受初级制裁的活动和次级可受制裁的活动）或用于支付因终止或转让构成受制裁活动的相关合同的任何赔偿金；二是在上市前终止所有构成受制裁活动的相关合同，并采取措施确保遵守向香港联交所做出的承诺；三是在年报、中报和季报中报告任何新的或已存在的受制裁活动（如有）、为监控面临经济制裁风险的业务而采取的措施以及任何新的或现有的受制裁活动的现状和预期计划（如有）。对上述承诺的任何违反可能导致上市申请人被从香港联交所除牌。

另外，上市申请人还需要在上市申请文件中的"概要""风险因素""业务"三个栏目披露以下信息：（1）受制裁活动的具体情况，包括但不限于上市申请人与受制裁活动相关的业务性质、规模，上市申请人或其交易对手是否有理由相信其会成为美国的制裁对象，与受制裁活动相关的交易对手和业务收入的基本情况以及这些受制裁活动的现状；(2) 上市法律顾问的理性分析等信息；(3) 根据适用的会计和法律标准说明与受制裁活动有关的任何已知的重大或有负债（Material Contingent Liabilities）；(4) 如果已经参与违反了适用制裁法律法规的受初级制裁的活动，需要说明这些活动什么时候停止，这些活动对企业财务和运营的影响，对相关政府部门做的披露，以及退出这些活动对相关方造成的法律后果（包括最大罚款金额）；(5) 如果在上市后打算开展新的受制裁活动，说明具体的意图，以及上市申请人在决定是否进行此类冒险时考虑的参数或标准；(6) 为保障相关方的利益而采取的内部控制措施及其保荐人和董事对内部监控措施的充分性及有效性的意见，关于制裁风险防范的上市承诺，以及因违反上市承诺而被除牌的风险因素。

4. 不适合上市的情形

如上市申请人存在以下情形，香港联交所不大可能批准其上市：一是上市申请人面临的制裁风险或遭受的制裁严重削弱了其继续运营的能力；二是上市申请人表示融得的资金将用于资助受制裁活动；三是上市将使相关方遭受重大制裁风险或使香港联交所面临声誉风险。

第二节 我国企业面临的美国主要经济制裁风险

目前，我国企业更多的是因开展与美国制裁对象有关的业务而被纳入制裁名单或被美国政府处罚。我国企业面临的美国经济制裁风险可以分为直接风险和由直接风险引发的间接风险。另外，随着我国企业国际化程度越来越高，越来越多的我国企业在境外投资，单笔境外投资的金额相对较高，容易达到"重大交易"的标准，因此，对于境外投资过程中美国经济制裁风险需要给予足够关注。

第七章 美国经济制裁风险评估及应对建议

一、我国企业面临的美国主要经济制裁风险

(一) 直接风险

我国企业在开展涉外业务的过程中,面临的美国经济制裁风险可以分为直接风险和间接风险,其中直接风险主要有五种类型:一是交易无法完成;二是款项被冻结;三是遭受民事或刑事处罚;四是被进行业务限制;五是被纳入制裁名单。一般情况下,上述五类风险对我国企业的影响程度呈递增的趋势。

1.交易无法完成或款项被冻结

非美国人在与美国存在连接点的情况下,开展与美国制裁对象有关的业务,面临一定的美国经济制裁风险。这种风险主要包括以下两个层面:一是交易无法完成或款项被冻结;二是遭受民事、刑事处罚或被进行业务限制。其中,交易无法完成或款项被冻结主要是因为美国人需要遵守美国的经济制裁政策,间接影响到了非美国人。例如,美国取消对苏丹的全面制裁之前,非美国人开展与苏丹有关的业务,使用美元结算:如苏丹相关方不在SDN名单中且不为苏丹政府拥有或控制,则交易可能无法完成,这是因为,美国对苏丹的制裁法律法规规定,美国人不能为涉苏丹业务提供金融服务,但并不需要冻结不在SDN名单中的且不为苏丹政府拥有或控制的实体的资产;如苏丹相关方在SDN名单中或为苏丹政府拥有或控制,则款项可能会被冻结。上述分析是基于对美国经济制裁政策的理解,在实践中,美国金融机构可能采取更为保守的做法,冻结一切与苏丹有关的款项。

2.遭受民事、刑事处罚或被进行业务限制

在与美国有连接点的情况下开展与美国制裁对象有关的业务,并不都违反美国经济制裁政策,例如,非美国人给SSI名单中的自然人或实体进行美元汇款,一般情况下,并不违反美国经济制裁政策,但给SDN名单的自然人或实体进行美元汇款就不一样,就很可能会遭受美国经济制裁执行机构的处罚。美国经济制裁执行机构在作出处罚决定时,会考虑很多因素,其中最主要的因素

包括：一是非美国人是否存在主观上的故意，是否进行主动披露，被美国政府予以重罚的国际性大行，如法国巴黎银行、英国汇丰银行等均存在刻意隐藏、删除与美国制裁对象有关的信息以逃避美国金融机构筛查的行为；二是交易频率和交易金额，美国制裁政策执行机构具体的处罚金额主要取决于交易次数、交易金额，法国巴黎银行之所以被处以89.7亿美元的创纪录罚款，主要是因为其与美国制裁对象间的交易金额巨大，超过1900亿美元[1]；三是取决于对美国国家利益的损害程度，这一方面与交易金额有关，另一方面也与制裁对象有关，国际性大行主要是因为违反美国对伊朗、苏丹、古巴、缅甸、利比亚等国的制裁政策而被予以重罚；四是企业是否建立健全制裁风险防范体系，健全的制裁风险防范体系属于责任减轻因素；五是与美国制裁政策执行机构的合作情况[2]。至于被进行业务限制，主要由美国金融监管机构具体执行，如根据与纽约州金融服务局的协议，法国巴黎银行纽约分行一年内不得开展美元清算业务[3]。

3. 被纳入制裁名单

对于被认定违反美国次级制裁政策的非美国人，美国政府一般不会对其进行罚款，而是将其纳入各类制裁名单，如珠海振戎曾被纳入Non-SDN Iranian Sanctions Act List[4]。通过将与美国没有连接点的、被认定违反美国次级制裁政策的非美国人纳入各类制裁名单，限制甚至切断其与美国市场的联系，另外，还影响该非美国人与第三国企业间的业务往来，迫使其调整业务政策。对非美国人进行次级制裁、将其纳入制裁名单容易引发国际冲突，美国政府相对比较谨慎。在评估是否因非美国人违反美国次级制裁政策而将其纳入制裁名单时，美国政府会考虑很多因素，其中主要有两个因素：一是是否属于重大交易，交易是否构成重大取决于很多因素，如交易规模、交易类型、交易频率和交易影响

---

[1] 相关链接：https://www.dfs.ny.gov/reports_and_publications/press_releases/pr1406301。
[2] 本书的第二章对美国经济制裁执行机制有非常详细的分析。
[3] 相关链接：https://www.dfs.ny.gov/system/files/documents/2020/04/ea140630_bnp_paribas.pdf。
[4] JCPOA正式执行后被从Non-SDN Iranian Sanctions Act List中移除。

等；二是是否属于蓄意行为，这种蓄意行为既包括知道也包括应该知道。

4.企业高管在企业违反制裁政策中的责任

上述风险主要是针对企业的，在部分情况下，企业高管也面临因被认定应对企业违反经济制裁政策的行为承担责任而被处罚或制裁的风险[①]。2017年3月，根据中兴通讯与美国司法部的协议，中兴通讯应追究对中兴通讯违反美国出口管制政策承担责任的三位高管以及相关管理部门负责人的责任[②]，上述三位高管已在2016年4月5日辞职。另外，其前总裁还被美国商务部纳入出口管制黑名单。在2014年美国政府对法国巴黎银行处罚事件中，作为法国巴黎银行和美国纽约州金融服务局协议的一部分，法国巴黎银行首席运营官、合规负责人等13位高管和员工不得不离职[③]。为达到预期的制裁效果，美国政府不仅将矛头指向企业，还指向应当为企业违反经济制裁政策的行为承担责任的高管。美国司法部认为，打击企业违规行为的最有效的方式就是追究应对企业违规行为承担责任的自然人的民事甚至刑事责任；通过追究自然人责任，使相关人员对自己的行为负责，可以促使企业改变运营方式，防止企业再次出现违规行为。

（二）间接风险

除了直接风险，我国企业还面临由直接风险引发的间接风险。间接风险主要表现为以下几个方面：一是法律纠纷，一旦出现款项被冻结，就存在是否需要再次支付款项的问题，一旦被纳入制裁名单，可能导致已签署的合同无法履行的问题，这些都容易产生法律纠纷。二是声誉风险，企业被美国政府重罚或被纳入制裁名单，将极大影响企业的声誉。三是业务发展受影响，一方面美国

---

① 在部分经济制裁法律法规中，有具体的要求，如13846号行政命令以及《伊朗全面制裁、责任和撤资法》。
② 相关链接：https://www.justice.gov/opa/pr/zte-corporation-agrees-plead-guilty-and-pay-over-4304-million-violating-us-sanctions-sending。
③ 相关链接：https://www.dfs.ny.gov/system/files/documents/2020/04/ea140630_bnp_paribas.pdf。

可能直接进行业务限制,如法国巴黎银行;另一方面,企业被纳入制裁名单后,可能被限制甚至切断了与美国企业以及部分跨国企业间的业务往来。四是融资和机构布局受限,美国经济制裁政策禁止美国人直接或间接为制裁对象提供资金或经济资源。这意味着,如果中国一家企业与美国制裁对象间的交易达到一定规模,美国投资者购买该企业的股票时就需要慎重考虑。另外,美国监管机构就中国企业在美国设立分支机构进行审批时,也会评估其与美国制裁对象的业务往来情况。

二、中国企业境外投资面临的美国经济制裁风险

随着国际化程度不断加深,越来越多的中国企业开始进行境外投资。在境外投资过程中,因交易对手、交易标的可能涉及美国经济制裁对象(含特定国家、行业和实体),投资过程中可能有美国人卷入,投资资金可能来源于美国金融市场或美国投资者,中国企业因此可能面临美国经济制裁风险。

(一)境外投资的行业属于美国经济制裁的行业

美国部分制裁法律直接授权美国总统对非美国人投资特定行业的行为进行次级制裁。2014年12月,奥巴马总统签发《乌克兰自由支持法》,该法授权美国总统在一定条件下对非美国人投资俄罗斯石油设施的行为进行次级制裁,奥巴马总统基于国家利益考虑,暂时搁置了上述授权。2010年发布的《伊朗全面制裁、责任追究和撤资法》授权美国总统对达到一定标准的非美国人投资伊朗石油资源的行为进行次级制裁。2016年1月16日,关于伊朗核问题的JCPOA正式执行后,奥巴马总统搁置了上述授权,但特朗普总统上台后,重新恢复了上述制裁措施。上述两部法律授权美国总统对非美国人的投资行为进行制裁时,设定了相似的标准,即投资行为构成重大投资(Significant Investment)。

(二) 境外投资的投资对象属于美国经济制裁对象或者被认定违反美国经济制裁政策

中国企业在进行境外投资时,无论是债券投资还是股权投资,如果投资对象属于美国经济制裁对象或者被认定违反美国经济制裁政策,那么,相关投资行为就存在触发美国经济制裁的可能,可能会使中国企业遭受不利后果。

在投资前,如果投资对象已是美国经济制裁对象,则投资行为本身可能招致美国的经济制裁。比如,购买SDN名单中伊朗实体发行的债券就可能招致美国的次级制裁;如果投资对象从事的业务已违反美国经济制裁政策(投资时没有发现),那么投资者可能需要为投资对象的违规行为承担责任,特别是采取并购的方式进行投资时,并购后存续的企业需要为并购对象的行为承担责任[①]。

在投资后,如果投资对象成为了美国经济制裁对象或被认定违反美国经济制裁政策,那么,投资者对投资对象的控制程度将成为责任认定的关键。如果投资者拥有或控制投资对象,指导或参与投资对象的违规业务,那么,投资者可能会因为投资对象的违规行为而被认定违反美国经济制裁政策,甚至被纳入制裁名单。

(三) 境外投资过程中牵涉到美国人

在境外投资的过程中,除了投资者和被投资者之外,可能还会有第三方参与,比方说证券公司、律所和会计师事务所等中介机构。美国金融服务业非常发达,我国企业在境外投资过程中很难避免使用美国金融服务。如果投资对象属于美国经济制裁对象,或投资行业属于美国经济制裁的行业,若美国相关方知情,则其会拒绝为上述交易提供服务;如果投资者隐瞒信息致使美国相关方在不知情的情况下提供了服务,则构成了"促使美国人违反美国经济制裁政策",可能招致美国政府的重罚。

---

① 本书第七章第三节企业并购制裁、处罚典型案例分析部分对此有非常详细的分析。

（四）境外投资的资金源于美国金融市场或投资者

我国企业在境外投资时，如投资对象涉及美国经济制裁对象，则需要审慎评估资金是否源于美国金融市场或投资者。根据美国制裁法律法规，一般情况下，美国人不得通过直接或间接的方式为制裁对象进行资助，这意味着，从美国金融市场或投资者那里融到的资金不得用于制裁对象。为此，我国企业在国际金融市场融资时，如在香港联交所上市或发债，需要做出承诺，不将募集的资金用于与美国经济制裁对象有关的业务，以确保不使投资者及其他相关方（包括中介机构）违反美国经济制裁政策。如违反上述承诺，一方面可能与投资者、中介机构出现法律纠纷；另一方面，构成了"促使美国人违反美国经济制裁政策"，可能招致美国政府的重罚。

第三节　欧盟、瑞士应对美国经济制裁域外适用的经验

虽然欧盟和美国在经济、外交和军事方面有非常密切的合作，但是，鉴于美国经济制裁域外适用已经严重影响到欧盟企业开展国际业务，如美国一再威胁对开展伊朗业务的欧盟企业进行制裁，欧盟不得不采取了多种举措应对美国经济制裁的域外适用。主要包括：一是欧盟针对美国经济制裁域外适用制定了阻却法；二是欧盟力求通过WTO争端解决机制来解决美国经济制裁域外适用引发的争端；三是欧盟充分利用美国经济制裁法律中的总统豁免权为欧盟企业争取豁免；四是欧盟针对伊朗业务创设了贸易支持工具。欧盟的上述举措对于我国政府有效应对美国经济制裁域外适用有非常重要的借鉴意义。其中，欧盟阻却法和INSTEX尤其值得我们关注。除了欧盟，瑞士应对美国经济制裁域外适用的经验也值得我们关注和学习。

一、欧盟制定反对美国经济制裁域外适用的阻却法

2018年8月6日，欧盟委员会对美国重启与伊朗核相关的次级制裁的举动

进行了反击，更新了《反对第三国立法域外适用的条例》（*Regulation 96/2271*），以支持欧盟企业与伊朗间的合法贸易往来，《反对第三国立法域外适用的条例》也即我们常说的欧盟阻却法。在特朗普政府不断加大对伊朗制裁力度的情况下，《反对第三国立法域外适用的条例》能否起到维持欧盟和伊朗间贸易往来的作用，值得观察。然而，在美国越来越依赖单边制裁解决争端的情况下，欧盟针对美国经济制裁域外适用采取的举措值得我们深入研究。

（一）欧盟阻却法演进过程

1996年，针对美国新近出台的、具有域外管辖权的《赫尔姆斯—伯顿法》和《达马托法》，欧盟理事会颁布了《反对第三国立法域外适用的条例》。欧盟理事会认为，《反对第三国立法域外适用的条例》旨在对抗第三国域外适用的经济制裁法律法规对欧盟成员国的国民、企业与他国间合法经贸往来的不利影响。《反对第三国立法域外适用的条例》指出，一些国家所颁布的法律法规试图对欧盟成员国管辖下的自然人和法人的行为行使管辖权，这违反了国际法，同时也影响了欧盟及其成员国的利益。《反对第三国立法域外适用的条例》附录所列的第三国域外适用的经济制裁法律法规均为美国的法律法规，也就是说《反对第三国立法域外适用的条例》主要针对美国经济制裁法律法规的域外适用。在《反对第三国立法域外适用的条例》发布后不久，美国和欧盟就达成了谅解，美国总统搁置了《赫尔姆斯—伯顿法》和《达马托法》对欧盟企业的适用，《反对第三国立法域外适用的条例》暂时没有了用武之地。

直到2018年5月8日，特朗普总统宣布美国政府退出伊核协议，分两阶段重启JCPOA执行期间搁置或取消的与伊朗核相关的次级制裁。对此，欧盟则表示继续维持与伊朗达成的核协议。美国政府恢复的次级制裁具有域外效应，严重影响到第三国，如欧盟成员国，与伊朗间的正常商贸往来。为支持欧盟企业继续开展伊朗业务，进而激励伊朗继续遵守伊核协议，在美国政府重启的第一阶段次级制裁生效的当天，2018年8月6日，欧盟委员会扩大了《反对第三国立法域外适用的条例》附录中具有域外管辖权的外国法律法规的范围，将美国重启的、与伊核协议相关的次级制裁所依据的法律法规纳入《反对第三国立法域外适用的条例》的附录。修改后的《反对第三国立法域外适用的条例》于2018年8月7日正式生效。

（二）《反对第三国立法域外适用的条例》的主要内容[①]及执行情况

1.主要内容

《反对第三国立法域外适用的条例》主要包括以下内容：一是未经欧盟理事会授权，欧盟成员国的国民、企业以及欧盟境内的任何人都不得遵守附录中所列明的外国具有域外管辖权的法律法规（第五条）；二是任何欧盟以外的法院根据附录所列明的法律法规做出的判决不得在欧盟境内被承认（第四条）；三是欧盟成员国的国民、企业如因附录中所列明的外国具有域外管辖权的法律法规而遭受损失，可以找致使其遭受损失的自然人或实体追讨损失（第六条）；四是欧盟成员国的国民、企业如得知附录中所列明的外国具有域外管辖权的法律法规将影响其经济利益，需在30天内向欧盟委员会报告（第二条）。

2.适用对象

《反对第三国立法域外适用的条例》适用于以下自然人和实体：位于欧盟境内的任何自然人，无论其是否属于欧盟成员国的国民；依据欧盟成员国法律成立的公司和组织（无论其是否位于欧盟）以及其在第三国的分支机构；欧盟成员国的国民，无论其是否在欧盟境内；进入欧盟成员国管辖范围的船舶、飞机等。也就是上述自然人和实体必须遵守《反对第三国立法域外适用的条例》的相关规定。

3.《反对第三国立法域外适用的条例》所针对的具有域外效应的经济制裁法律法规

《反对第三国立法域外适用的条例》附录列明了所针对的具有域外效应的经

[①] 相关链接：https://eur-lex.europa.eu/LexUriServ/LexUriServ.do?uri=CELEX：31996R2271：EN：HTML。

济制裁法律法规。在2018年8月6日前,《反对第三国立法域外适用的条例》附录包含的法律法规有《赫尔姆斯—伯顿法》《达马托法》和《古巴资产控制条例》,在2018年8月6日新增的法律法规有:《伊朗威胁消减及叙利亚人权法》《2012财年国防授权法》《伊朗自由和反扩散法》《伊朗交易与制裁条例》。

4.欧盟企业面临的两难困境

根据《反对第三国立法域外适用的条例》,欧盟成员国的国民、企业需严格遵守《反对第三国立法域外适用的条例》,不得遵守《反对第三国立法域外适用的条例》附录所列的美国法律法规。如欧盟企业响应欧盟的呼吁,继续维持与伊朗的商贸往来,可能会遭受美国的次级制裁,如被纳入SDN名单。如欧盟企业因为美国对伊朗的制裁,取消已签署的与伊朗相关的合同,可能会遭受欧盟成员国有权机构的处罚。为缓解这一困境,《反对第三国立法域外适用的条例》进行例外规定。《反对第三国立法域外适用的条例》第五条第二款规定,在不遵守美国经济制裁法律法规将严重损害其利益的情况下,欧盟成员国的国民、企业可以寻求欧盟委员会的授权,授权其遵守《反对第三国立法域外适用的条例》附录所列的美国法律法规。

5.欧盟成员国执行情况

欧盟成员国具体负责执行《反对第三国立法域外适用的条例》,英国曾于1996年12月19日出台The Extraterritorial US Legislation (Sanctions against Cuba, Iran and Libya) (Protection of Trading Interests) Order 1996以执行《反对第三国立法域外适用的条例》的相关要求。根据路透社2007年4月27日报道,奥地利政府依据《反对第三国立法域外适用的条例》对BAWAG银行进行调查,原因是BAWAG银行依据美国对古巴的经济制裁法律法规取消了大约100名古巴人的账户,违反了《反对第三国立法域外适用的条例》。BAWAG银行是奥地利的第五大银行,当时美国投资者Cerberus Capital正在以32亿欧元收购BAWAG银行。2007年4月初,BAWAG银行对大约100名古巴客户表示,BAWAG银行必须取消这些古巴人在BAWAG银行开立的账户,如果不取消,Cerberus Capital将无法收购BAWAG银行。在此两难的情况下，BAWAG银行向美国财政部申请允许其保留古巴客户的账户，美国财政部给予BAWAG银行豁免，奥地利政府没有对BAWAG银行进行处罚。①

（三）相关述评

1. 欧盟阻却法主要为欧盟中小企业提供保护

与INSTEX类似，欧盟阻却法主要为欧盟中小企业开展伊朗、古巴业务提供保护，欧盟的官员一再鼓励欧盟中小企业增加与伊朗的业务往来。欧盟大型企业国际化程度高，离不开美元、美国的产品和技术，部分企业在美国金融市场融资，因此，欧盟大型企业无法承受被美国制裁的风险。以法国道达尔为例，2018年8月20日，迫于美国制裁的压力，法国道达尔退出了与伊朗国家石油公司和中石油集团合作开发的伊朗South Pars 11天然气项目②。

2. 欧盟阻却法能否取得预期效果尚有待观察

欧盟阻却法为欧盟企业遵守美国经济制裁法律法规留有"活口"，除了可以向欧盟委员会申请授权外，欧盟企业还可以以除制裁以外的其他理由拒绝开展伊朗业务。欧盟阻却法并不限制欧盟企业基于制裁以外的原因，选择开始、继续或停止与伊朗有关联的业务。对于欧盟企业而言，可以拒绝开展伊朗业务的理由很多，如洗钱风险、腐败和信用风险等。因此，欧盟阻却法能否取得预期效果尚有待观察。不过，值得注意的是，2019年，意大利和德国的法院已经做出了多个要求企业遵守《反对第三国立法域外适用的条例》的判决。

二、法、德、英创设INSTEX

2019年1月31日，法国、德国和英国等3个国家的外长宣布创设INSTEX，

---

① 相关链接：https://www.simmons-simmons.com/publications/ck0bi196yo77o0b36d0tx2915/130518-us-iran-related-nuclear-sanctions-to-be-reimposed。

② 相关链接：https://www.reuters.com/article/us-iran-france-total-gas-idUSKCN1L51LH。

旨在为欧盟和伊朗间的合法贸易提供便利。INSTEX的创设一波三折，其未来运营也将困难重重，但法国、德国、英国向美国宣示了其继续遵守伊核协议的决心。另外，考虑我国和欧盟一样继续遵守伊核协议，INSTEX的相关安排，对于我国继续维持与伊朗间的合法贸易有一定的指导意义。

（一）INSTEX创设背景

1.欧盟未能从美国政府获得开展部分伊朗业务的制裁豁免

2018年5月8日，特朗普总统宣布退出伊核协议，并授权美国财政部和国务院重启与伊朗核相关的次级制裁。欧盟曾于2018年6月4日给美国财政部长、国务卿去信，希望美国政府给予欧盟企业开展部分伊朗业务制裁豁免，主要包括：给予欧盟企业开展与伊朗能源、汽车、航空和基础设施等重要行业有关业务的制裁豁免；给予欧盟企业继续维持与伊朗间的银行渠道和融资渠道的制裁豁免，包括允许SWIFT继续为伊朗银行提供信息服务的制裁豁免。然而，美国财政部长和国务卿断然拒绝了欧盟的请求。

2.国际性金融机构基本上都拒绝为伊朗业务提供金融服务

在美国政府退出伊核协议、重启与伊朗核相关的次级制裁后，欧盟表示继续遵守伊核协议，支持欧盟企业与伊朗间正常的商业往来，以确保伊朗继续遵守伊核协议。然而，国际性金融机构基本上已不再为伊朗业务提供金融服务。虽然欧盟于2018年8月7日对《反对第三国立法域外适用的条例》进行了升级，但是，欧盟大的金融机构慑于美国制裁的威胁，仍拒绝为伊朗业务提供金融服务。2018年11月5日，SWIFT表示，将遵守美国重启的与伊朗核相关的次级制裁，暂时禁止某些伊朗银行使用SWIFT的跨境支付网络。这意味着，即使一些欧盟企业希望继续开展伊朗业务，也可能无法获得业务所必需的金融服务，欧盟与伊朗间的正常贸易往来无法持续。在此情况下，欧盟需要创设一个不依赖于国际金融体系的贸易支持工具。

3.INSTEX的创设一波三折

2018年9月24日，法国、德国、英国、中国、俄罗斯等五国外长与伊朗外长发表联合声明，表示支持创设一个特殊目的实体（Special Purpose Vehicle，SPV），为伊朗业务的支付提供便利。起初，欧盟希望将 SPV 设在奥地利，因担心会遭受美国的制裁，奥地利拒绝了欧盟的提议。后来，欧盟又希望将 SPV 设在卢森堡。最终，SPV 设在了法国。另外，SPV 最初股东只有三个，即法国、德国和英国政府，不包括其他欧盟成员国，SPV 的管理层也仅为欧盟三大国的前银行家和外交官。

（二）INSTEX 基本情况

1. INSTEX 得到法国、德国和英国的背书

INSTEX 是一个 SPV，股东为法国、德国和英国等三国的政府，总部设在法国巴黎，执行董事为来自德国的前银行家，监事会主席为英国的前政府官员。在美国政府一而再地恐吓下，上述安排体现了欧盟三大国共同分担美国经济制裁压力的决心。

2. INSTEX 的运营采取循序渐进的方式

INSTEX 最初主要为欧盟企业与伊朗药品、医疗器械和农产品等行业有关的合法贸易提供支持，长期的目标是为非欧盟国家的企业与伊朗间的合法贸易提供支持。法国、德国、英国将和 INSTEX 共同明确 INSTEX 的具体运作方式，并将和伊朗方面共同努力创设一个有效的、透明的、相对应的实体（Effective and Transparent Corresponding Entity）[1]，这个相对应的实体是 INSTEX 运营所必需的。

3. INSTEX 运作方式

从欧盟三大国的外长的联合声明中，我们无法得知 INSTEX 的具体运作方式，但是，综合分析多个渠道披露的信息，可以窥见一二。INSTEX 可以被理解成一个国际贸易中介，用于解决欧盟进口商（从伊朗的进口）和欧盟出口商（对伊朗的出口）的支付问题。具体情况如图 1 所示：

---

[1] 伊朗方面相对应的实体为 Special Trade and Finance Institute（STFI）。

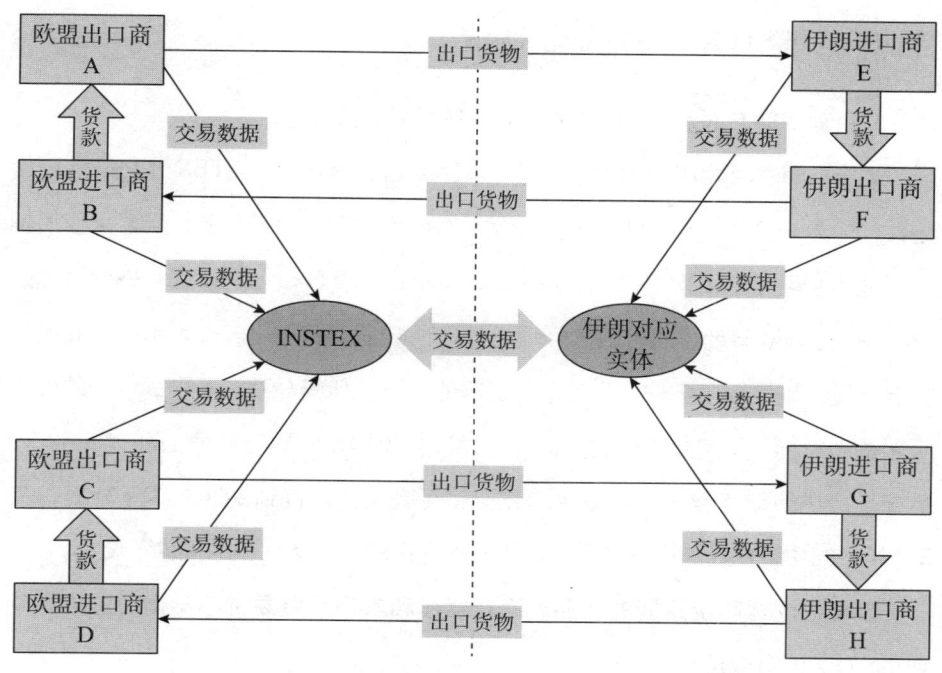

图1　INSTEX运作示意图

货物流：欧盟出口商A、C分别向伊朗进口商E、G出口货物，欧盟进口商B、D分别从伊朗出口商F、H进口货物。

信息流：欧盟出口商A、C和进口商B、D向INSTEX提供交易数据，伊朗进口商E、G和伊朗出口商F、H向伊朗对应实体提供交易数据，INSTEX和伊朗对应实体就交易数据进行沟通协调。

资金流：INSTEX将根据A、B、C、D提供的交易数据，协调B、D向A、C支付货款，而无须向伊朗出口商F、H支付货款，B、D将通过其在欧盟的银行的账户向A、C在欧盟的银行的账户进行汇款。伊朗对应实体也采取类似的操作。

综合上述分析，INSTEX的主要价值就在于使欧盟出口商、进口商收付伊朗业务货款无须经过伊朗金融系统。

(三) INSTEX 面临的困境及曙光

1. 目前伊朗方面对于 INSTEX 的态度并不特别积极

据今日俄罗斯 2019 年 2 月 6 日报道,因欧盟三大国对 INSTEX 运营设定严格条件,如最初仅限于与伊朗有关的药品、医疗器械和农产品贸易,且要求伊朗加入反洗钱金融行动特别工作组(Financial Action Task Force on Money Laundering,FATF),并与欧盟就伊朗弹道导弹项目进行谈判,伊朗司法部长表示,伊朗无法接受上述"羞辱性"条件。另外,因美国的恐吓,伊朗与欧盟及中、俄间的贸易受到重大影响,伊朗继续遵守伊核协议并没有为其处境带来实质性的改善,在此情况下,伊朗继续遵守伊核协议的意愿将受到考验。直到 2020 年 3 月 31 日,INSTEX 才成功地完成了第一笔交易,为欧洲向伊朗出口医疗产品提供了便利。

2. 目前欧盟和伊朗间的药品、医疗器械和农产品贸易并不平衡,这将影响到 INSTEX 的有效运行

欧盟和伊朗实际上在设计一种"易货交易"机制,即欧盟和伊朗间只有货物流转,而无资金流转。"易货交易"机制有效运行的关键在于双方的贸易处于一种平衡状态,即欧盟对伊朗的出口和其从伊朗的进口基本持平。目前,INSTEX 只支持欧盟与伊朗间的药品、医疗器械和农产品交易。根据欧盟方面的数据,2017 年的前 11 个月,欧盟从伊朗进口了 2.92 亿欧元的食品,向伊朗出口了 2.98 亿欧元的食品;欧盟从伊朗进口了 0.29 亿欧元的药品及医疗器械,向伊朗出口了 8.51 亿欧元的药品及医疗器械。也就是说,目前欧盟与伊朗间的药品、医疗器械和农产品贸易极不平衡,这将影响到 INSTEX 的有效运行。即使欧盟将从伊朗进口原油纳入"易货交易"范畴,考虑到美国取消了针对伊朗进口原油的豁免、对非美国人从伊朗进口原油的行为进行次级制裁,欧盟企业从伊朗进口大批量原油的可能性非常小。

3. 欧盟很多银行可能不会为除人道主义贸易以外的伊朗业务提供金融服务

虽然欧盟与伊朗间的"易货交易"不涉及欧盟与伊朗间的款项流动,但还是需要欧盟的银行参与其中，即为相关的欧盟进出口商提供资金支付服务。目前，INSTEX支持的药品、医疗器械和农产品交易属于人道主义贸易范畴，也属于美国制裁豁免的范畴，欧盟的银行可能会为开展上述业务的欧盟的进口商和出口商提供服务。然而，如果INSTEX将服务的范畴扩大到能源、汽车等属于美国次级制裁的行业，欧盟很多银行可能会慑于美国的制裁，拒绝提供相应的服务。

虽然INSTEX面临一定的困境，然而，参与INSTEX的国家数量不断增多，2019年11月，比利时、丹麦、芬兰、荷兰、挪威和瑞典等6个国家宣布其将成为INSTEX的股东。

（四）对中国的启示

据伊朗方面统计，2017年，中国和伊朗间的贸易额高达370亿美元。在美国重启与伊朗核相关的次级制裁后，中国企业如继续开展伊朗业务时，必然面临与欧盟企业同样的问题。在此情况下，我国政府可能需要考虑通过多种途径，如参与INSTEX，或设立类似的机制，为我国企业，特别是中小企业，开展不属于联合国制裁范畴的伊朗业务提供支持。

三、瑞士针对美国经济制裁域外适用的举措

与欧盟相比，瑞士缺乏与美国叫板、谈判的实力，但瑞士企业，尤其是瑞士金融企业，国际化程度又非常高，瑞士不得不走另一条路。瑞士没有制定专门的阻却法，主要通过规范、约束本国企业的方式，尽可能减少美国经济制裁域外适用对瑞士企业的负面影响。

首先，瑞士金融监管机构提醒瑞士金融企业高度关注跨国经营面临的经济制裁风险。瑞士金融监管部门认为，2009年美国大幅度加大经济制裁处罚力度，自瑞士信贷和英国劳埃德银行被重罚以来，跨境金融服务所面临的经济制裁风险显著增加，瑞士金融企业必须予以高度关注，评估跨境金融服务所面临的经济制裁风险。其次，瑞士金融监管政策明确要求瑞士金融机构在提供跨境金融

服务过程中，必须采取有效措施管控经济制裁风险，否则将会对其采取监管措施。瑞士金融监管政策要求瑞士金融机构必须识别、限制、管控经济制裁风险，并建立有效的内控系统，如瑞士金融机构被他国政府认定违反了他国的经济制裁政策，瑞士金融监管机构可以其内控存在缺陷为由，要求其追加资本，限制其业务范围，并追究相应高管和员工的责任[①]。最后，瑞士金融监管机构积极配合美国经济制裁执法行动，并对被认定违反美国经济制裁政策的法国巴黎银行日内瓦子行采取监管措施。在美国经济制裁执行机构对瑞士信贷银行及法国巴黎银行日内瓦子行进行调查、处罚的过程中，瑞士金融监管机构积极配合美方的行动，并对上述机构进行跟踪调查。2014年，在美国政府对法国巴黎银行（其违规行为主要由法国巴黎银行日内瓦子行进行）处以巨额罚款后，瑞士金融监管机构要求法国巴黎银行日内瓦子行针对运营风险追加资本，在两年内不得与受美国、欧盟制裁的公司和自然人开展业务，并调查其董事会、管理层及员工在违规中的责任[②]。

第四节　跨国企业应对美国经济制裁风险的经验

对于跨国企业而言，一方面与美国存在紧密关联，使用美元，依赖美国市场、技术和资金；另一方面业务遍布全球，容易与美国制裁对象产生关联，稍有不慎，就会被认定违反美国经济制裁法律法规，被美国政府制裁或处罚。在此情况下，跨国企业对经济制裁风险不得不采取非常审慎的态度，部分跨国企业甚至可能采取"去风险"政策，即断绝与美国制裁对象的业务往来。还有部分跨国企业，如后面提到的法国道达尔，不愿意放弃伊朗等国家的油气资源，在美国经济制裁的缝隙间游走。

---

① 相关链接：file://172.16.16.1/citrix/CitrixFolderRedir/sunch/Downloads/20091216%20bericht%20cs%20usbehoerden.pdf。
② 相关链接：https://www.finma.ch/en/news/2014/06/mm-abschluss-verfahren-bnp-paribas-suisse-20140701/。

一、跨国企业针对经济制裁风险采取更为审慎的态度

对于非美国人而言，与美国制裁对象开展业务更多是一种商业选择。非美国人需要在与美国制裁对象开展业务获得的收益与可能遭受的制裁、处罚和损失之间进行权衡。对于很多跨国企业而言，如果与美国制裁对象的业务规模很小、利润不高，为确保开展上述业务不被认定违反美国制裁政策而不得不投入很多的人力物力，那么跨国公司会进行权衡，可能会采取"去风险"政策，即断绝与美国制裁对象的业务往来。跨国企业的"去风险"政策在美国制裁政策频繁变动时期表现得尤为明显。

2016年1月16日，JCPOA正式执行后，欧盟取消了与伊朗核相关的制裁，美国搁置了针对非美国人的、与伊朗核相关的次级制裁。对于非美国人而言，只要与美国没有连接点，可以开展相当一部分伊朗业务。然而，因担心美国的初级制裁，即担心无法完全排除美国因素的影响，很多非美国人，特别是跨国企业，采取了更为保守的做法，即不开展任何与伊朗有关的业务。2015年2月4日，英国其礼律师事务所对伦敦保险市场（含保险人、再保险人和保险经纪人）涉伊朗业务风险偏好进行调查，85%受访者认为美国制裁对其涉伊朗业务风险偏好仍存在负面影响。之所以出现这种情况，其礼律师事务所认为有以下几点原因：一是伦敦保险市场广泛使用美元，美元交易通过美国金融系统进行清算；二是部分欧洲银行不愿意提供保费、赔款收付服务；三是无法将涉伊朗业务转分给美国再保险人；四是合规工作繁重，特别是无法判断伊朗公司是否受伊朗革命卫队控制；五是美国恢复制裁的风险，下一任美国总统可能调整对伊朗政策[①]。伦敦保险市场参与者的担忧是有道理的，2018年5月8日，特朗普总统就抛弃了伊核协议，重启针对非美国人的、与伊朗核相关的次级制裁，对非美国人在次级制裁搁置期开展的、2018年5月8日前未了结的涉伊朗业务造成了较大困扰。

---

① 相关链接：https://www.clydeco.com/blog/sanctions/article/london-markets-risk-appetite-for-iran-business-weighed-down-by-remaining-us。

美国政府重启伊朗核相关的次级制裁后，对于非美国人而言，并非所有涉伊朗业务都不可以做。美国针对非美国人的、与伊朗相关的次级制裁范围是有限的，在没有美国因素卷入、采取有效的风险管控措施的情况下，开展与伊朗部分行业有关的业务，如伊朗医药、农产品等行业有关的业务，并不会被认定违反美国对伊朗的制裁政策。然而，部分国际性大银行，考虑其是上市企业、在美国有机构、有美元业务、从美国市场或美国人融资等因素，拒绝为伊朗业务提供金融服务，致使非美国人开展涉伊朗业务面临很多困难。

二、在美国经济制裁"夹缝"中艰难生存的法国道达尔

作为能源巨头，法国道达尔无法忽略伊朗、俄罗斯和委内瑞拉等美国制裁对象所拥有的丰富油气资源；同时，作为一家在纽约证券交易所上市的跨国公司，法国道达尔也不能无视美国经济制裁的存在。为拓展业务、获取利润而又不被认定违反美国经济制裁政策，法国道达尔不得不在美国经济制裁政策频繁调整过程中"闪转腾挪"。法国道达尔对待美国经济制裁政策的态度及其应对举措，值得"走出去"的我国企业认真研读和借鉴。

（一）法国道达尔概况

法国道达尔需要美国制裁对象的油气资源，同时又与美国存在紧密联系。法国道达尔成立于1924年，是世界上第四大的石油和天然气开发企业，2017年的销售收入为1714.93亿美元，在世界上130多个国家开展业务，雇员超过9.8万人。法国道达尔主要从事石油、天然气的开发、生产以及石化产品的精炼和销售。法国政府在法国道达尔持有5%的股份，除此之外，法国道达尔的股权结构非常分散，其股东遍布世界各地，如图2所示，北美地区的股东持有法国道达尔约1/3的股份。法国道达尔在世界各地进行油气开发、生产，包括中东和北非，2017年，在中东和北非的油气生产占到21.78%，如图3所示。另外，法国道达尔在美国市场生产、销售石化产品。法国道达尔的股票在美国纽约证券交易所

和泛欧证交所上市交易。

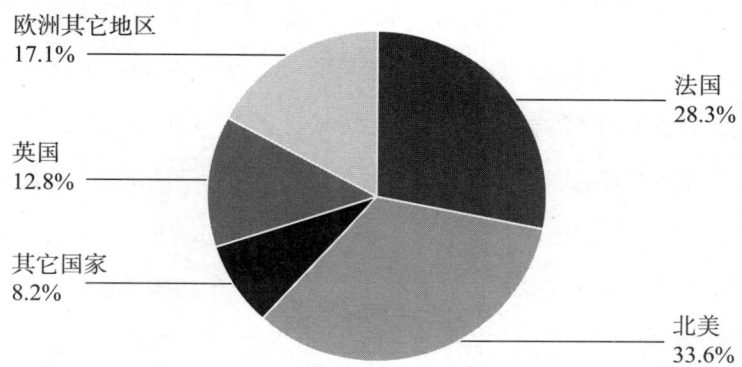

图2 法国道达尔股权结构（按照区域划分）

资料来源：法国道达尔2017年Registration Document。

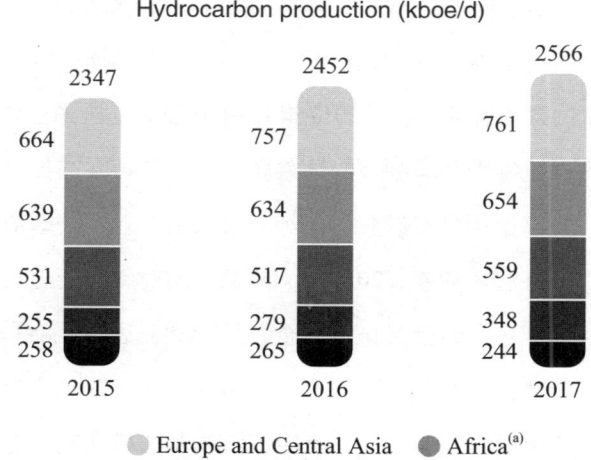

(a) Excluding North Africa.

图3 法国道达尔油气生产区域分布

资料来源：法国道达尔2017年Registration Document。

（二）法国道达尔对待美国经济制裁的立场

法国道达尔认识到经济制裁风险的严重性，并对美国经济制裁政策有着非常

293

深入的研究。根据法国道达尔披露的信息，我们可以看到，法国道达尔认识到经济制裁风险的严重性，并密切关注适用于法国道达尔的经济制裁法律法规（Applicable Laws and Regulations）的调整，以及对其业务可能的影响，确保其业务符合适用于法国道达尔的经济制裁法律法规的要求。另外，法国道达尔认为，2017年其在受制裁国家开展的业务并没有违反欧盟和美国适用于法国道达尔的经济制裁法律法规，但无法保证经济制裁法律法规现在或未来的调整不会对法国道达尔业务、财务和声誉造成负面影响，如果被认定违反适用于法国道达尔的经济制裁法律法规，法国道达尔将会遭受民事或刑事处罚，且/或遭受巨额罚款。另外，法国道达尔考虑到了有大量美国投资者持有法国道达尔的股票，其还在美国上市。美国部分州的法律法规限制本州的养老基金、保险公司投资于在伊朗开展业务的公司，美国证监会要求在美国上市的企业披露在伊朗、苏丹的业务开展情况[①]。

法国道达尔并非美国企业，没有完全断绝与美国制裁对象间的业务往来。根据法国道达尔披露的信息，截至2017年12月31日，法国道达尔在伊朗、俄罗斯、古巴、委内瑞拉等受美国制裁的国家中开展业务，并在部分受美国制裁的国家设有机构。法国道达尔意识到，作为一家法国企业，法国道达尔必须严格遵守欧盟的经济制裁法律法规，2011年，欧盟开始对叙利亚进行制裁，限制欧盟企业开展叙利亚业务，包括禁止欧盟企业从叙利亚进口原油和石化产品，基于此，法国道达尔停止了在叙利亚的业务；虽然其在美国上市，且在美国设有机构，但并非一家美国企业，因此，美国经济制裁法律法规只是在部分条件下才适用于法国道达尔，法国道达尔无须像美国企业一样完全断绝与美国制裁对象的业务往来，如其自1993年至今持续开展的古巴业务。

（三）法国道达尔艰难适应美国制裁政策调整

法国道达尔在美国经济制裁调整的夹缝中闪转腾挪，敏锐把握美国经济制

---

① 相关链接：https://www.total.com/sites/g/files/nytnzq111/files/atoms/files/ddr2017-en-accessible.pdf。

裁调整带来的业务机会。因伊朗石油已探明储量排名世界第三、天然气储量位居世界第一，法国道达尔对伊朗石油、天然气资源始终念念不忘。2016年1月16日关于伊朗核问题的《联合全面行动计划》正式执行后，法国道达尔迫不及待，成为第一个重返伊朗市场的国际能源巨头。2016年1月26日，法国道达尔与伊朗国家石油公司签订谅解备忘录。2017年7月4日，法国道达尔与中石油集团、伊朗国家石油公司达成协议，联合推进South Pars 11天然气项目，协议期限为20年，生产的天然气从2022年开始供应于伊朗市场。South Pars气田是世界上最大的天然气田，South Pars 11天然气项目总投资预计为40亿美元，其中，法国道达尔持股50.1%，为项目运营商，中石油集团持股30%，伊朗国家石油公司持股19.9%[1]。三方还签订了长达20年的风险服务协议，在协议中，法国道达尔考虑到经济制裁政策可能会出现新的调整，约定如新的经济制裁政策禁止法国道达尔继续履行约定的协议，法国道达尔将退出协议，且其为履行协议而产生的费用将由伊朗国家石油公司补偿。考虑到美国经济制裁政策可能出现的调整，法国道达尔在推进South Pars 11天然气项目时非常谨慎。截至2018年5月16日，法国道达尔为推进South Pars 11天然气项目的花费低于4000万欧元[2]。

法国道达尔不得不屈服于美国经济制裁的重压。2018年5月16日，在特朗普总统宣布美国退出伊核协议、重启与伊朗核相关的次级制裁后不久，法国道达尔表示，除非法国道达尔在法国和欧盟的支持下获得美国方面的特定项目豁免，否则，法国道达尔无法继续推进伊朗South Pars 11天然气项目，且需要在2018年11月4日前退出该项目[3]。法国道达尔表示，之所以考虑退出伊朗South Pars 11天然气项目，主要是因为法国道达尔在纽约证券交易所上市，美国投资

---

[1] 相关链接：https://www.total.com/media/news/press-releases/iran-total-signs-heads-agreement-develop-phase-11-giant-south-pars-gas-field。

[2] 相关链接：https://www.total.com/media/news/press-releases/us-withdrawal-jcpoa-totals-position-related-south-pars-11-project-iran。

[3] 相关链接：https://www.total.com/media/news/press-releases/us-withdrawal-jcpoa-totals-position-related-south-pars-11-project-iran。

者持有超过30%的法国道达尔股票，自1957年起法国道达尔就在美国开展业务，且设有机构，有6750个雇员，在美国持有的资产超过100亿美元，法国道达尔90%的融资有美国的银行参与，法国道达尔无法承受被美国制裁的风险。如前所述，2018年8月20日，法国道达尔退出了South Pars 11天然气项目。在欧盟、法国承诺继续遵守伊核协议的情况下，法国道达尔不得不退出伊朗油气项目，再次说明了跨国企业无法承受被美国制裁的风险，不得不屈服于美国经济制裁的重压。

另外，值得关注的是，法国道达尔针对受美国制裁国家的业务政策与法国政治立场密切相关。能源开发与政治紧密相关，国际能源巨头的业务拓展需要母国的政治支持，法国虽然是美国的盟友，但与英国、澳大利亚等国家相比，法国在对外政策方面，有更强的独立性，并不完全跟从美国。法国与现在或曾受美国制裁的部分国家，如俄罗斯、伊朗、苏丹、缅甸等，有着比较紧密的往来。反映到企业层面，法国部分企业也在积极与美国制裁对象进行业务往来，如法国道达尔、法国巴黎银行、法国农业信贷银行和法国兴业银行。法国企业积极与美国制裁对象开展业务，这也导致了美国政府对上述法国最大的三家银行予以重罚。

（四）相关述评

美国经济制裁政策变动频繁，美国经济制裁执行机构有很大的自由裁量权，对于一家国际能源巨头而言，在美国经济制裁"夹缝"中生存并非易事，做到游刃有余更是难上加难。结合法国道达尔的案例，我们可以看出，要想在"夹缝"中生存，至少需要做好以下三点：一是紧密跟踪研究美国制裁政策的调整，且需要研究透、理解透，并有效落实到公司内部政策中去，这需要专门的团队来做，并建立完善的制裁风险管理防控体系；二是在开展与美国制裁对象有关的业务前，就应该考虑美国制裁政策可能的调整，并在协议中加入相应的责任免除条款来减轻或转移风险，如保险合同中的制裁除外条款；三是必须保持敏锐的嗅觉，反应及时，动作迅速，制裁政策调整后，能够及时、有效地处理制裁政策调整可能带来的负面影响，如法律纠纷等。

第五节 我国政府、企业应对美国经济制裁风险的建议

美国经济制裁是服务于美国国家利益和外交政策目标的工具，美国经济制裁域外适用是霸权主义和强权政治的体现，美国政府针对第三国企业的制裁、处罚不可避免牵涉到外交因素，因此，应对美国经济制裁风险需要政府的参与。另外，从企业层面来看，美国经济制裁执行机构，如司法部、财政部出台了很多指导性文件，为美国企业以及受美国法律管辖的第三国企业提供指导。这部分内容在第二章中有比较详细的介绍，在此，笔者结合我国企业的实际，简单予以介绍。另外，笔者将重点介绍一下制裁除外条款的使用问题，制裁除外条款对于企业拓展国际业务至关重要。

一、政府层面应对美国经济制裁风险的建议

（一）我国政府针对美国经济制裁风险尚未建立一套成熟的应对机制

目前，我国在立法层面没有制定保护我国企业免受美国经济制裁域外适用影响的法律，政府层面也未建立统一的协调机制，更多的是依靠企业自身，自主决定是否按照美国经济制裁政策行事。这导致了部分企业在开展国际业务时，对美国经济制裁风险缺乏足够的重视，被美国政府纳入制裁名单或重罚。随着我国企业国际化程度越来越高，越来越多的企业走出去，而美国政府又在不断加大对我国企业、国民的制裁和处罚力度，我国政府需要针对美国经济制裁风险建立一套成熟的应对机制，否则将疲于应对、顾此失彼。

（二）关于建立健全应对美国经济制裁风险机制的建议

我国不同于欧盟，也不同于瑞士。与欧盟相比，我国与美国在价值观和意

识形态上存在重大差异,中美间的战略竞争也在不断加剧。与瑞士相比,我国在一定程度上有与美国进行谈判的实力。因此于,对欧盟和瑞士的经验,我们需要结合我国的实际,予以借鉴。

1. 建议酌情制定针对美国经济政策域外适用的阻却法

除欧盟外,英国、加拿大、澳大利亚、墨西哥、阿根廷、南非等国也制定了与欧盟《反对第三国立法域外适用的条例》相似的阻却法。制定阻却法,可以为我国企业提供必要的法律保护,使我国企业在面临因美国经济制裁而引发的诉讼时有合理的法律依据进行抗辩。考虑到立法需要一个过程,建议尽快组织政界、学界、企业界相关人员,对上述国际组织、国家的阻却法进行研究,提出适合我国实际的立法建议,在条件成熟时,启动立法程序。

2. 建议明确相关政府部门的职责并建立跨部门的协调机制

目前,为落实联合国的经济制裁政策,我国外交部、央行、商务部和银保监会对我国企业进行了一定程度的指导和监督。然而,对于影响更大的美国经济制裁政策,我国尚无责任部门对我国企业进行必要的指导和监督。另外,美国经济制裁范围非常广泛,应对美国经济制裁风险超越了单个政府部门的职责,需要多个政府部门的合作。因此,建议明确相关政府部门在应对美国经济制裁风险方面的职责,并建立跨部门的协调机制,协调各方面力量,与美国政府进行平等磋商,必要时在WTO提起诉讼,尽可能减少美国经济制裁对我国企业的影响。

3. 建议监管部门强化经济制裁风险防范的责任追究

中兴通讯的惨痛遭遇值得我国政府和企业警醒。我国企业在国际化的过程中,必须做到自担风险。为避免中兴通讯的惨剧再次发生,建议我国监管部门(包括金融监管部门、国有资产监督管理部门等)参考瑞士监管部门的做法,在监管政策中加入防范经济制裁风险的要求,对于被认定违反境外经济制裁政策的监管对象,采取相应的监管措施,追究应承担责任的高管、员工的责任。

二、企业层面应对美国制裁风险的建议

（一）确立制裁风险管理原则

我国企业经济制裁风险管理应结合实际，遵循风险为本原则、稳健审慎原则和尽职免责原则。

风险为本原则。不同的企业，因机构布局、业务类型、业务范围、交易对手、交易标的等不同，面临的经济制裁风险也就不同，如银行和保险公司、寿险业务与财险业务、境外上市公司与非上市公司面临的经济制裁风险就不一样。不同的企业，能够承受的经济制裁风险也不一样。因此，我国企业需要坚持"风险为本"的原则，审慎评估自身面临的经济制裁风险以及能够承受的经济制裁风险，在此基础上，决定用于经济制裁风险防范的资源投入量。

稳健审慎原则。经济制裁政策体系非常庞杂，仅美国对伊朗的经济制裁政策，就有10余部法律、20多个行政命令，且制裁政策处于不断变动之中。另外，经济制裁政策执行机构众多，就美国而言，仅联邦政府层面，就有美国国务院、财政部、司法部等政府部门，针对同一违规事件，可能有多个部门进行制裁、处罚，而各个部门处罚尺度存在比较大的差别。对于我国企业而言，熟练掌握境外经济制裁政策非常困难。然而，被认定违反制裁政策就可能面临严重后果。因此，在开展业务时，必须非常审慎，具体表现为，原则禁止开展或限制开展业务的范围要大于可能遭受制裁的领域，以保留必要的弹性空间。

尽职免责原则。在开展部分业务时，因交易链条比较长、交易环节多、相关方可能不愿意提供甚至故意隐藏敏感信息等，我国企业在开展业务时可能无法获取必需的信息以更好地进行客户身份识别，此时，就存在不知情的情况下被认定违反经济制裁政策的可能。对此，美国国务院在针对非美国人开展与伊朗有关保险业务的FAQs中明确提出"尽职调查例外"，也就是说，非美国人在开展与伊朗有关的保险业务时，如果进行充分的尽职调查，从而有合理的理由确保所提供的保险服务不属于可受制裁的行为，一般情况下，美国政府不会制

裁或处罚该非美国人①。我国企业如何证明自己进行了充分的尽职调查，按照美国政府的要求，我国企业需要建立健全经济制裁风险管理政策、流程和控制措施，并严格执行。

（二）经济制裁风险管理架构及流程

我国企业应结合实际情况，建立自上而下、权责明确的经济制裁风险管理架构及流程，这对于有效防范经济制裁风险至关重要。做好制裁风险防范离不开管理层的支持。经济制裁风险防范需要投入一定的人力和物力，且可能会影响到业务开展，因此，公司需要在成本、收益和风险之间进行权衡，此时，管理层的态度和支持对于经济制裁风险防范尤为关键。做好制裁风险防范需要实现全流程、闭环。为有效防范经济制裁风险，我国企业需要结合业务实际，构建经济制裁风险全流程。以保险公司为例，承保部门负责在承接业务之前对交易对象、交易标的进行核查把关，确保各方交易对手不在制裁名单中，确保交易对象、交易标的不在受制裁的国家中；对于在承保前无法识别保险标的所在地或最终受益人的业务，并尽量把制裁除外条款加到业务合同中，进一步降低相关风险。理赔部门、财务部门负责在安排支付赔款之前，对收款方进行核查把关，确保收款方不在制裁名单中，确保使用的货币不会使公司面临制裁风险。合规部门需要为业务部门提供必要的支持和帮助，如分析评估经济制裁政策、对业务人员和财务人员进行必要的培训、针对业务开展中遇到的疑难问题进行解答。审计部门需要对经济制裁风险管理政策执行情况进行监督检查。

（三）经济制裁风险管理措施

我国企业应通过系统支持、培训和宣导以及采取"隔离"措施等方法和手

---

① 相关链接：https://www.westpandi.com/globalassets/notices/2013-2014/us-sanctions-faqs---rev-1-2013-05-30.pdf。

第七章 美国经济制裁风险评估及应对建议

段,进行经济制裁风险管理。

对于业务规模比较大的跨国企业而言,做好制裁风险防范离不开系统支持。虽然通过登录联合国、美国和欧盟相关网页可以查询制裁名单,但通过登录相关网页并查询的方式进行交易对象经济制裁风险识别存在以下不足:一是工作量大,影响相关人员对交易对手进行识别的积极性;二是无法全方位识别经济制裁风险,如无法直接查询到"被视为在SDN名单中"的自然人或实体;三是无法对经济制裁风险识别、评估过程和记录保存进行全方位管理,如无法监控一线业务人员是否按照制度的要求对交易对手进行经济制裁风险识别。对于境外业务和交易对手较多的我国企业,通过技术手段强化制裁风险控制还是非常有必要的。

做好制裁风险防范,需要加强培训和宣导。经济制裁政策变动频繁,需要进行持续的跟踪和评估,并对相关人员进行宣导,确保相关人员能够及时知晓政策的变化,及时对经济制裁风险做出应对。企业管理层、业务人员的经济制裁风险意识培育也非常重要,需要持续进行培训和宣导。另外,建议充分发挥行业合力,由监管机构或行业协会统一邀请经济制裁方面的专家,定期或不定期对最新的经济制裁政策开展行业培训。

做好制裁风险防范,需要采取有效的"隔离"措施。美国经济制裁政策的主要适用对象还是美国人,我国企业只有在特殊情况下,才面临美国制裁域外适用的风险,也就是与美国有连接点的情况下和美国制裁对象开展业务以及特定情况下的次级制裁。因此,在交易涉及美国制裁对象时[①],做好以下"三个隔离":一是人员隔离,确保交易没有美国人参与;二是美元隔离,交易不使用美元结算;三是资金隔离,不使用从美国金融市场或美国投资者融来的资金,另外,还需要注意上述业务不能属于次级制裁的范畴。同时,我国企业在开展可能涉及经济制裁风险的业务时,尽可能加入制裁除外条款,以有效规避可能的

---

① 并非所有与美国制裁对象有关的业务都会被认定违反美国的制裁政策。

经济制裁风险。

三、制裁除外条款的使用

在开展跨境业务时，为防范经济制裁风险，很多企业都会在协议，如借款协议、保险合同中，加入制裁除外条款。加入制裁除外条款，主要是为了免除因经济制裁政策调整而导致协议暂时无法履行的责任。然而，制裁除外条款主要是针对美国经济制裁法律法规的域外适用，非美国的法院，特别是欧盟的法院，是否认可制裁除外条款的效力。毕竟，欧盟针对美国经济制裁域外适用制定了阻却法。2019年9月12日，英国高等法院针对Lamesa Investments Limited（以下简称Lamesa）诉Cynergy Bank Limited（以下简称Cynergy）一案的判决，有助于我们更好地理解制裁除外条款的效力[①]。

（一）案件的基本情况

原告Lamesa是一家注册在塞浦路斯的公司，为注册在英属维京群岛的Lamesa Group Incorporated的全资子公司，后者又被俄罗斯寡头Viktor Vekselberg全资所有。被告Cynergy是一家注册在英国的零售银行，在美国没有分支机构，但开展美元业务。2017年12月19日，Lamesa和Cynergy签署了一份借款协议（Facility Agreement）。根据协议约定，Lamesa借给Cynergy 3000万英镑，Cynergy每半年向Lamesa支付利息，该协议受英国法律管辖。协议第九条第一款约定：如果Cynergy为了遵守任何法律、法规的强制性规定而拒绝支付利息，则不被视为违约。

2018年4月6日，俄罗斯寡头Viktor Vekselberg被美国财政部依据13662号行政命令纳入SDN名单。根据OFAC 50%规则，原告Lamesa因被Viktor Vekselberg间接拥有，而被视为在SDN名单中。根据《乌克兰自由支持法》第五节b条，

---

① 相关链接：https://www.bailii.org/ew/cases/EWHC/Comm/2019/1877.pdf。

美国政府应对非美国金融机构在明知的情况下为因13662号行政命令而被纳入SDN的自然人和实体开展重大金融交易（Significant Financial Transaction）提供便利的行为进行次级制裁。这意味着，如果Cynergy按照协议约定向Lamesa支付利息被认定构成重大金融交易，则Cynergy可能被美国政府制裁，美国政府可能禁止美国金融机构为其开设或维持美元代理账户，这对Cynergy而言，将是灾难性的。截至2019年9月12日，Cynergy应付给Lamesa的利息为360万英镑。

Cynergy依据协议第九条第一款的约定，拒绝向Lamesa支付利息，在此情况下，Lamesa向英国高等法院提起诉讼，要求法院就Cynergy是否有义务依据协议约定向其支付利息做出判决。

（二）双方争议的焦点

Cynergy认为《乌克兰自由支持法》第五节b条属于协议第九条第一款所界定的"法律的强制性规定"。Cynergy表示，因Lamesa被视为在SDN名单中，如果Cynergy向Lamesa支付的利息足以构成重大金融交易，Cynergy可能因此而被美国政府次级制裁；在此情况下，Cynergy可依据协议第九条第一款的约定不支付利息。

Lamesa则表示，此处的"法律的强制性规定"仅仅指的是英国的法律，应以英国的普通法立场为准，英国的法律不会参照外国的法律来免除协议义务履行责任，除非外国的法律为合同适用或履行地的法律。在本案中，协议受英国法律管辖，协议双方为非美国企业，且款项支付使用的是英镑，协议不受美国法律管辖，且履行地不在美国。

（三）法官的判决

主审法官Pelling支持Cynergy的主张，表示只要俄罗斯寡头Viktor Vekselberg仍在SDN名单中，Lamesa仍然为Viktor Vekselberg所控制，则Cynergy可以依据协议第九条第一款的约定拒绝支付利息。

Pelling 法官的判决在一定程度上认可了在英国法律项下企业可以通过加入制裁除外条款来管控美国经济制裁风险。然而，值得关注的是，此案涉及的美国相关制裁法律是《乌克兰自由支持法》，《乌克兰自由支持法》并不在欧盟阻却法针对的范围。如果此案涉及的是美国针对伊朗或古巴的制裁法律，如《伊朗自由和反扩散法》，英国的法院将如何判决，值得关注。

本书的分析和总结更多是笔者基于对美国经济制裁政策以及相关案例的解读，受限于知识和经验，理解可能并不正确，希望读者能够谅解。美国经济制裁政策体系非常庞杂，且在不断的变动之中，熟悉并理解美国经济制裁政策需要长期的跟踪和研究，并非一朝一夕之功；在实践中，每一笔业务、每一个案例都有其不同的地方，需要具体问题具体分析；另外，针对具体的违规事件，美国经济制裁政策执行机构的尺度也可能存在很大差别。因此，本书只是力求为读者了解美国经济制裁风险提供一种思路，对于业务拓展中面临的具体问题，还需要读者自己去查找具体法律法规和政策条文并分析相关案例，必要时与美国经济制裁政策执行机构直接进行沟通，或咨询专业律师。

中英文词汇对照索引

Acts of Deception 欺骗行为

Actual Knowledge 实际知情

Aircraft 航空器

American first 美国优先

Apparent Violation 明显违规

Applicable Laws and Regulations 适用的法律法规

Applicable Schedule Amount 法定标准

Ascertainable Certainty 可确定的确定性

Attempt to violate 企图违反

Attract Sanctions 吸引制裁

Awareness of Conduct at Issue 知情情况

Base Penalty 基准处罚金额

Blocked Funds 被冻结资金

Blocked Person 被进行资产冻结的自然人或实体

Blocking Sanctions 资产冻结制裁

Blocking Statute 阻却法

Bureau of Industry and Security（BIS）美国商务部工业安全局

Cause a violation 导致违反

Cautionary Letter 警示信

Center for a New American Security（CNAS）新美国安全中心

Civil Monetary Penalty 民事罚款

Civil Penalty 民事处罚

Civil Penalties Division 民事处罚处

Code of Federal Regulations 美国联邦条例汇编

Commercial Multiple Peril Policy 商业综合保险保单

Comprehensive Iran Sanctions, Accountability, and Divestment Act of 2010（CISADA）伊朗全面制裁、责任和撤资法

Compliance Division 合规处

Comprehensive Sanctions 全面制裁

Concealment 隐藏

Confiscate 没收

Conspire to violate 共谋违反

Contingent Waivers 紧急豁免

Cooperation Credit 合作信用

Corporate Compliance Programs 公司合规计划

Correspondent Account 代理账户

Correspondent or Payable-Through Account Sanctions（CAPTA）账户制裁

Council Regulation Protecting Against the Effects of the Extra-territorial Application of Legislation Adopted by a Third Country 反对第三国立法域外适用的条例

Countering America's Adversaries Through Sanctions Act(CAATSA) 以制裁反击美国敌人法

Countering Iran's Destabilizing Activities Act 反击伊朗破坏地区稳定法

Countering Russian Influence in Europe and Eurasia Act（CRIEE）反击俄罗斯在欧洲和欧亚扩大影响法

Counterintelligence and Export Control Section 反情报和出口管制处

Cover Payment 头寸支付

Criminal Division 刑事司

Cross-Motion 交叉动议

Cuban Assets Control Regulations（CACR）古巴资产控制条例

Cuban Democracy Act 古巴民主法

Cuban Liberty and Democratic Solidarity Act 古巴自由和民主巩固法

D'Amato Act 达马托法

Deferred Prosecution Agreement（DPA）延期起诉协议

Delisting 除名

Denied List 拒绝交易名单

Derogatory Information 负面信息

Designation 列名

Determinations 决定

Discretionary 任意性

Discretionary Authority 任意性授权

Economic Sanctions Enforcement Guidelines 经济制裁执行指引

Effective and Transparent Corresponding Entity 有效的、透明的、相对应的实体

Egregious Case 恶意违规行为

Embargo 贸易禁运

Energy Commodities Export Project 能源产品出口项目

Enforcement Division 执行处

Entitled to Deference 无权得到尊重

Entity 实体

Entity List 实体名单

Evade 逃避

Executive Order 行政命令

Extraterritorial Application 域外适用

Facilitating Transactions 为交易提供便利

Facilitation 便利

Facility Agreement 借款协议

Fair Notice 公正的通知

Federal Register 联邦公报

Financial Action Task Force on Money Laundering (FATF) 反洗钱金融行动特别工作组

Finding of Violation 发现违规行为

First Violation 首次违反

Foreign Extraterritorial Measures Act 外国域外措施法

Foreign Financial Institutions 外国金融机构或非美国金融机构

Foreign Funds Control Regulations 外国资金控制条例

Foreign Sanctions Evaders (FSE) List 外国制裁逃避人员名单

Foreign Terrorist Organization 外国恐怖组织

Foreign Trade and Payments Ordinance 对外贸易与支付条例

Fraudulent Food and Medicine Trade Scheme 欺诈性的食品和药品贸易机制

Frequently Asked Questions（FAQs）经常被问到的问题

Full Cooperation 全面合作

General Factors 一般因素

General License 一般许可

Global Insurance Policies 全球保险保单

Global Protection and Indemnity Insurance Policies 全球保赔保险保单

Gold Export Scheme 黄金出口机制

Heightened Due Diligence 强化尽职调查

Helms-Burton Act 赫尔姆斯-伯顿法

Immigration and Nationality Act 移民和国际法

Imminent Threat of Disclosure 迫在眉睫的披露威胁

Individual 自然人或个人

Individual Characteristics 个体特征

Inside Information Provisions 内部消息条款

Instrument for Supporting Trade Exchanges（INSTEX）贸易支持工具

Internal Controls 内部控制

International Emergency Economic Powers Act（IEEPA）国际紧急经济权力法

International Security and Development Cooperation Act 国际安全与发展合作法

Iranian Assets Control Regulations 伊朗资产控制条例

Iran and Libya Sanctions Act 伊朗和利比亚制裁法

Iranian Financial Sanctions Regulations（IFSR）伊朗金融制裁条例

Iran Freedom and Counter-Proliferation Act of 2012（IFCA）伊朗自由和反扩散法

Iran Sanctions Act 伊朗制裁法

Iran Threat Reduction and Syria Human Rights Act of 2012（ITRSRA）伊朗威胁消减及叙利亚人权法

Iranian Human Rights Abuses Sanctions Regulations 伊朗侵犯人权条例

Iranian Transactions Regulations 伊朗交易条例

Iranian Transactions and Sanctions Regulations（ITSR）伊朗交易与制裁条例

Joint Comprehensive Plan of Action（JCPOA）联合全面行动计划

Joint Plan of Action（JPOA）联合行动计划

Jurisdiction of Primary Money Laundering Concern 主要洗钱关注区域

Korean Interdiction and Modernization of Sanctions Act 封锁朝鲜和制裁现代化法

Letters of Undertaking/Guarantee 保函

Licensing Division 许可处

License 许可

List of Foreign Financial Institutions Subject to Correspondent Account or Payable-Through Account Sanctions (CAPTA) 外国金融机构账户冻结名单

List of Foreign Financial Institutions Subject to Part 561 561 名单

List of Persons Identified as Blocked Solely Pursuant to Executive Order 13599 13599 名单

Management Commitment 管理层承诺

Management Involvement 管理层参与

Mandatory 强制性

Material Contingent Liabilities 重大或有负债

Menu-based Sanctions 菜单式制裁

National Emergencies Act（NEA）国家紧急法

National Security Division（NSD）国家安全司

Necessary Ascertainable Certainty 必要的可确定的确定性

Nexus 连接点

No Action 不采取行动

Non-Prosecution Agreement 不起诉协议

Non-SDN Iranian Sanctions Act (NS-ISA) List 不属于SDN的伊朗制裁法名单

Open Cargo 开放货物

Palestinian Legislative Council (NS-PLC) list 巴勒斯坦立法委员会名单

Pattern of Conduct 行为方式

Payable-through Account 通汇账户

Penalty Notice 处罚告知

Period of Probation 缓刑期

Personal 私人

Petroleo De Venezuela S.A.（PDVSA）委内瑞拉国家石油公司

Plea Agreement 认罪协议

Pre-Penalty Notice 处罚前预先告知

Primary Sanctioned Activity 受初级制裁的活动

Primary Sanctions 初级制裁

Prior Notice 预先告知

Professional 履职

Proliferator Country 扩散国家

Proposed Civil Penalty 拟议的处罚金额

Proprietary Information 独有信息

Protection and Indemnity insurance 保障与赔偿责任保险

Punitive Damages 惩罚性损害赔偿

Reasonably Prompt Time 立即

Reason to Know 有理由知情

Reasoned Analysis 理性分析

Regulation 条例

Reporting, Procedures and Penalties Regulations（RPPR）报告、程序和处罚条例

Risk Assessment 风险评估

Sanctionable Conduct 可受制裁的行为

Sanctioned Activity 受制裁活动

Sanctioned Country 受制裁国家

Sanctioned Target 制裁对象

Sanctioned Trader 受制裁的交易商

Sanctions Compliance Program（SCP）制裁合规计划

Sanctions Exclusionary Clauses 制裁除外条款

Secondary Equity Fundraisings 二级市场股票融资

Secondary Sanctionable Activity 次级可受制裁的活动

Secondary Sanctions 次级制裁

Sectoral Sanctions 行业制裁

Sectoral Sanctions Identifications（SSI）List 行业制裁名单

Senior Management Commitment 高级管理层

Serial Payment 链式支付

Settlement Agreements 和解协议

Single Shipment Policies 单一船运保险

Significant Financial Transaction 重大金融交易

Significant Investment 重大投资

Significant Transaction 重大交易

Smart Sanctions 灵活制裁

Society for Worldwide Interbank Financial Telecommunications（SWIFT）环球同业银行金融电讯协会

Special Purpose Vehicle（SPV）特殊目的实体

Specially Designated Nationals And Blocked Persons List（SDN list）特别指定国民和资产冻结名单

Specific License 特殊许可

State Sponsor of Terrorism 支持恐怖主义的国家

Subject Person 调查对象

Subject to U.S. jurisdiction 受美国司法管辖

Substantial Cooperation 实质性合作

Sudan Accountability and Divestment Act（SADA）苏丹责任和撤资法

Sudan Sanctions Regulations 苏丹制裁条例

Support for the Sovereignty, Integrity, Democracy, and Economic Stability of Ukraine Act（SSIDES）支持乌克兰主权、领土完整、民主、经济稳定法

Targeted Sanctions 定向制裁

Testing and Auditing 测试和审计

The Evaluation of Corporate Compliance Programs 公司合规工作评价

The Office of Foreign Assets Control（OFAC）美国财政部外国资产控制办公室

The Office of Foreign Funds Control（FFC）外国资金控制办公室

Timely and Appropriate Remediation 及时和适当的补救

Trading With the Enemy Act（TWEA）与敌国贸易法

Trafficked 非法交易

Training 培训

Transaction Screening 交易筛查

Transshipment or Transit Through Iran 通过伊朗转运或过境

Ukraine Freedom Support Act of 2014（UFSA）乌克兰自由支持法

Unilateral Sanctions 单边制裁

United Nations Participation Act（UNPA）联合国参与法

Unusual and extraordinary 不同寻常的

U.S. Attorneys'Offices 美国检察官办公室

U-Turn 掉头交易

Venezuela Defense of Human Rights and Civil Society Act 委内瑞拉人权和民间社会保护法

Venezuela Sanctions Regulations 委内瑞拉制裁条例

Vessel 船舶

Voluntary Self-Disclosure 主动披露

Waivers 豁免

Willful or Reckless Violation of Law 故意或鲁莽违法

Willfully 故意

Worldwide Master Policies 全球主要保单

后 记

一直以来，我都希望成为一个博学的人，希望能够出一本自己满意、涵盖多个学科知识的书。从事经济制裁风险管理工作，我的复合知识背景有了用武之地，且找到了可以深耕的领域。本书的出版则使我能够了却长久以来的愿望。

创作图书有如一场马拉松，需要认真规划，高度自律，长时间的坚持，写作本书对自己是一个磨练。在工作繁忙的时候，在出版沟通遇到挫折时，我也曾想过放弃。然而，我深知，随着中美间战略竞争不断加剧，本书对于我国政府和企业还是有一定的价值。在亲人、朋友和同事的支持和鼓励下，历时两年多，我完成了本书的写作。

感谢人民日报出版社及蒋菊平编辑、徐澜编辑。本书的出版并非一帆风顺，人民日报出版社及蒋菊平编辑、徐澜编辑对本书的认可和支持有如雪中送炭。

感谢中国社会科学院的胡滨副所长、北京大学的查道炯教授、高伟绅律师事务所的时磊律师、安永中国的陈炽先生和ACAMS的李娜女士对本书的认可和推荐。

感谢中再集团的领导和同事，是他们为我从事经济制裁风险管理工作创造了良好的工作环境，并鼓励、支持我参与国内外交流，激励我不断克服专业上的困难。

感谢我的朋友王一婷律师，她拥有纽约州律师资格，非常熟悉美国法律和美国经济制裁政策。本书的书名是她取的，她还针对本书的内容提出了很多有

后　记

价值的修改意见。

最后，要感谢我的妻子刘珺。从我们相识到现在，她一直支持我从事自己喜爱且擅长的工作，鼓励我深耕经济制裁领域，她是我完成本书的最大动力。

孙才华

2020 年 7 月 27 日